형사판례의
쟁점과 이론

형사판례의 쟁점과 이론

문형섭 · 류전철 공저

전남대학교출판부

머리말

법학은 예나 지금이나 별 변화가 없지만 법학전문대학원이 출범한 이후로 법학은 보이지 않고 법과 판례만이 시야에 가득 차 보인다. 법도 판례도 중요하지만 보이는 면만 안다고 해서 제대로 안다고 할 수 있는 것은 아닐 것이다.

그 수를 헤아리기 어려울 정도로 형법교재들이 매년 출간되지만 그 내용은 대동소이하여 몇몇 특색있는 형법교재를 제외하고는 법과 판례를 알 수 있게 하기는 하나 형법적 사고의 배양에는 별로 도움을 주지 못하고 있다. 형법학자는 통설과 다수설에 쉽게 편승하고 젊은 법조인들은 기존의 판례를 추종하다보니 '다른 생각'은 설 자리가 없을 뿐만 아니라 '다른 생각=틀린 생각'이라는 편견마저 어느 새 상식처럼 굳어지고 있다.

이 책은 '다른 생각'을 적어보자는 동기에서 출발하여 지금보다는 장래에 더 읽혀지고 음미될 수 있는 형법교재를 만들고 싶은 바램을 담고 있다. 책상머리에서만 형법을 공부하고 강단에서 강의경험만 있는 중견학자와 검사·변호사로서의 실무경험과 교수로서의 강의 경험을 가진 노학자가 형법에 대한 서로 다른 이해를 같은 동기와 목표를 가지고 저술하게 되었다. 저작에 관한 총괄적 책임은 류전철 교수 본인이 맡았으나, 재산범죄와 관련된 주제들은 문형섭 변호사가 저술하였다. 재산범죄 분야를 문 변호사가 저술한 이유는 그는 오래전부터 그 분야에 특별한 관심을 기울여 연구하면서 독특하고 참신한 발상을 여러 논문과 저서 등을 통해 발표해 왔기 때문이다. 여기에 쓴 강의는 그가 저술한 『재산범죄의 이해』의 사실상 보정판이다.

이 책의 내용 모두에 대해서 저자들이 서로 의견이 일치하는 것은 아니다. 30개의 주제를 저술하면서 저자들은 많은 토론을 거쳤지만 아직도 여전히 이견은 존재한다. 그러나 그 발상과 논지에 대해서는 충분한 공감대가 형성되어 있으므로 우리의 이견은 또 다른 논의를 거치면서 더욱 생산적인 발상으로 전환되어 향후에도 계속적으로 독자들에게 소개될 수 있을 것으로 기대한다.

이 책은 '다른 생각'이 있음을 독자들에게 보여주기 위한 것이기에 더 많은 논쟁거리가 되었으면 하는 바램이다. 형법문헌들에서 이 책의 내용에 대한 근거있는 비판이 많아질수록 우리 형법학계와 형사실무는 더욱 발전할 수 있을 것이라고 믿는다.

이 책이 출간되기까지 학문적 열정으로 수고해준 장승일 박사에게 감사의 마음을 전한다. 장승일 박사는 와세다 대학에서 2년의 수학을 마치고 귀국해서 줄곧 이 책의 작업에 참여하여 수고를 아끼지 않았다. 장승일 박사의 앞날에 서광이 비추기를 기원한다. 그리고 교정을 위해 수고를 아끼지 않은 정은주 양에게 감사를 드린다. 정은주 양은 현재 전남대학교 대학원에서 형사법전공을 하고 있다. 마지막으로 늦게 드린 원고임에도 휴가도 미룬 채 세심한 편집을 해 주신 송미숙 선생님과 전남대학교출판부에 깊은 감사를 드린다.

2013년 7월

류전철 씀

목차

제1강

유기죄의 주체범위는 타당한가

1. 서언

부조를 필요로 하는 사람이 있더라도 누구에게나 그 사람을 부조해야 할 법률상 책임이 있다고 하거나, 그런 이유로 부조를 필요로 하는 사람을 방치하는 행위를 모두 처벌하는 것이 당연한 것은 아니다. 윤리적·도덕적 책임과 법률적 책임은 다르기 때문이다. '법은 최소한의 도덕이다'라고 말하는 것과 같이, 법률은 사회질서를 유지하는 데에 필요한 최소한의 범위에서만 그 질서위반을 금지하는 규범인 것이다. 그러므로 유기죄의 책임을 지울 사람의 범위를 정하는 것은 입법정책에 속하지만 현재의 유기죄의 구성요건의 규정에 관한 해석논의가 유기죄의 주체범위에 그 여지를 두고 있으므로 논의의 실익이 있다.

유기죄의 주체는 노유, 질병 기타 사정으로 부조를 요하는 자를 '보호할 법률상 또는 계약상 의무 있는 자'로서 진정신분범이다. 유기죄의 구성요건에 기술되어 있는 법률상 보호의무자와 계약상 보호의무자가 유기죄의 주체가 된다는 점에 대해서는 이견이 없다. 그런데 법문상의 법률상 또는 계약상 보호의무 이외의 근거로 보호의무를 인정할 수 있는지의 문제에 대해서는 견해의 대립이 되고 있다. 종래의 통설[1]이자 현재의 소수설[2]은 여기의 법률상 또는 계약상 의무는 예시에 지나지 않는다고 하여 널리 사무관리·관습 또는 조리에 의하여도 보호의무가 발생한다고 한다. 판례[3]와 현재의 다수설[4]은 죄형법정주의를 근거로 하여 제271조 1항 유기죄의 법문에 한정하여 법률상 또는 계약상 의무있는 자에 한정하여야 한다고 해석한다.

유기죄의 일반적 성격이나 입법추세, 공공의 복지를 지향하는 현대국가의 법이념 등에 비추어 볼 때 보호의무있는 자의 유기만을 처벌하면서 그 보호의무의 근거를 다시 일정한 조건하에 좁게 제한하여 해석하는 것이 적절한 것인지는 의문이다. 개인주의에 입각한 서구사회를 비판하면서 공동체 정신에 바탕을 두고 서로 돕고 사는 우리의 전통을 미화해 온 점들을 되새겨 본다면 우리 형법의 유기죄의 규정과 해석이 적절한 것인지는 재고할 필요가 있다.

2. 사안

갑은 신정 연휴를 앞둔 2010.12.31. 오후에 종전부터 갑이 운영하는 주점에 손님으로 와서 술을 마신 일이 있던 피해자 A에 대하여

---

1) 김종원, 90면; 유기천, 86면; 정영석, 249면; 황산덕, 194면.
2) 이정원, 109면; 이형국, 141면; 임웅, 118면.
3) 대법원 1977.1.11, 76도3419.
4) 김성돈, 104면; 김/김, 118면; 김/서, 110면; 박상기, 87면; 배종대, 186면; 백형구, 95면; 오영근, 115면; 이재상, 105면; 정/박, 104면.

위 주점으로 술 마시러 오도록 권유하였고, 이에 A는 그가 운영하는 봉제공장 직원들과 회식을 하여 술에 취한 상태에서 같은 날 22:48경 위 주점에 와서 다른 손님이 없는 채로 술을 마시기 시작하여 2011.1.1. 부터 2011.1.3. 오전까지 계속하여 양주 5병, 소주 8병 및 맥주 30여 병을 마셨다. 갑은 그 사이에 A가 술에 취하여 잠이 든 틈을 이용하여 A의 옷에서 A 소유 수협 체크카드를 몰래 빼낸 다음 이를 이용하여 은행의 현금인출기에서 2011.1.1. 12:05경 현금 100만 원, 다음날인 2011.1.2. 10:17경 현금 200만 원, 같은 날 11:56경 현금 100만 원을 인출하여 각 절취하였다. 한편 A는 2011.1.1.경부터 두 차례 자신의 의지와 무관하게 옷에 소변을 보는 등 만취한 상태에 있었고, 그 사이에 식사는 한 끼도 하지 아니하였으며, A에 대한 실종신고를 받은 경찰관들이 2011.1.3. 19:20경 주점에서 A를 발견할 당시 A는 영하의 추운 날씨에 트레이닝복만 입고 이불이나 담요를 덮지 아니한 채 양말까지 벗은 채로 소파에서 잠을 자면서 정신을 잃은 상태였으며 A는 경찰관들에 의하여 바로 국립중앙의료원으로 후송되어 치료를 받았으나 다음날인 2011.1.4. 23:40경 저체온증 및 대사산증으로 사망하였다.

3. 학설

형법 제271조 1항은 보호의무의 발생근거를 법률과 계약으로 한정하고 있다. 여기서 법률과 계약 이외에 사무관리 · 관습 · 조리에 근거한 보호의무를 인정할 것인지에 대해 논쟁이 있다. 이러한 논쟁은 형법 제18조의 부진정부작위범의 보증인의무와 관련해서 전개됨으로써 유기죄의 보호의무와 보증인의무를 같은 의무로 볼 것인지 여부가 하나의 주제어가 되어 왔다. 이러한 논의는 두 개의 견해로 대립되는 것으로 설명되어 왔다.

부정설은 형법이 '보호할 의무 있는 자' 혹은 형법 제18조와 같이 '의무 있는 자'라고 하지 않고, '보호할 법률상 또는 계약상 의무있는 자'라고 규정하고 있으므로 이 외의 근거로 보호의무를 인정하는 것은 죄형법정주의에 반하는 것이라고 한다.

이에 대해서 긍정설은 법률상의 보호의무에서 형법 제18조를 배제할 이유가 없으며, 따라서 형법 제18조가 사회상규나 조리에 의한 작위의무를 인정하고 있는 것으로 해석되고 있으므로 유기죄의 보호의무도 사회상규나 조리에 의한 작위의무를 인정할 수 있다고 한다. 여기에 조리상의 보호의무를 인정함으로써 극단적인 개인주의 입장이 아닌 공동체 정신에 입각한 유기죄를 구성할 수 있다고 한다.

지금까지 「법률상 보호의무와 계약상 보호의무 이외의 보호의무의 근거로서 사무관리 · 관습 · 조리를 인정할 수 있는가?」라는 쟁점으로 대립되는 것으로 생각되어 온 것은 수정이 필요하다고 생각된다. 오히려 「법률상 보호의무에 형법 제18조를 포함하는 것으로 해석할 것인가?」가 논의의 쟁점이라고 보여진다. 긍정설을 취하는 소수의 주장들은 타 법률에 근거하는 법률상의 보호의무에 형법 제18조를 배제할 이유가 없다는 것이고, 부정설을 취하면서도 형법 제18조를 인정하는 견해도 전개되고 있는 것을 보면, 이 문제에 관한 논의의 주제가 달라진 점을 알 수 있다.

유기죄의 주체와 관련해서 전개되어 온 논의의 주제는 「유기죄의 보호의무의 근거를 법률상 또는 계약상 의무로 한정한 것인가?

아니면 예시로 볼 것인가?」였다고 할 수 있다. 이러한 논의에서 종래의 통설은 형법 제271조 1항의 '법률상 또는 계약상 보호의무'는 예시에 불과한 것이기 때문에 사무관리 · 관습 · 조리도 보호의무의 근거가 될 수 있다고 하고 이에 대해서 현재의 다수설은 죄형법정주의의 관점에서 허용할 수 없는 해석이라고 반론하는 것이었다.

그러나 현재 유기죄의 보호의무의 근거와 관련해서 전개하는 소수의 견해와 다수 견해 중 일부는 논의의 쟁점을 보호의무의 발생근거로서 '법률상 또는 계약상 보호의무'로 한정할 것인지 사무관리 · 관습 · 조리 등으로 확대할 것이냐에 두고 있지 않다고 보여진다. 기본적으로 현재의 판례와 다수설과 같이 법률상 또는 계약상 보호의무에 한정하고 있다. 다만 법률상 보호의무에 형법 제18조나 민법 제734조의 사무관리 규정을 포함해서 볼 것인지에 대해서 긍정설을 취하고 있다는 점에서 다수설과 상이한 입장을 보이고 있다고 할 수 있다.

4. 대법원의 판단

대법원은 일정 기간 동행한 사실만으로는 유기죄가 될 수 없다는 판결을 통해서 사회상규상의 보호책임을 인정할 수 없다고 하였지만[5], 이후에 나온 대법원 판결에서는 "피고인이 호텔 7층에서

---

5) 대법원 1977.1.11, 76도3419 판결에서 「현행 형법은 유기죄에 있어서 구법과는 달리 보호법익의 범위를 넓힌 반면에 보호책임없는 자의 유기죄는 없애고 법률상 또는 계약상의 의무 있는 자만을 그 유기죄의 주체로 규정하고 있어 명문상 사회상규상의 보호책임을 관념할 수 없다고 하겠으니 유기죄의 죄책을

피해자에게 성관계를 요구하다가 피해자가 그 순간을 모면하기 위하여 7층 창문으로 뛰어내린 것을 알았다면 즉시 적절한 구호조치를 하여 피해자를 보호해야 할 법률상 의무가 있음에도 불구하고..." 라고 하여 그러한 사실관계에 의해 유기죄의 법률상 보호의무가 있다고 하였다.[6] 호텔에서 성관계를 요구하고, 이에 대해 피해자가 모면하고자 하였다면 피고인에게 형법 제18조에 근거한 법률상의 보호의무 이외 어떤 법률상의 의무를 부과할 수 있는지 의문이 든다.

위 사안에 대해서 대법원은 피고인이 운영하는 주점의 손님인 피해자가 피고인의 지배 아래 있는 위 주점에서 3일 동안에 걸쳐 과도하게 술을 마셔 추운 날씨에 난방이 제대로 되지 아니한 주점 내 소파에서 잠을 자면서 정신을 잃은 상태에 있었다면 피고인으로서는 위 주점의 운영자로서 피해자에게 생명 또는 신체에 대한 위해가 발생하지 아니하도록 피해자를 위 주점 내실로 옮기거나 인근에 있는 여관에 데려다 주어 쉬게 하거나 피해자의 지인 또는 경찰에 연락하는 등의 필요한 조치를 강구하여야 할 계약상의 부조의무를 부담한다고 판단한 원심판단을 그대로 원용하여 피고인에게 유기치사죄의 유죄를 인정하였다.[7]

대법원은 '계약상 의무'와 관련해서 간호사나 보모와 같이 계약에 기한 주된 급부의무가 부조를 제공하는 것인 경우에 반드시 한

인정하려면 보호책임이 있게 된 경우 사정관계 등을 설시하여 구성요건이 요구하는 법률상 또는 계약상 보호의무를 밝혀야 하고 설혹 동행자가 구조를 요하게 되었다 하여도 일정거리를 동행한 사실만으로서는 피고인에게 법률상 계약상의 보호의무가 있다고 할 수 없으니 유기죄의 주체가 될 수 없다」고 판시하였다.

6) 대법원 1988.8.9, 86도225.

7) 대법원 2011.11.24, 2011도12302.

정되지 아니하며, 계약의 해석상 계약관계의 목적이 달성될 수 있도록 상대방의 신체 또는 생명에 대하여 주의와 배려를 한다는 부수적 의무의 한 내용으로 상대방을 부조하여야 하는 경우를 배제하는 것은 아니라고 한다. 그러나 그 의무 위반의 효과로서 주로 손해배상책임이 문제되는 민사영역에서와는 달리 유기죄의 경우에는 당사자의 인적 책임에 대한 형사적 제재가 문제된다는 점 등을 고려하면, 부수의무로서의 민사적 부조의무 또는 보호의무가 인정된다고 해서 형법 제271조 소정의 '계약상 의무'가 당연히 긍정된다고는 말할 수 없다. 다만 당해 계약관계의 성질과 내용, 계약당사자 기타 관련자들 사이의 관계 및 그 전개양상, 그들의 경제적·사회적 지위, 부조가 필요하기에 이른 전후의 경위, 필요로 하는 부조의 대체가능성을 포함하여 그 부조의 종류와 내용, 달리 부조를 제공할 사람 또는 설비가 있는지 여부 기타 제반 사정을 고려하여 '계약상의 부조의무'의 유무를 신중하게 판단하여야 한다고 한다. 유기죄의 주체와 관련된 판례가 많지 않지만 판례의 입장이 유기죄의 주체에 관한 논의구조를 구체적 사안에서 법률상 보호의무와 계약상 보호의무의 범위에 대한 논의로 바뀌어져 가는 것이 아닌가 하는 생각이 든다.

한편 대법원 판결은 아니지만 유사한 사안에서 이미 하급심은 '법률상의 보호의무' 의 논거로서 주점의 업주에게 유기죄의 주체를 인정한 경우가 있다. 이 판결에서 "피고인은 술집을 경영하는 자로서 자신의 업소에서 술을 마신 손님이 밤늦은 시간에 술에 만취하여 의식이 분명치 않고 몸을 가눌 수 없는 정도의 상태가 된 경우, 특별한 사정이 없는 한 손님이 안전하게 귀가할 수 있도록 조치하거나 아니면 손님이 술이 깨어 스스로 행동할 수 있을 때까지 술집에 있을 수 있도록 하여야 할 주의의무가 있다 할 것인데, 피해자는 64세의 고령으로서 위 술집에 밤 12시경에 들어와(그때 이미 상당량의 술을 마신 상태였다) 다음날 새벽 3시경까지 위 피고인으로부터 매상을 많이 올리기 위하여 의도적으로 피해자에게 술을 많이 마시게 하라는 지시를 받은 위 술집 종업원의 계속된 권유로 인사불성이 될 정도의 주취상태에 이르렀고, 당시는 기온이 영하에 가까운 추운 겨울날 새벽이었고 밖에는 진눈깨비까지 내리는 등 기상조건이 극히 안 좋은 상태였기 때문에 술에 취하여 인사불성이 된 피해자를 그대로 바깥에 방기할 경우 피해자의 생명이나 신체에 어떠한 위험이 발생할지 알 수 없는 상황이었는데도 불구하고 그날 새벽 4시경 피해자를 아무런 보호조치 없이 길거리에 그냥 내려놓고 방치한 이상, 이는 형법 제271조 제1항 소정의 기타 사정으로 인하여 부조를 요하는 자를 보호할 법률상 의무가 있는 자가 유기한 때에 해당한다고 보여지고..." 라고 판시하여 법률상 보호의무를 인정하고 있다.[8)]

5. 검토

다수설은 유기죄의 보호주체는 형법 제271조 1항의 법문에 엄격하게 한정해서 '법률상 또는 계약상 보호의무 있는 자'로 제한하여야 하며, 형법 제18조의 보증인 의무나 민법 제734조의 사무관리는 유기죄의 보호의무의 근거로 삼을 수 없다고 한다. 그 논거의 핵심은 죄형법정주의원칙에 두고 있다.[9)] 세부적으로 보면 첫째, 단순한

8) 서울고법 1992.5.29, 92노1085.

규정이 아닌 보호의무를 명시적으로 규정한 법률과 계약을 의미한다는 전제에서 민법상의 사무관리, 관습, 조리가 민법의 규정에 있다는 것으로 보호의무의 근거가 될 수 없다고 한다.[10] 둘째, 보호의무의 근거를 법률・계약뿐만 아니라 사무관리・관습・조리 등으로 확대하여 부작위범의 보증인지위의 그것과 같이 해석하는 것은 보호의무의 근거를 제시하지 않고 단순히 보호할 의무 있는 자 또는 보호책임자라고만 규정하고 있는 독일 형법 제221조나 일본 형법 제218조의 해석에 있어서나 가능한 것이지 우리 형법 규정과는 부합하지 않는다고 하거나,[11] 형법 제18조의 작위의무는 부작위범에 대한 것인데 제18조의 작위의무도 조리에 의한 작위의무까지 인정하는 것은 문제가 있는데, 이를 유기죄의 보호의무로 확대적용하는 것은 논리적 고리가 약할 뿐만 아니라 바람직하지도 않다고 한다.[12]

죄형법정주의에 충실한 해석임은 부인할 수 없지만, 유기죄의 주체를 보호의무 있는 자로 한정할 뿐만 아니라 보호의무의 발생근거를 제한하는 것은 우리 형법이 공동생활의 연대적 관계를 보호하는데 너무 소홀하다는 비판을 면하기 어려운 점이다. 참고로 독일 형법은 제221조에 유기죄를 규정하면서 보호의무가 없는 자의 유기행위도 처벌하고 있고, 제323조c에서는 '사고, 공공위험 또는 긴급상황 발생 시, 필요하고 제반사정에 비추어 기대 가능한 구조행위, 특히 자신에 대한 현저한 위험 및 기타 중요한 의무의 위반없이도 가능한 구조행위를 행하지 아니한 자는 1년 이하의 자유

9) 박상기, 87면; 백형구, 98면; 정/박, 104면.
10) 배종대, 186면; 이재상, 102면.
11) 이재상, 103면.
12) 오영근, 115면.

형 또는 벌금형에 처한다'는 구조불이행죄의 규정을 두고 있다(사람들은 이 규정을 '착한 사마리아인 법'이라고 부르기도 한다).

기본적으로 유기죄의 보호의무의 근거는 '법률상 또는 계약상 보호의무'로 한정해야 한다고 본다. 다만 법률상 보호의무나 계약상 보호의무를 확대해석할 필요가 있다. 즉 유기죄의 보호의무의 근거를 예외없이 오직 법률상 또는 계약상의 의무에만 한정할 필요는 없으며, 구체적 사안에서 법률상 또는 계약상의 보호의무에 준하는 의무로 문언의 가능한 범위 안에서 확대해석하는 것은 죄형법정주의에 반한다고 할 수 없다. 이러한 관점에서 종래의 통설이 사무관리로 취급해 온 사안(예컨대 병자를 의무없이 인수한 자의 보호의무)은 인신에 대한 배려도 사무의 일종이라는 점에서 민법 제734조의 사무관리규정에 의거한 보호책임이 있는 것으로 파악하여 법률상 보호와 유사한 의무로 확대해석하는 것은 타당하다고 본다.[13)]

현재의 학설과 판례가 유기죄의 주체를 형법 제271조 1항의 법률상 보호의무와 계약상 보호의무에 한정하고 있다는 점에는 일치하고 있다고 보여진다. 따라서 향후 유기죄의 주체범위에 관한 해석론은 법률상의 보호의무나 계약상의 보호의무의 범위에 대한 실질적 기준[14)] 또는 목적론적 해석[15)]을 고려할 것인가에 논의의 중심이 옮겨가야 할 것이다.[16)]

13) 김일수, 한국형법 III, 박영사, 1997, 253면.

14) 이정원, 105면.

15) 김일수, 앞의 책, 252면.

16) 류전철, "유기죄에 대한 해석론의 비판적 고찰", 비교형사법연구 제6권 제2호, 2004, 72면.

제2강

협박죄의 미수범의 의미는 무엇인가

1. 서언

협박은 폭행과 더불어 많은 범죄행위의 수단으로 사용되지만 협박 그 자체는 독립적으로 형법 제283조 이하에서 해악을 고지함으로써 개인의 의사결정의 자유를 침해하는 것을 내용으로 하는 범죄로 규정되어 있다. 일반적으로 물리적인 침해가 발생하는 폭행과 달리, 심리적인 침해가 발생하는 협박이 범죄구성요건의 수단으로서가 아니라 독자적인 범죄구성요건의 대상일 경우 그 적용범위는 일상생활 일반까지 확장될 수 있다. 우리 형법은 제286조에 협박죄의 미수범을 처벌하는 규정을 통해서 협박의 목적을 범죄실행을 위한 협박으로 제한하고 있지 않다.

협박죄는 개인의 의사결정의 자유를 보호법익으로 하고 있다는 점에 대해서는 통설과 판례가 일치하고 있다. 다만 보호의 정도에 대해서는 위험범이라는 견해와 침해범이라는 견해가 대립되어 있다. 특정 범죄를 가벌성의 영역으로 끌어들이는 과정에서 입법자는 해당 범죄의 성격을 명시적으로 위험범 또는 침해범으로 규정짓지 않는다. 따라서 범죄의 성격은 해석론의 영역에 속하는 것으로 이해되어 왔다. 일반적으로는 미수의 성립가능성 또는 미수범 처벌규정의 존재여부를 기준으로 양자를 구분하여 왔다.

협박죄의 성격을 위험범으로 볼 것인지 침해범으로 볼 것인지의 문제에 대해 미수범 처벌규정의 존재와 상관관계에 관한 많은 논의들이 제시되고 있는 상황에서 그 논거들을 분석하고 타당성을 음미해 보는 것은 형법 전반의 다른 문제 영역들과 관련해서 의미 있는 작업이다.

2. 사안

정보보안과 소속 경찰관인 갑은 자신의 지위를 내세우면서 자신과 잘 아는 을이 A로부터 채무변제를 받지 못하고 있자, 이에 개입하여 A에게 전화를 하여 "나는 경찰서 정보과에 근무하는 형사다. 을이 집안 동생인데 돈을 언제까지 해 줄 것이냐. 빨리 안 해주면 상부에 보고하여 문제를 삼겠다."라고 말하였지만, A는 현실적으로 공포심은 느끼지 않았다.

3. 학설

의용형법, 독일형법, 일본형법이 모두 미수범을 처벌하고 있지 않기에 위험범설로 보고 있다고 설명된다. 그러나 현행 형법은 협박죄에 대한 미수범 처벌규정을 두고 있으므로(형법 제286조) 협박죄의 성격을 어떻게 해석할지 문제된다. 무엇보다 우리 형법이 협박죄의 미수범 처벌규정을 둔 이유에 관하여 뚜렷한 입법 자료가 없어 생기는 문제라고 할 수 있다.

(1) 위험범설

해악의 고지가 상대방에게 도달된 이상 피해자가 현실적으로 공포심을 느끼지 않았더라도 협박죄의 기수가 된다는 견해이다. 즉 협박에 의하여 사람의 자유가 현실적으로 침해되지 않았더라도 의사결정의 자유에 대한 객관적인 위험이 발생한 것만으로도 협박죄의 기수범이 성립한다고 한다.[1] 이 입장에서는 협박은 사람을 외포하게 하는 데 족한 일체의 해악의 통고를 의미하고, 해악의 통고로 인하여 피해자가 아무런 외포심을 일으키지 아니하더라도 보통 일반인을 외포케 하는 데 족한 성질이 있는 한 협박죄가 성립한다고 본다. 이와 같이 협박죄를 위험범으로 파악하는 이유로 사람이 공포심을 일으켰는지의 여부를 법원이 판단하는 데에 어려움을 들고 있다.[2] 결국 위험범설의 논거는, 첫째 의용형법이나 독일, 일본 형법에서는 해악의 고지가 도달하지 않은 경우 또는 제3자를 통해 해악을 고지하도록 하였으나 그가 전달을 하지 아니한 경우에는 처벌규정이 없어 난점이 있는데, 우리 형법은 미수범 규정을 통하여 이 경우를 처벌할 수 있도록 한 것이며, 둘째 침해범설은, 상대방의 주관적인 사정에 의하여 협박죄의 성립이 좌우되는 난점이 있고 이를 심리하여 밝히기도 어렵다는 점 등을 들 수 있다. 따라서 협박미수죄는 해악을 고지하였으나 그 고지가 상대방에게 도달되지 아니한 경우로 국한된다.

---

1) 정영일, 104면.
2) 정영석, 260면.

(2) 침해범설

피해자가 현실적으로 공포심을 느낀 경우에는 협박죄의 기수가 되고, 피해자가 현실적으로 공포심을 느끼지 않은 경우에는 협박죄의 미수가 된다고 본다.[3] 우리 형법은 협박죄의 미수범을 처벌하고 있고, 미수범을 처벌하고 있는 범죄에서는 일반적으로 법익침해의 존재나 결과발생의 야기가 있어야 기수범이 인정될 수 있다. 협박죄의 보호법익을 개인의 의사의 자유로 이해하는 한, 개인의 의사의 자유는 침해될 수 있어야만 가벌성을 가질 수 있는 것이며, 미수범을 처벌하고 있는 협박죄에서는 이러한 보호법익에 대한 침해가능성만 있는 것으로는 기수범이 아니라 미수범으로 처벌되어야 한다. 따라서 협박죄는 위험범이 아니라 침해범으로 보아야 한다고 한다.[4] 또한 협박죄를 위험범으로 파악하게 되면 협박죄의 미수는 착수미수만 가능하고 실행미수가 불가능하게 되어, 미수범의 형법해석상 자연스럽지 못하다는 근거에서 협박죄를 침해범으로 보아야 한다는 입장도 있다.[5]

4. 대법원의 판단

위 사안에 대한 원심법원의 판결은 피고인이 정보과 소속 경찰관의 지위에 있음을 내세우면서 빨리 변제하지 않으면 상부에 보고하여 문제를 삼겠다고 이야기한 것은, 객관적으로 보아 사람으로 하여금 공포심을 일으키게 하기에 충분한 정도의 해악의 고지

3) 김/서, 120면; 박상기, 104면; 배종대, 200면; 손동권, 114면; 임웅, 139면.
4) 오영근, 134면; 이재상, 115면.
5) 오영근, 134면.

에 해당한다고 볼 것이므로, 피해자가 그 취지를 인식하였음이 명백한 이상 현실적으로 피해자가 공포심을 일으켰는지 여부와 무관하게 협박죄의 기수에 이르렀다고 본다고 판시하였다.[6] 이에 형법은 협박죄의 경우 미수범을 처벌하고 있다는 점에 착안하여 미수범을 침해범으로 파악한다고 이해하여 협박죄의 법리오해나 법령적용을 그르친 위법이 있을 뿐만 아니라, 권리행사의 일환으로 해악을 고지한 것이므로 협박죄의 기수가 될 수 없다고 피고인은 상고하였다.[7]

대법원의 【다수의견】

(가) 협박죄가 성립하려면 고지된 해악의 내용이 행위자와 상대방의 성향, 고지 당시의 주변 상황, 행위자와 상대방 사이의 친숙의 정도 및 지위 등의 상호관계, 제3자에 의한 해악을 고지한 경우에는 그에 포함되거나 암시된 제3자와 행위자 사이의 관계 등 행위 전후의 여러 사정을 종합하여 볼 때에 일반적으로 사람으로 하여금 공포심을 일으키게 하기에 충분한 것이어야 하지만, 상대방이 그에 의하여 현실적으로 공포심을 일으킬 것까지 요구하는 것은 아니며, 그와 같은 정도의 해악을 고지함으로써 상대방이 그 의미를 인식한 이상, 상대방이 현실적으로 공포심을 일으켰는지 여

6) 대구지법 2006.12.28, 2006노2627.

7) 상고이유 주장은 협박죄에 있어서의 협박이란 상대방이 현실적으로 공포심을 느낄 수 있을 정도의 해악을 고지하여 상대방이 공포심을 느껴야 성립하는 것인데, 피해자가 수사기관에서 공포심을 느꼈다고 진술한 바 없고, 오히려 원심 법정에서는 전혀 두렵지 않았다고 증언하였는바, 피고인이 한 말은 협박에 해당하지 아니함에도, 원심은 협박의 의미에 관한 법리를 오해하여 피고인에게 유죄를 선고한 위법이 있다는 것이다.

부와 관계없이 그로써 구성요건은 충족되어 협박죄의 기수에 이르는 것으로 해석하여야 한다.

(나) 결국, 협박죄는 사람의 의사결정의 자유를 보호법익으로 하는 위험범이라 봄이 상당하고, 협박죄의 미수범 처벌조항은 해악의 고지가 현실적으로 상대방에게 도달하지 아니한 경우나, 도달은 하였으나 상대방이 이를 지각하지 못하였거나 고지된 해악의 의미를 인식하지 못한 경우 등에 적용될 뿐이다.

대법원의 【반대의견】

(가) 해악의 고지에 의해 현실적으로 공포심을 일으켰는지 여부나 그 정도는 사람마다 다를 수 있다고 하더라도 이를 판단할 수 없다거나 판단을 위한 객관적인 척도나 기준이 존재하지 않는다고 단정할 것은 아니며, 사람이 현실적으로 공포심을 일으켰는지 여부를 판단할 만한 객관적인 기준 및 개별 사건에서 쌍방의 입증과 그에 의하여 인정되는 구체적인 사정 등을 모두 종합하여, 당해 협박행위로 상대방이 현실적으로 공포심을 일으켰다는 점이 증명된다면 협박죄의 기수에 이르렀다고 인정하고, 이에 대한 증명이 부족하거나 오히려 상대방이 현실적으로 공포심을 일으키지 않았다는 점이 증명된다면 협박죄의 미수에 그친 것으로 인정하면 될 것이다. 기수에 이르렀는지에 대한 의문을 해결하기 어렵다고 하여 모든 경우에 기수범으로 처벌하는 것은 오히려 "의심스러울 때는 피고인의 이익으로"라는 법원칙 등 형사법의 일반원칙과도 부합하지 아니하며 형벌과잉의 우려를 낳을 뿐이다.

(나) 결국, 현행 형법의 협박죄는 침해범으로서 일반적으로 사

람으로 하여금 공포심을 일으킬 수 있는 정도의 해악의 고지가 상대방에게 도달하여 상대방이 그 의미를 인식하고 나아가 현실적으로 공포심을 일으켰을 때에 비로소 기수에 이르는 것으로 보아야 한다.

대법원은 이와 같은 다수의견에 따라 정보보안과 소속 경찰관이 자신의 지위를 내세우면서 타인의 민사분쟁에 개입하여 빨리 채무를 변제하지 않으면 상부에 보고하여 문제를 삼겠다고 말한 위 사안에서, 객관적으로 상대방이 공포심을 일으키기에 충분한 정도의 해악의 고지에 해당하므로 현실적으로 피해자가 공포심을 일으키지 않았다 하더라도 협박죄의 기수에 이르렀다고 판시하였다.[8)]

5. 검토

형법상 불법판단의 대상은 행위자의 구성요건적 행위를 통해서 드러난다. 이러한 구성요건적 행위를 통해서 법익의 침해 또는 위험이 발생하고 해당 범죄의 기수와 미수를 판단하게 된다. 따라서 행위객체인 피해자의 반응정도를 가지고 행위자의 행위불법은 평가되지 않는다. 위험범의 경우는 행위자의 행위반가치적 행위만으로 이미 보호법익의 위험이 발생하지만, 침해범의 경우에는 행위자의 행위에 대한 불법판단 중 결과불법의 경우를 판단하는데 있어서 법익의 향유자인 피해자의 법익침해여부가 판단되고 그에 따라 미수 또는 기수의 가벌성이 결정된다.

---

8) 대법원 2007,9.28, 2007도606 전원합의체 판결.

(1) 미수범 처벌규정의 존부는 침해범과 위험범의 구별척도인가?

보호법익의 침해를 요하는가, 아니면 보호법익의 위험만으로 기수가 되는가에 대한 개념적 결과물이 침해범과 위험범[9]이다. 어떤 범죄가 침해범인가, 위험범인가의 구별실익은 대체로 기수와 미수 구별에서 의미가 있다. 법익침해 이전단계라 하더라도 법익침해의 위험성단계에서 가벌성을 인정하여 미수처벌을 하는 의도로 미수범규정을 이해하는 것이 타당하다. 따라서 침해범의 경우에는 기수와 미수를 쉽게 구별할 수 있지만 위험범의 경우에는 기수와 미수의 구별이라는 것이 개념적으로 타당하지 않다.

그럼에도 불구하고 우리 형법에 위험범의 경우에도 미수범처벌규정이 있으므로 미수범처벌규정의 존재가 침해범과 위험범을 구별할 수 있는 기준이 아니라는 견해가 제시되고 있다.[10] 그러나 위험범으로 분류되는 범죄유형에서 미수범처벌규정을 두고 있는 범죄들은 모두 사회적·국가적 법익과 관련되고, 국가적 법익의 경우 내란, 외환, 도주·은닉의 경우에는 예비와 음모도 처벌하고 있는 점을 보면 보호법익의 위태화를 단계적으로 가벌성의 영역으로 끌어들인 것이므로 미수범처벌규정은 정책적인 부분이라고 할 수 있으며, 마찬가지로 사회적 법익의 경우에도 방화와 실화, 일수와 수리, 교통방해, 식용수에 관한 죄의 경우도 공공의 안전을 위해서 음모, 예비, 미수를 가벌성의 영역에 두고 있고, 공공의 신용에 관한 죄 등에서도 통화와 유가증권의 경우는 예비, 미수를 문서와 인장의 죄는 미수를 가벌성의 영역에 두고 있다. 이에 비해서 개인적

9) 여기서 위험범이란 대부분 추상적 위험범의 의미로 사용한다.

10) 대표적으로 김성돈, "침해범/위험범, 결과범/거동범, 그리고 기수/미수의 구별기준", 형사판례연구(17), 2009, 7면.

법익에서 위험범으로 분류되면서 미수범처벌규정을 두고 있는 범죄는 없다.[11] 그렇다면 위험범의 경우에도 미수범처벌규정을 두고 있으므로 미수범처벌규정이 침해범의 근거가 될 수 없다는 입장에서는 사회적·국가적 법익의 경우에 해당하는 입법자의 정책적 결정을 법해석자가 이론적 근거로 삼아 개인적 법익에 대한 미수범처벌규정의 존재에도 불구하고 위험범으로 해석하는 것이 타당한가를 고민하여야 할 것이다.

물론 법익을 기준으로 침해범과 위험범으로 구별하는 범죄종류의 논의가 이론적 관점에서 미수범처벌규정을 기준으로 구별하는 것은 논리적으로 타당하지는 않다. 왜냐하면 특정구성요건의 해석을 위한 기준으로서 보호법익을 추출하고 특정구성요건이 보호법익을 침해하여야 기수가 되는지, 그 위험만으로 이미 기수가 되는지를 판단함으로써 침해범인지 위험범인지를 판단하는 것이 타당하다. 그러나 특정 구성요건의 법익내용과 침해정도를 판단하기 어려운 경우에 해석자의 입장에서는 입법자의 결정물인 미수범을 처벌하는 실정법상의 규정을 근거로 특정 구성요건이 침해범인지 위험범인지 추론하는 것은 법해석상 보다 타당한 방법이다.

'법익이란 오로지 구성요건이전에 존재하는 것이 아니라 구성요건의 해석을 통해서 얻어지는 것이기도 하므로, 법익에 대한 공격의 정도도 구성요건요소의 해석을 통해서 판단될 수 있다.'[12] 형법

---

11) 낙태, 유기와 학대, 명예, 신용, 업무와 경매, 비밀침해의 경우 추상적 위험범으로 논의되지만 미수범처벌규정이 없다. 물론 협박죄와 주거침입죄의 경우에 미수범처벌규정을 두고 있고, 이에 대해서 침해범설과 위험범설이 대립하고 있다는 점을 고려한다면, 침해범설의 입장에서는 당연한 것으로 보지만, 위험범설의 입장에서는 미수범처벌규정이 있다고 하여 해당범죄가 당연히 침해범이라고 할 수 없다는 반대논거도 제시되고 있다.

12) 김성규, "법익을 통한 기수와 미수의 구별에 대한 비판적 검토", 비교형사법연

상 자유에 대한 죄는 모두 미수범 처벌규정을 두고 있다. 일반적으로 특정 구성요건적 행위를 완성한 경우에 해당범죄의 법익이 침해되는 것이 일반적이지만, 구성요건적 행위를 완성한 경우라 하더라도 법익침해가 발생하지 않은 경우가 있을 수 있다. 대표적으로 '자유에 대한 죄'가 그렇다. 입법자는 개인의 자유를 보호법익으로 하는 범죄유형에서 구성요건적 행위가 개인의 자유를 침해한 경우와 침해에 이르지 못한 경우를 구별하여 기수와 미수로 나누어 미수범처벌규정을 두고 있는 것이다. 협박죄의 경우에 미수범 처벌규정이 존재한다는 것은 협박죄가 침해범이라는 일반적 추론을 가능하게 하는 징표이다.[13] 그렇기 때문에 위 사안에 대한 대법원의 다수의견도 "우리 형법은 제286조에서 협박죄의 미수범을 처벌하는 조항을 두고 있으나 미수범 처벌조항이 있다 하여 반드시 침해범으로 해석할 것은 아니며"라는 표현을 통해서 이를 인정하고 있다고 보여진다. 다수의견은 협박죄의 성격보다는 증명하기 어려운 침해여부의 문제를 해결하는데 초점을 두었다고 보여진다. 즉, 해악의 고지만으로 협박이 기수가 된다는 논증을 위해서 걸림돌이 되는 침해범으로서의 협박죄를 미수범처벌규정이 있음에도 불구하고 위험범으로 전환하는 방법을 취한 것으로 보여진다. 그러나 이런 해석방법이 형법해석방법을 왜곡시킨다는 점을 간과한 것은 아닌가 우려된다.

구 제10권 제1호, 60면.

13) 미수범처벌 규정의 존재를 침해범의 근거로 주장하는 견해로는 하태훈, "협박죄의 범죄구성요건", 형사판례연구(16), 2008, 101면.

(2) 범죄의 성격의 규명을 통해서 해석하는가 혹은 해석을 통해 범죄성격을 규명하는가?

협박죄는 의사결정의 자유를 보호법익으로 한다는데 이론이 없다. 협박죄를 침해범으로 보는 견해는 협박에 의하여 상대방이 현실적으로 공포심을 일으켜야(의사결정의 자유권의 현실적 침해) 기수가 된다고 하는데 반하여, 위험범, 특히 추상적 위험범으로 보는 견해는 공포심을 일으키게 할 정도의 해악의 고지가 존재하면(의사결정의 자유권의 침해에 관한 추상화된 위험의 발생으로) 기수가 되고, 상대방이 현실적으로 공포심을 일으킬 필요가 없다고 본다.

그러나 협박죄의 성격에 대해서 침해범설을 취하나 위험범설을 취하거나 판례도 마찬가지로 협박죄에서 협박이라 함은 일반적으로 보아 사람으로 하여금 공포심을 일으킬 수 있는 정도의 해악을 고지하는 것을 의미한다고 한다. 그렇다면 이미 행위자가 행한 행위가 '협박'에 해당되는지 여부가 범죄성립을 결정하는 것이며, 행위자의 특성상 외포되지 않은 경우에는 협박미수가 아니라 협박자체가 성립되지 않은 것은 아닌가? 이러한 문제로 인해 협박죄가 성립되려면 고지된 해악의 내용이 행위자와 상대방의 성향, 고지 당시의 주변 상황, 행위자와 상대방 사이의 친숙의 정도 및 지위 등의 상호관계, 제3자에 의한 해악을 고지한 경우에는 그에 포함되거나 암시된 제3자와 행위자 사이의 관계 등 행위 전후의 여러 사정을 종합하여 볼 때에 일반적으로 사람으로 하여금 공포심을 일으키게 하기에 충분한 것이어야 한다. 그러므로 행위자가 공포심을 일으키게 하기에 충분한 해악을 고지하였다면 협박죄의 보호법익인 의사결정의 자유를 침해한 경우에 해당하며 피협박자의 심적 상태가 행위자가 의도한 외포상태에 빠져있는지 여부에 따라서 협박죄의 미수와 기수가 결정된다고 하는 것이 타당하다.

그럼에도 불구하고 위 사안에 대한 대법원의 다수견해가 상대방이 그에 의하여 현실적으로 공포심을 일으킬 것까지 요구되는 것은 아니며, 그와 같은 정도의 해악을 고지함으로써 상대방이 그 의미를 인식한 이상, 상대방이 현실적으로 공포심을 일으켰는지 여부와 관계없이 그로써 구성요건은 충족되어 협박죄의 기수에 이르는 것으로 해석하여야 할 논거로서 지극히 주관적이고 복합적이며 종종 무의식의 영역에까지 걸쳐 있는 상대방의 정서적 반응을 객관적으로 심리·판단하는 것이 현실적으로 불가능에 가깝고, 상대방이 과거 자신의 정서적 반응이나 감정상태를 회고하여 표현한다 하여도 공포심을 일으켰는지 여부의 의미나 판단 기준이 사람마다 다르며 그 정도를 측정할 객관적 척도도 존재하지 아니하는 점 등에 비추어 보면, 상대방이 현실적으로 공포심을 일으켰는지 여부에 따라 기수 여부가 결정되는 것으로 하는 부적절성을 들고 있는 점은 법적용의 현실적 어려움을 법해석의 왜곡을 통해 해결하는 것으로 밖에 비춰지지 않는다.

(3) 대법원의 다수의견이 제시하는 미수사례의 의미는?

협박죄를 추상적 위험범으로 파악하게 되면, 협박의 고지가 피협박자에게 도달되기만 하면, 피협박자의 공포심 유발과 관계없이 기수범으로 인정하게 된다면 협박죄의 미수범 처벌조항은 해악의 고지가 현실적으로 상대방에게 도달하지 아니한 경우나, 도달은 하였으나 전혀 지각하지 못한 경우, 혹은 고지된 해악의 의미를 상대방이 인식하지 못한 경우 등에 적용될 뿐이라는 대법원의 다수의견에 해당하는 하급심 판례사안은 다음과 같다. 첫째, 교회 신도들에게 협박편지를 우편·송부하여 협박하려 하였으나 편지가 반송되는 바람에 그 뜻을 이루지 못하고 미수에 그친 경우[14] 둘째, 동거녀가 일하고 있는 노래방으로 가서 노래방 주인에게 칼을 들이대고 협박하였으나(기수 인정) 그 자리에 있던 동거녀는 피해자가 칼을 빼든 것을 인식치 못하였던 경우(미수 인정)[15] 셋째, 도로상에서 급차선변경으로 다툼 끝에 트렁크에서 흉기를 꺼내들고 피해자에게 가려다가 출동한 경찰관에게 제지당하여 특수협박미수로 인정된 경우[16] 넷째, 폭죽을 터트려 자신의 통화를 방해하였다는 이유로 시비하다가 피해자가 다른 친구들을 불러 모으자, 이에 격분하여 부근에 있는 집에 들어가 위험한 물건인 부엌칼(칼길이 30cm)과 과일칼(칼길이 20cm)을 들고 나와 피해자들을 위협하고자 하였으나 피해자의 신고로 경찰관이 출동하는 바람에 그 뜻을 이루지 못하고 미수에 그친 경우[17] 등이다. 그러나 위 판례사안 중 첫째 사안은 해악고지가 도달하지 못한 경우이고, 둘째 사안은 피협박자가 협박자의 협박행위 자체를 인지하지 못한 경우이고, 셋째와 넷째 사안은 경찰관의 개입으로 해악고지가 실현되지 못한 경우이다. 이러한 사례들은 협박죄를 침해범으로 보는 입장에서도 보호법익이 침해되지 않은 미수라고 이해하고 있다. 오히려 위험범으로 이해하는 입장에서는 첫째 사안을 제외하고는 협박죄의 기수에 해당한다고 보는 것이 타당할 결론일 것이다. 대법원의 다수의견이 제시한 협박죄의 미수의 사례는 협박죄를 위험범으로 해석

14) 서울중앙지법 2007.4.19, 2007노70.

15) 대구지법 2005.12.29, 2005고단6139.

16) 서울동부지법 2006.6.21, 2006고단841.

17) 서울남부지법 2007.1.30, 2006고단3464.

한 결과 실정법상의 미수범처벌규정의 존재가치를 확인하기 위함에 있지만 결과적으로 위험범으로서 협박죄를 이해하는 것에 대한 부조리만을 노출시키게 되었다.

물론 어떠한 범죄를 침해범으로 보느냐 또는 위험범으로 보느냐는 입법상의 문제라기보다는 실정법 해석상의 문제이다. 따라서 입법의 형식과 관련 없이 해석을 통하여 특정 범죄를 침해범 또는 위험범으로 성격 지을 수 있다. 다만 문제되는 것은 침해범 또는 위험범으로 결정짓는 기준이 무엇인가 이다. 당연히 보호법익이 기준이 되어야 한다. 개인의 의사결정의 자유를 보호하는 협박죄는 개인의 의사결정의 자유가 침해된 경우와 침해의 위태화단계를 구별하여야 한다. 그리고 위태화 단계는 미수범으로서 처벌되는 가벌성의 영역에 있다. 따라서 개인의 의사결정의 자유가 침해되어야만 기수의 가벌성을 가질 것이고, 보호법익에 대한 침해가능성만 있는 것으로는 협박죄의 미수범으로 처벌되어야 하기 때문에 협박죄를 위험범으로 다룰 수는 없고 침해범으로 다루어야 한다.

제3강 성범죄의 인식변화에 따른 해석론은 타당한가

1. 서언

강간 등 성범죄는 최근의 형사입법과 형법해석에서 가장 논란이 되고 있는 주제라고 할 수 있다. '성(性)'은 사회문화의 반영물이라고 할 수 있으며, 성범죄는 사회의 변화에 민감하게 반응하며 그 정체성은 형법과 도덕의 경계선상에서 줄타기를 하고 있다. 형법이 제정되던 당시에는 "우리나라의 전통적 미풍에 비추어 부녀의 정조는 재산권은 물론이고 때로는 생명권보다 소중한 것"으로 보면서 강간죄의 보호법익을 성적 자유와 함께 '부녀의 정조'에 두고 있었다.[1)] 정조란 여성의 성적 순결을 의미하는 것이고, 정조가 지켜져야 한다는 것은 남성우월적인 도덕관념을 반영하는 것으로서 여성을 보호가 필요한 존재만으로 여긴다는 의미이기도 하다. 이러한 인식에서 강간죄를 '정조에 관한 죄'라는 표제 하에 편제하였으나, 1995년 형법개정을 통해 그 표제를 '강간과 추행의 죄'로 바꾸게 되었다. 강간죄는 개인의 성적 자유 내지 성적 자기결정권을

1) 신동운/허일태 편저, 효당 엄상섭 형법논집, 서울대출판부, 2003, 63면.

침해하는 것을 내용으로 하는 범죄라고 하는데 이견이 없다. 여기서 '성적 자유'라 함은 적극적으로 성행위를 할 수 있는 자유가 아니라 소극적으로 원치 않는 성행위를 하지 않을 자유를 말하고, '성적 자기결정권'이라 함은 성행위를 할 것인가 여부, 성행위를 하는 경우 그 상대방을 누구로 할 것인가 여부 등을 스스로 결정할 수 있는 권리를 의미한다고 할 수 있다. 강간과 추행이 여성의 성적 자기결정권을 보호하려는 범죄라고 이해하였던 것은 여성에게 권리의 주체로서의 지위를 인정하여 그 존엄과 가치를 존중한다는 것을 의미하는 것으로서 적절한 입법적 변화였다. 한편 강간 등 성범죄의 해석론상 문제는 행위객체의 문제뿐만 아니라,[2] 행위수단으로서 폭행·협박의 해석에서도 나타나고 있다. 성범죄에 대한 과거와 다른 사회·문화적 인식의 차이가 범죄성립요건으로서 폭행·협박의 해석을 좌우하는 것이 바람직한 것인지, 미성년자에 대해 위계로써 간음한 경우에 '위계'의 의미에 대한 대법원의 해석이 타당한 것인지는 형법해석학적 관점에서 음미할 필요가 있다.

2. 사안

사안 1

갑은 동호회 회원들과 연말 회식을 한 후 귀가하려는 같은 동호회 회원인 피해자 A에게 대리기사를 불러 데려다 주겠다면서 2:30

2) 2012년 12월 18일 개정되고 2013년 6월 19일부터 시행된 개정 형법에서는 성범죄의 객체를 '부녀'에서 '사람'으로 확대하였고, 대법원이 2013년 5월 16일 부부간에도 강간죄를 인정하는 판결을 함으로써 '부부강간'의 성립과 관련한 논란을 종식시킴으로써 성범죄의 객체와 관련한 그 동안의 쟁점은 정리되었다.

경 자신의 승용차 뒷좌석에 태운 다음 노상에 주차된 甲의 승용차의 뒷좌석에 앉아 있던 A를 간음하기로 마음먹고, 손으로 A의 온몸을 만지며 입맞춤을 하고, A가 이에 저항하자 양손으로 A의 어깨를 눌러 옆으로 눕혀 항거 불능케 한 다음 A의 바지와 속옷을 벗기고 1회 간음하여 피해자를 강간하였다.

사안 2

갑은 컴퓨터 채팅을 통하여 당시 16세의 여자 청소년 A에게 성관계를 가지면 50만원을 주겠다는 제의를 하였다. 이 제의를 받아들인 A는 자신의 집이 비어 있다면서 갑으로 하여금 당일 밤 11시경 자신의 집으로 찾아오도록 하여 성교행위를 하였다. 그러나 갑은 성교의 대가로 주기로 약속한 50만원을 주지 않았다. 한편, A는 종전에 이미 성경험을 갖고 있었던 것으로 알려졌다.

3. 학설

강간죄에서의 폭행·협박이란 유형력의 행사 또는 공포심을 일으킬만한 해악의 고지를 말한다. 폭행·협박의 정도에 관해서는 견해가 대립하고 있다. 먼저, 강간죄의 폭행·협박을 강도죄의 그것과 같이 해석하여 상대방의 의사를 억압할 정도에 이를 것을 요한다는 견해가 있다.[3] 통설은 폭행·협박은 상대방의 반항을 불가능하게 하는 경우뿐만 아니라 현저히 곤란하게 하는 정도의 것임

3) 유기천, 123면.

을 요한다고 한다.[4] 다른 견해는 상대방의 반항을 현저히 곤란하게 할 정도까지는 필요치 않고 협의의 폭행·협박이면 족하다고 한다.[5]

4. 대법원의 판단

대법원은 강간죄에서 폭행·협박이 상대방의 반항을 불가능하게 하거나 현저히 곤란하게 할 정도의 것인지 여부에 관한 판단자료 내지 판단기준과 관련하여, 유형력을 행사한 당해 폭행 및 협박의 내용과 정도는 물론이고, 유형력을 행사하게 된 경위, 폭행·협박이 피해자에게 미친 심리적·육체적 영향, 피해자와의 관계, 피해자를 간음하게 된 경위, 성교 당시와 그 후의 정황 즉, 피해자와 성교를 맺기 전후의 사정, 간음 이후 피고인과 피해자의 행적 등 제반 사정을 종합하여 판단하여야 한다는 입장을 취하고 있다(이른바 종합적 판단기준설).[6] 이러한 판례의 의미는 비록 폭행·협박 자체의 정도가 그것만 놓고 보았을 때에는 피해자의 반항을 현저히 곤란하게 할 정도에 이르지 않는 비교적 가벼운 것이라 하더라도, 당시의 정황, 가해자와 피해자의 나이, 신체적 조건, 완력의 차이 등에 비추어 그 폭행·협박이 피해자에게 강한 심리적·육체적 영향을 미쳐 실제로 피해자의 항거를 불가능하게 하거나 현저히 곤란

---

4) 김성돈, 158면; 김/서, 161면; 손동권, 148면; 안동준, 79면; 오영근, 172면; 이재상, 159면; 이정원, 173면; 임웅, 171면; 정/박, 172면; 정영일, 140면.

5) 박상기, 146면; 136면; 윤승은, "강간죄의 구성요건으로서의 폭행·협박의 정도", 형사판례연구(14), 2006, 71면 이하.

6) 대법원 2005.7.28, 2005도3071.

하게 하였다면 이를 참작하여 강간죄의 성립을 판단하여야 한다는 의미이다.[7] 물론 상대방의 반항을 현저히 곤란하게 할 정도의 폭행·협박을 개시하면 족하고 그러한 폭행·협박에 의해 실제로 피해자가 항거가 불가능하게 되거나 현저히 곤란하게 되어야만 하는 것은 아니라고 한다.

한편 대법원은 최근 판결에서 강간죄가 성립하기 위한 가해자의 폭행·협박이 있었는지 여부와 관련하여, "사후적으로 보아 피해자가 성교 이전에 범행현장을 벗어날 수 있었다거나 피해자가 사력을 다하여 반항하지 않았다는 사정만으로 가해자의 폭행·협박이 피해자의 항거를 현저히 곤란하게 할 정도에 이르지 않았다고 섣불리 단정하여서는 안 된다"라고 하고 있다.[8] 이러한 대법원 판례는 종전의 판례[9]나 최근의 하급심 판례들에서 피해자가 소리를 지르는 등 적극적인 구조요청을 하였는지 여부, 성교 이전에 범행장소에서 도망하거나 벗어날 수 있었는지 여부 등도 유형력 행사 인정 여부의 판단요소로 고려한 점과는 다른 경향을 보여주고 있다.[10]

위 [사안 1]에 대해서 원심법원은 ① 피해자는 이 사건 성관계 당시 피고인이 피해자의 어깨를 눌러 옆으로 눕히고 팬티를 억지로 내리는 유형력을 행사한 외에 폭행 또는 협박을 가한 사실은 없다고 진술하고 있는 점, ② 이 사건 성관계가 피고인의 소형 승용차

7) 윤승은, 앞의 논문, 85면.

8) 대법원 2005.7.28, 2005도3071.

9) 대법원 1991.5.28, 91도546; 대법원 1990.12.11, 90도2224; 대법원 1990.9.28, 90도1562 등.

10) 변종필, "강간죄의 폭행·협박에 관한 대법원의 해석론과 그 문제점", 비교형사법연구 제8권 제2호, 2006, 158면.

뒷좌석의 좁은 공간에서, 피고인이 피해자의 핫팬츠와 팬티를 완전히 벗기지 않고 종아리까지만 내린 상태에서 이루어졌다는 점에 비추어 당시 피해자가 피고인의 차량 문을 열거나 몸을 움직이는 등의 행동만 하였어도 피고인에 의한 일방적인 성관계가 쉽게 이루어지지는 않았을 것으로 보이는 점, ③ 피고인 차량이 주차되어 있던 장소는 횡단보도와 육교가 접한 대로변으로 주변에 늦게까지 영업하는 상가가 있고 차량의 통행도 있었으며 피고인과 피해자가 수년 전부터 알고 지내던 사이로 피해자가 성적인 자기방어를 포기할 정도의 심리적 억압상태에 있었다고 보이지는 않는 점, ④ 이 사건 성관계 당시에 피해자로서는 피고인과의 성관계가 주변에 알려지는 것이 두려웠던 것으로 보이기는 하나, 피해자가 강간에 대한 반항을 완전히 포기할 정도의 심리적 항거불능 상태에까지 이르렀는지 또는 성관계 당시 이를 용인하는 이외의 다른 행위를 기대할 수 없는 상태였는지 여부에 관해서는 여전히 의문이 제기되는 점, ⑤ 한편 피고인이 수사기관에서부터 제1심법정에 이르기까지 이 사건 공소사실을 인정한다는 취지의 진술을 한 사실은 있으나, 피고인이 인정한 내용은 피해자의 의사에 반하여 간음하였다는 사실에 관한 것일 뿐 피고인이 피해자를 폭행·협박하였다는 사실까지 인정한 것으로 보이지는 않는 점 등 이 사건 유형력 행사의 정도나 그 경위, 범행 당시 정황이나 주변 상황, 피해자와의 관계 등을 종합하여, 피고인이 피해자의 명시적 의사에 반하여 위력을 행사하여 간음한 것은 사실이나 더 나아가 그러한 유형력의 행사로 인하여 반항을 못하거나 반항하는 것이 현저하게 곤란하게 할 정도에 이르렀다는 점이 합리적 의심이 없을 정도로 증명되었다고 보기 어렵다는 이유로, 제1심의 유죄판결을 파기하고 무죄를 선고하였다.

이에 대해서 대법원은 ① 피고인과 피해자는 밴드동호회 회원들로서 2010.12.23. 동호회 활성화 등을 위한 연말 회식을 하면서 2차로 상가건물에 있는 밴드연습실에서 다른 동료들과 함께 술을 마신 사실, ② 2010.12.24. 새벽 2시경 술자리를 마치며 피해자가 집으로 돌아가려 하자 피고인은 대리기사를 불러 자신의 차량으로 피해자를 데려다 주겠다면서 피해자를 밴드연습실 앞 노상에 주차되어 있던 피고인의 승용차 뒷좌석에 태운 사실, ③ 그런데 피고인은 실제로는 대리기사를 부르지 않았고 대리기사를 기다린다며 차량 뒷좌석에 있는 피해자 옆에 타고는 피해자를 껴안으려 한 사실, ④ 피해자는 피고인을 밀치면서 억지로 껴안는 것이 싫다고 얘기한 사실, ⑤ 그럼에도 피고인은 이를 무시하고 '억지로 하는 것이 뭔지 보여주겠다'고 하면서 손으로 피해자의 얼굴을 잡고 억지로 키스를 하고, 온몸을 만지고 피해자의 어깨를 잡고 옆으로 눕힌 사실, ⑥ 피고인이 피해자의 치마를 걷어 올리고 그 안에 입은 핫팬츠를 벗기려고 하자 피해자는 옷을 벗기지 못하도록 버티면서 하지 말라고 울면서 애원한 사실, ⑦ 그럼에도 피고인은 강제로 피해자의 핫팬츠와 팬티를 내린 후 피해자를 간음한 사실, ⑧ 피고인은 키 175cm, 몸무게 70kg의 건장한 체격의 성인 남성인 데 비하여 피해자는 키 158cm, 몸무게 51kg 정도에 불과하여 체격의 차이가 크고, 당시 술에 취한 상태인 피해자가 좁은 차량 안에서 피해자를 잡고 있던 피고인을 벗어나기는 어려웠던 사실, ⑨ 이 사건 차량이 대로변에 있다고 하여도 당시 주변에는 차량이나 다니는 사람이 없었고 새벽 2시 30분경의 추운 날씨에 입고 있던 핫팬츠와 팬티가 종아리까지 벗겨져 있는 상태에서 피해자가 피고인을 물리치고 피고인의 차량 문을 열고 뛰쳐나가기는 쉽지 않은 상황이었던 사실, ⑩ 피고인이 이 사건 범행 후 자신의 차량을 운전하여 피해자의 집에 데려다 주면서 친근감을 표현하는 말을 하였지만 피해자는 단순히 '알았다'는 말만 하고 뒷좌석에 그대로 앉아 있었던 사실, ⑪ 피해자는 이 사건 당일 아침 곧바로 밴드동호회 리더인 공소외인에게 밴드를 그만두겠다는 문자메시지를 보냈고, 그 메시지를 보고 전화를 한 공소외인에게 '피고인이 강제적으로 성관계를 했다'는 취지의 얘기를 한 사실, ⑫ 피고인이 같은 날 피해자에게 '밴드를 그만두지 마라, 자신이 잘못했다'는 취지의 문자메시지를 보내자, 이에 대해 피해자는 '나도 그만두지(기) 싫어서 지금까지 참고 그리고 오빠 믿고서 나간거야~ 성폭행당한 여자가 그 사람 얼굴을 어떻게봐~ 내가 밴드 다 포기할테니까 이제 더 이상 생각나지 않게 해줘~ 제발 부탁이야', '내가 울면서 하지 말라고 했는데 내가 싫다고 하는데도 힘으로 막했잖아~ 그게 성폭행이지~ 억지로 막했잖아~ 당하는 내 심정은 생각해봤어? 내가 왜 그런 대우를 받아야 하는데? 내 의지는 완전히 무시됐잖아~ 앞으로 어떻게 살아야할지 모르겠어~'라는 메시지를 피고인에게 보내 전날의 피고인의 행위에 대하여 강력하게 항의한 사실, ⑬ 피고인도 계속 피해자의 용서를 구하는 문자메시지를 보낸 사실, ⑭ 피해자는 2010.12.26. '생각 같아서는 경찰에 신고하고 싶어~ 어떻게 할지 지금 고민중이야'라는 문자를, 2010.12.28.에는 '그만한 각오도 없이 그런일을 벌이다니~ 그날 나는 이러다 죽는게 아닌가 하고 얼마나 무서웠고~ 지금까지 일도 제대로 못하고 있어~ 잠도 못자고~'라는 내용의 문자를 보낸 사실, ⑮ 그러나 피해자는 주변 사람들이 피고인과의 성교 사실을 알게 되는 것이 두려워 어떠한 조치도 취하지 못하던 중 위 성교로 인해 자궁외임신이 되고 급기야 2011.2.1. 복강경하 좌측 나팔관절제술을 받게 되자, 2011.2.13. 피해자의 주거지나 직장과는 동떨어진 성북경찰서에 가 피고인을 강간죄로 고소한 사실 등을 인정할 수 있는바, 이와 같이 피고인이 피해자에게 대리기사를 불러 집으로 데려다 주겠다고 하며 피해자를 피고인의 차량 뒷좌석에 태운 후 간음을 하게 된 경위, 피고인과 피해자의 체격, 피해자가 처해 있던 상황, 피해시간, 피고인과 피해자와의 관계, 성교 당시의 상황, 성교 이후의 피해자의 피고인에 대한 행동 등 제반 사정을 종합하여 보면, 피고인은 피해자의 의사에 반하여 피해자의 반항을 억압하거나 현저하게 곤란하게 할 정도의 유형력을 행사하여 피해자를 강간하기에 이르렀다고 보기에 충분하다고 판시하였다.[11)]

위 [사안 2]에 대해서 대법원은 형법 제302조의 위계에 의한 미성년자간음죄에 있어서 위계라 함은 행위자가 간음의 목적으로 상대방에게 오인, 착각, 부지를 일으키고는 상대방의 그러한 심적 상태를 이용하여 간음의 목적을 달성하는 것을 말하는 것이고, 여기에서 오인, 착각, 부지란 간음행위 자체에 대한 오인, 착각, 부지를 말하는 것이지, 간음행위와 불가분적 관련성이 인정되지 않는 다른 조건에 관한 오인, 착각, 부지를 가리키는 것은 아니다고 하면서 피고인이 청소년에게 성교의 대가로 돈을 주겠다고 거짓말하고 청소년이 이에 속아 피고인과 성교행위를 하였다고 하더라도, 사리판단력이 있는 청소년에 관하여는 그러한 금품의 제공과 성교행위 사이에 불가분의 관련성이 인정되지 아니하는 만큼 이로 인하여 청소년이 간음행위 자체에 대한 착오에 빠졌다거나 이

11) 대법원 2012.7.12, 2012도4031.

를 알지 못하였다고 할 수 없다는 이유로 피고인의 행위가 청소년의성보호에관한법률 제10조 제4항 소정의 위계에 해당하지 않는다고 하였다.[12)]

5. 검토

강간이라는 범죄의 속성은 상당한 정도의 수단을 사용해서 상대방의 의사에 반하는 간음행위를 한다는 점에 있다. 폭행이나 협박 등과 같은 수단을 사용하여 성관계를 갖는다는 것은 당연히 상대방의 의사에 반할 것이다. 그러나 단순히 상대방의 의사에 반하는 성관계를 강간죄라고 하기에는 문제가 있다. 왜냐하면 상대방의 주관적인 관점만으로 강간죄의 성립여부가 결정될 수 있는 것이기 때문이다. 따라서 성적 자기결정의 자유를 침해할 정도의 수단을 통해서 법익 향유자의 의사에 반하는 침해가 발생할 것을 필요로 한다.

강간의 성립 여부에 관한 판단과정에서 쟁점이 되는 것으로는 먼저 성행위에 관하여 피해자의 승낙이 있었는지 여부와 피해자에게 가해진 폭행·협박이 과연 항거가 현저히 곤란한 정도인지 여부이다.[13)] 먼저 소위 '감추어진 합의'(verdeckte Bereitwilligkeit der

12) 대법원 2001.12.24, 2001도5074.

13) 위 [사안 1] 의 원심법원은 수사기관 및 제1심법정에서 강간의 공소사실을 자백한 피고인이 원심에 이르러 피해자와의 합의에 의한 성관계라고 범행을 부인하자 별다른 심리도 없이 피고인이 피해자의 항거를 불능하게 하거나 현저히 곤란하게 할 정도의 유형력을 행사하였다고 볼 수 없다면서 이 사건 공소사실이 범죄의 증거가 없는 경우에 해당한다고 하여 무죄를 선고한 경우라고 대법원은 지적하고 있다.

Frau)가 있었는지는 파악하기가 매우 어렵다. 남녀 간의 정사를 내용으로 하는 강간, 간통, 강제추행, 업무상 위력 등에 의한 간음 등의 범죄에 있어서는 행위의 성질상 당사자 간에 극비리에 또는 외부에서 알기 어려운 상태에서 감행되는 것이 보통이고, 그 피해자 외에는 이에 대한 물적 증거나 직접적 목격증인 등의 증언을 기대하기가 어렵다. 이러한 범죄의 특성상 성범죄사건에서 증거가 되는 것은 주로 피고인과 피해자의 진술이다. 어느 편을 믿느냐에 따라 유·무죄로 판단된다. 법원으로서는 사건의 경위에 나타난 여러 가지의 정황을 고려하고, 피해자의 주장이 믿을 수 있을 만큼 합리적인가의 여부에 따라 진실을 판단할 수밖에 없다. 따라서 성범죄에 있어서는 피해자의 피해 전말에 관한 진술이나 증언을 토대로 하여 범행의 전후 사정에 관한 제반 증거를 종합하여 우리의 경험법칙에 비추어서 범행이 있었다고 인정될 수 있는 경우에는 이를 유죄로 인정할 수 있다.[14)]

다음으로 강간죄의 성립요건인 폭행·협박의 정도에 관하여 판례는, 상대방의 연령, 성별, 소행, 경력이나 그것이 이루어진 시간, 장소, 주위 환경 기타 구체적 사정의 여하에 따라서 상대방의 항거를 불능 또는 현저하게 곤란하게 하는 것이면 족하다고 하고 있다.[15)] 폭행·협박이 반항을 현저하게 곤란하게 하였는지 여부는 폭행·협박 그 자체만으로 판단하여서는 당연히 안된다. 폭행·협박이 어느 정도에 달하였는가는 구체적인 사정 하에서의 피해자의 단순한 주관적인 심리상태에 따라서가 아니라 사회통념에 비추어 그 행위의 내용실태가 일반적으로 피해자의 항거를 현저하게 곤란

14) 조원철, "간접증거에 의한 사실의 인정", 재판자료 제110집, 2006, 173면.
15) 대법원 2001.2.23, 2000도5395.

하게 하는 것인지 여부에 관하여 객관적인 판단에 의하여 결정되어야 한다는 데에는 이론이 없을 것이다. 어떤 형식이든 의사에 반해 성적 자기결정의 자유가 침해된 피해자의 입장에서는 중대한 법익 침해라고 할 수 있겠지만, 형법상 강간죄를 중하게 처벌하는 취지를 고려한다면 적어도 그 범죄적 수단이 비난 받을 만한 수단이어야 한다는 점은 분명하다. 따라서 객관적으로 명백한 수단으로서 요구되는 폭행 · 협박은 좁은 의미로 해석되어야 할 것이다.

형법 제302조의 위계로 간음한다는 말의 의미에 관하여, 대법원은 "위계란 행위자가 간음의 목적으로 상대방에게 오인 · 착각 · 부지를 일으키게 하고는 상대방의 그러한 심적 상태를 이용하여 간음의 목적을 달성하는 것을 말하는 것이고, 여기에서 오인 · 착각 · 부지란 간음행위 자체에 대한 오인 · 착각 · 부지를 말하는 것이지, 간음행위와 불가분적 관련성이 인정되지 않는 다른 조건에 관한 오인 · 착각 · 부지를 가리키는 것은 아니다"라고 한다. 대법원이 피고인이 피해자를 여관으로 유인하기 위하여 남자를 소개시켜 주겠다고 거짓말을 하고 피해자가 이에 속아 여관으로 오게 되었고 거기에서 성관계를 하게 된 사건에 있어서, "그녀가 여관으로 온 행위와 성교행위 사이에는 불가분의 관련성이 인정되지 아니하는 만큼 이로 인하여 피해자가 간음행위 자체에 대한 착오에 빠졌다거나 이를 알지 못하였다고 할 수는 없으므로, 피고인의 위 행위는 형법 제302조 소정의 위계에 의한 간음에 해당하지 않는다"고 한 것은[16] 타당하다.

그런데 대법원은 성교의 대가로 돈을 주겠다고 거짓말한 위 [사안 2]의 경우에도 "피해자는 성교에 대한 사리판단력이 있는 사람

16) 대법원 2002.7.12, 2002도2029.

으로서 스스로 성교에 나아간 것이므로 금품제공과 성교 사이에 불가분적 관련성이 인정되지 아니하는 만큼 간음행위 자체에 대한 착오에 빠졌다고 볼 수 없다"고 하여 무죄를 선고한 원심이 적법하다고 판단하였다.[17] 학계도 이러한 대법원의 견해에 이의를 제기하지 않는다. 그러나 법규정의 취지를 고려하거나, 혼인빙자간음죄 또는 사기죄와 대비할 때 그 타당성에는 의문의 여지가 있다.

우선, 법규정의 취지로 보아 위와 같은 대법원의 입장이 타당한가 의문이다. 형법은 위계간음죄의 피해자로서 미성년자를 심신미약자와 함께 규정하고 있다. 심신미약자에 대하여 위계를 사용한 경우를 처벌하는 것은 심신미약자의 의사결정능력이 미약하기 때문이다. 미성년자에 대하여도 반항이 현저하게 곤란한 폭력을 사용하지 않더라도 위계를 사용한 경우에는 미성년자의 성적 의사결정능력이 성년에 비하여 현저히 낮다는 사실을 악용하여 그의 성적 자기결정권을 침해하는 것이므로 이를 처벌함으로써 미성년자를 보호하려고 함에 있다. 그런데 대법원이 위 사건에서 '피해자는 성교에 대한 사리판단력이 있는 사람으로서 스스로 성교에 나아간 것이므로 금품제공과 성교 사이에 불가분적 관련성이 인정되지 아니한다'고 판단한 것을 반대로 해석하면, 피해자가 사리판단력이 없어야만 금품제공과 성교 사이에 불가분적 관련성이 인정된다는 의미가 된다. 그렇게 까지는 아니라고 하더라도, 최소한 이 판결에서는 피해자가 성행위를 할 것인가 하지 않아야 할 것인가를 판단할 능력이 성년에 비하여 현저히 낮다는 사실을 고려하고 있지 않은 것만은 분명하다. 이것은 입법취지에 부합하지 않는다.

또 '피해자가 스스로 성교행위에 나아간 만큼 간음행위 자체에

17) 대법원 2001.12.24, 2001도5074.

대한 착오에 빠졌다고 볼 수 없다'고 할 때, '간음행위 자체에 대한 착오에 빠진다'고 하는 의미는 자신이 성교행위를 하고 있다는 사실을 착오로 인하여 깨닫지 못한다는 의미이다. 그런데 실제로 그러한 경우가 있을 수 있는지 의문이다. 의사가 치료를 빙자하여 환자를 간음하는 경우를 그 예로 들지 모르나, 이러한 경우는 위계에 의한 간음이 아니라 그 환자가 의사를 신뢰하여 심리적으로 항거가 불가능한 상태임을 기화로 간음하는 것이므로 형법 제299조의 준강간죄에 해당한다. 또한 성행위를 할 것인가 하지 않을 것인가를 결정하는 의사의 자유가 침해되는 것은 성행위 자체에 착오를 일으키는 경우보다는 자신이 성행위를 하게 된다는 사실을 아는 경우에 더욱 문제되는 것이 아닐까?

제4강
상해죄의 상해와 강간치상에서 상해는 다른 것인가

1. 서언

우리 형법은 상해죄와 별도로 일정한 범죄행위가 상해의 결과를 발생시킨 경우에 형벌이 가중되거나 그 처벌의 내용이 현저히 달라지도록 하는 규정을 많이 두고 있다. 그 예로는 폭행죄와 상해죄, 직권남용죄와 직권남용치상죄, 낙태죄와 낙태치상죄, 체포·감금죄와 체포·감금치상죄, 강간(강제추행)죄와 강간(강제추행)치상(상해)죄, 강도죄와 강도치상(상해)죄, 특수공무집행방해죄와 특수공무집행방해치상죄, 현주건조물방화죄와 현주건조물방화치상죄, 성폭력범죄의처벌및피해자보호등에관한법률 제5조 제1항, 제6 내지 8조 위반의 죄와 같은 법 제9조의 죄 등이 있는데, 상해사실의 발생 여부는 크게는 유, 무죄, 사형 또는 무기징역의 가부, 집행유예의 가부, 벌금이나 자격정지의 가부 등 양형의 일정한 한계를 규정할 뿐만 아니라 소송법상으로도 친고죄, 반의사불벌죄 등을 결정하는 기준이 된다.[1)] 최근 성범죄자에 대한 엄벌을 요구하는 사회적 요

1) 김형석, "강간치상죄에 있어 상해 개념의 인정 범위", 실무연구자료 제6권,

구를 반영하여 대법원은 강간치상의 상해의 인정범위를 확대하여 항생제 처방을 받는 등 병원치료를 받았다면 경미한 상처로 볼 수 없다면서 강간치상의 상해를 인정하는 판결을 하였다.[2] 이 판결에서 대법원은 "상해는 피해자의 신체·정신상의 구체적 상태를 기준으로 판단해야 한다"라고 하면서 "의사가 자연치료가 가능하고 일상생활에 큰 지장을 줄 정도의 상처가 아니라는 의견서를 냈더라도 피해자가 항생제 처방을 받아 실제 약을 복용하는 등 치료를 받았으므로 단 기간 내에 자연치유가 가능한 극히 경미한 상처에 불과하다고 볼 수 없다"면서 공소기각판결을 한 하급심 판결을 파기하고 강간치상죄를 적용하여, 다시 심리하라며 파기환송하였다.

2013년 6월 19일부터 적용된 개정 형법에서는 강간죄도 비친고죄가 되었으므로 강간치상이 아니라 강간죄를 적용하는 경우에도 피해자의 고소없이 처벌이 가능하게 되었다. 따라서 무리하게 강간치상죄를 적용하여 처벌하기 위해서 '상해'의 범위를 넓힐 필요는 없게 되었지만, 법정형의 차이 등을 고려하면 강간치상의 상해의 적용범위는 형법해석학적 관점에서 매우 중요한 문제라고 할 수 있다.

2. 사안

갑은 나이트클럽에서 A녀와 동석하여 술을 마신 후 A에게 집까지 데려다 주겠다고 하여 A를 피고인의 승용차 뒷좌석에 태우고 가던 중 갑자기 욕정을 일으켜 강간하기로 마음먹고, 강변도로변

2005, 264면.

2) 대법원 2013.4.11, 2012도5885.

에 차를 주차시키고 뒷좌석으로 가서 A에게 "연애 한번 하자"고 하였으나 A가 이를 거절하자 A를 덮쳐 한 손으로는 목을 죄고 다른 한 손으로는 A의 상의를 벗긴 후 하의를 벗기려고 하였으나 A가 갑의 팔을 물면서 저항하다가 그 곳을 지나가던 택시운전자에게 구원을 요청하여 구출됨에 따라 미수에 그치고, 이로 인하여 전치 약 7일간의 경부, 전흉부 타박상 등의 상처를 입힌 혐의로 구속기소 되었다.

3. 학설

상해의 개념에 대해서 다수설은 신체의 생리적 기능을 침해하는 것으로 보지만, 신체의 완전성을 침해하는 것이라는 견해나,[3] 신체의 생리적 기능을 침해하거나 신체 외관에 중대한 변화를 일으키는 것이라는 견해[4]도 있다. 그러나 '일상생활에 있어서 일반적으로 간과될 정도의 극히 경미한 상처'를 형법상 상해의 개념에 포함시키는 것인지에 관하여는 언급을 하고 있지 않다. 그런데 강간치상죄에 있어서 상해를 상해죄의 상해와 동일하게 해석할 것인지에 관해서 견해가 나뉘고 있다. 학계의 다수는 강간치상죄에 대하여 논하면서 별도로 상해의 개념을 언급하고 있지는 않은 점으로 보아 대부분이 형법상 상해의 개념과 달리 보지는 않는 것으로 보인다. 즉 형법상 상해개념을 통일적으로 파악하려는 입장이라고 할 수 있다.

---

3) 유기천, 47면.
4) 강구진, 61면; 배종대, 99면.

이에 대해서 강간치상죄의 상해를 상해죄의 상해와 구별하려는 견해에서는 무거운 법정형을 가지는 결과적 가중범의 성립을 바로 인정함으로써 발생하는 양형상의 불합리를 시정한다는 차원에서도, 입법적인 해결이 이루어지기 전까지는 결과적 가중범에 있어서의 경미한 상해를 엄격하게 해석할 필요가 있다고 하거나,[5] 강간치상죄는 무기 또는 5년 이상의 징역이라는 무거운 처벌을 함에 비추어 강간치상죄에서의 상해는 건강상태가 불량하게 변경되고 생활기능에 장애를 초래할 정도에 달해야 한다면서 상해죄의 상해와 같다고 볼 수는 없다는 견해가 있다.[6] 또한 폭행의 개념이 폭행을 수단으로 하는 각 범죄에 있어서 다의적으로 설명되는 것처럼, 각 범죄에 있어서 그 법정형과 죄질의 상위가 있기 때문에 합리적이고 적절한 양형에 이르기 위해서 상해도 그 결과가 발생하여 논의되는 각 범죄의 특수성에 따라 상대적으로 구성될 필요가 있다고 한다.[7] 그러나 이와 같이 상해개념을 상대적으로 이해하려는 견해에 대해서는 강간치상죄의 상해에 해당하지 않는 상해가 상해죄의 상해에 해당하는지에 대한 판단이 결여되어 있다고 비판하면서 강간치상죄·강도치상죄에 있어서의 상해의 정도가 일반 상해죄의 경우보다 더 고도의 것이라고 해석할 아무런 법적 근거가 없으며, 또한 형법상 상해의 규정을 자의적으로 해석할 여지가 있는 점 등을 들어 강간치상죄·강도치상죄에 있어서의 상해의 정도는 일반 상해죄에 있어서의 그것과 동일한 정도면 족하다는 비판이 있다.[8]

5) 오영근, "강간치상죄에서 상해의 개념", 판례월보 296호, 1995, 35면.
6) 이재상, 172면.
7) 이영진, "강간치상죄에 있어서 경미한 상해의 취급(하)", 판례월보 제313호, 1996, 41면.
8) 강구진, 309면; 이회창, 주석형법 각론(III), 205면; 이윤승, "강간치상죄에 있어

4. 대법원의 판단

강간치상죄의 성부가 문제된 사례에서 대법원은 상해의 개념에 관하여, 인체의 생활기능에 장해를 주고 건강상태를 불량하게 변경하는 것이 아니면 강간치상죄의 상해에 해당한다고 할 수 없다거나, "신체의 건강상태가 불량하게 변경되고 생활기능에 장애가 초래되었다 할 것이어서…" 라는 표현을 통상 사용하고 있지만, 나아가 대법원이 일반 상해죄에 있어서의 상해의 개념과 강간(강도)치상죄의 상해의 관계를 명시적으로 언급한 것은 보이지 않고, 다만 몇몇 사례에서 일상생활상 간과될 정도의 경미한 정도의 상해를 강간치상죄의 상해의 인정범위에서 배제한 것을 발견할 수 있을 뿐이다. 따라서 비록 상해죄의 상해와 강간치상죄의 상해가 동일하다는 명시적인 문구는 상해죄에 대한 판시에서는 아직까지 발견되지 않은 표현이라는 점에서, 대법원이 상해죄의 상해와 강간치상죄의 상해의 개념을 달리 보는 것이 아닌가 하는 의문이 있지만, 대법원도 원칙적으로는 상해죄의 상해개념과 강간치상죄에서의 상해개념을 동일하게 보는 것으로 보인다.

대법원은 보통 상처의 내용을 거시한 다음, '이는 극히 경미한 상처로서 그로 인하여 인체의 완전성을 해하거나 건강상태를 불량하게 변경하였다고 보기 어렵다'는 설시로 마무리를 하고 있다. 강간치상죄의 성립을 긍정한 경우로는 ① 강간 도중 흥분하여 피해자의 왼쪽 어깨를 입으로 빨아서 생긴 동전크기 정도의 반상출혈상은 별다른 통증이나 자각증상도 없어 피해자는 그 상처를 알

서의 상해의 정도", 대법원판례해설, 제16호 719면; 홍지욱, "강간치상죄에 있어서의 상해의 정도", 판례연구 1(제주판례연구위원회), 231면;

아차릴 수도 없었는데 의사가 진단을 하는 과정에서 우연히 발견한 것이고, 의학상 치료를 받지 않더라도 자연 흡수되어 보통 1주 정도가 지나면 자연치유되는 것으로서 인체의 생활기능에 장해를 주고 건강상태를 불량하게 변경하는 것이 아니어서 강간치상죄의 상해에 해당한다고 할 수 없다.[9] ② 피고인이 피해자를 강간하려다가 미수에 그치고 그 과정에서 위 피해자의 왼쪽 손바닥에 약 2cm 정도의 긁힌 가벼운 상처가 발생한 경우라면, 그 정도의 상처는 일상생활에서 얼마든지 생길 수 있는 극히 경미한 상처로서 굳이 치료할 필요도 없는 것이어서 그로 인하여 인체의 완전성을 해하거나 건강상태를 불량하게 변경하였다고 보기 어려워 피해자가 입은 위 소상을 가지고 강간치상죄의 상해에 해당한다고 할 수 없다.[10] ③ 피해자가 이미 성행위의 경험이 있는 자로서 그가 입은 상처가 3,4일간의 가료를 요하는 외음부충혈과 양상박부근육통으로서 피해자가 병원에 가서 치료를 받지 않더라도 일상생활을 하는데 아무런 지장이 없고 자연적으로 치유될 수 있는 정도이며 실제 아무런 치료를 받은 일이 없다면, 이로 인하여 신체의 완전성이 손상되고 생활기능에 장해가 왔다거나 건강상태가 불량하게 변경되었다고 보기는 어려우므로 위 상처가 강간치상죄의 상해에 해당한다고 할 수 없다.[11] ④ 강간피해자가 입은 좌전경부흡입상은 인체의 생활기능상에 장해를 주고 건강상태를 불량하게 변경하였다고 보기 어려워 강간치상죄의 상해에 해당한다고 할 수 없다.[12] ⑤ 피고인이 피해자를 강간하려다가 미수에 그치고, 그 과

9) 대법원 1986.7.8, 85도2042.

10) 대법원 1987.10.26, 87도1880.

11) 대법원 1989.1.31, 88도831.

12) 대법원 1991.1.8, 91도2188.

정에서 피해자에게 경부 및 전흉부 피하출혈, 통증으로 약 7일간의 가료를 요하는 상처가 발생하였으나, 그 상처가 굳이 치료를 받지 않더라도 일상생활을 하는데 아무런 지장이 없고 시일이 경과함에 따라 자연적으로 치유될 수 있는 정도라면, 그로 인하여 신체의 완전성이 손상되고 생활기능에 장해가 왔다거나 건강상태가 불량하게 변경되었다고 보기는 어려워, 강간치상죄의 상해에 해당한다고 할 수 없다.[13]

강간치상죄의 성립을 긍정한 경우로는 ① 강간으로 인하여 피해자에게 보행불능, 수면장해, 식욕감퇴 등의 장해가 야기된 경우,[14] ② 강간으로 인해 10일간의 가료를 요하는 전환반응(히스테리)증을 야기시킨 경우,[15] ③ 치료일수 미상의 극히 경미한 상해(처녀막파열상),[16] ④ 피고인들이 피해자를 강간하여 피해자에게 요치 10일의 회음부찰과상을 입혔다면 상해의 정도가 0.1센티미터 정도의 찰과상에 불과한 경우[17], ⑤ 설령 피고인의 생식기가 피해자의 성기에 삽입되지 아니하였다고 하여도 피해자를 협박하여 억지로 성교하려 하고, 그로 인하여 피해자에게 요치 1주일간의 좌둔부(둔부) 찰과상을 입게 한 경우,[18] ⑥ 음부가 찢어져 피가 나고 1주일 동안 통증을 느낀 경우,[19] ⑦ 7세 1월 남짓밖에 안되는 피해자의 질내에 손가락을 넣어 만지는 등 추행을 하여 피해자의 음순좌우 양측에 생긴 남적색 피하일혈반이 타박이나 마찰로 말미암아 음순 내부에

13) 대법원 1994.11.4, 94도1311.
14) 대법원 1969.3.11, 69도161.
15) 대법원 1970.2.10, 69도2213.
16) 대법원 1972.6.23, 72도855.
17) 대법원 1983.7.12, 83도1258.
18) 대법원 1984.7.24, 84도1209.
19) 대법원 1989.12.22, 89도1079.

피멍이 든 것으로서 그 상처부위에 소변의 독소가 들어가면 염증이 생길수도 있는 것이라면, 그 상처를 치료하는데 필요한 기간이 2일에 불과한 경우,[20] ⑧ 피고인이 강간하려고 피해자의 반항을 억압하는 과정에서 주먹으로 피해자의 얼굴과 머리를 몇차례 때려 그가 코피를 흘리고 콧등이 부었다면 비록 병원에서 치료를 받지 않더라도 일상생활에 지장이 없고 자연적으로 치료될 수 있는 경우,[21] 등을 들 수 있다.

위 사안에 대해서 대법원은 피해자를 강간하려다가 미수에 그치고 그 과정에서 피해자에게 경부 및 전흉부 피하출혈, 통증으로 약 7일 간의 가료를 요하는 상처가 발생하였으나 그 상처가 굳이 치료를 받지 않더라도 일상생활을 하는 데 아무런 지장이 없고 시일이 경과함에 따라 자연적으로 치유될 수 있는 정도라면 그로 인하여 신체의 완전성이 손상되고 생활기능에 장애가 왔다거나 건강상태가 불량하게 변경되었다고 보기는 어려워 강간치상죄의 상해에 해당하지 않는다고 하였다.[22]

5. 검토

형법상 상해는 일반적으로 생리적 기능의 훼손을 의미하고, 상해죄의 상해가 그 기본적인 형태이다. 그러나 강간치상죄나 강도치상죄 등과 같이 상해라는 결과의 발생으로 인하여 형이 특히 가중되는 범죄에 있어서의 상해는 일반 상해죄의 상해보다는 더 중

20) 대법원 1990.4.13, 90도154.
21) 대법원 1991.10.22, 91도1832.
22) 대법원 1994.11.4, 94도1311.

한 것이어야 한다는 것이 학계의 일반적 견해이고, 대법원도 일찍부터 그렇게 판단해오고 있다. 강간치상 사건에서 대법원은 상해의 정도가 피해자의 반항을 억압할 만한 폭행 또는 협박이 없어도 일상생활 중 발생할 수 있는 것이거나 합의에 따른 성교행위에서도 통상 발생할 수 있는 정도임을 전제로 하여,[23] 그 상해가 굳이(또는 의학상) 치료를 받지 않더라도 일상생활을 하는 데에 아무런 지장이 없으며 시일이 경과함에 따라 자연적으로 치유될 수 있는 정도이면 피해자의 신체의 완전성이 손상되고 생활기능에 장애가 왔다거나 건강상태가 불량하게 변경되었다고 보기는 어렵다는 이유로 강간치상죄의 상해를 인정하지 않는다. 즉, 상처의 일상성이나 치료할 필요성을 판단의 기준으로 삼는 것이다. 그리고 피해자의 건강상태가 나쁘게 변경되고 생활기능에 장애가 초래된 것인지는 객관적, 일률적으로 판단하는 것이 아니라 피해자의 연령, 성별, 체격 등 신체, 정신상의 구체적 상태를 기준으로 판단한다고 한다.[24]

상처는 경미하지 않은 상처도 특히 중하지 않다면 특별한 치료를 하지 않더라도 자연치유 되는 것이 일반적이지만, 치료기간을 단축하거나 치료되기 이전에 악화될 우려가 농후하여 이를 예방하거나 그간의 통증을 완화하기 위해 치료가 행해지는 것이다. 그러므로 치료할 필요성이 없다는 사실을 형법상 상해라고 인정하지 않는 기준의 하나로 삼는 것은 결국 상처의 경미성을 강조하는 의미에 불과하다고 해석된다. 대법원이 '굳이' 치료할 필요가 없다거나, '의학상' 치료할 필요가 없다고 하는 등의 표현을 사용하는 것은 바로 이러한 취지일 것이다. 그리고 실제로 상처가 경미한가의

23) 대법원 2003.9.26, 2003도4606.

24) 대법원 2003.9.26, 2003도4606.

여부를 판단함에는 피해자가 취한 태도가 크게 작용한다. 대법원은 ① 2센티미터 긁힌 손바닥의 상처,[25] ②성경험이 있는 여자의 요치 3, 4일간의 외음부출혈과 양상박부근육통,[26] ③ 키스로 인해 생긴 흡입상,[27] ④ 요치 7일간의 경부 및 전흉부 피하출혈[28] 등은 상해가 아니라고 한다. 이러한 사건에서 피해자 자신이 취한 태도가 어떠했는가를 살펴보면, ①은 상처를 입은 후에는 약간 피가 비치고 쓰림이 있었으나 치료받으러 간 것이 아니라 경찰관이 증거수집을 위해 필요하다고 강조하여 부득이 진단한 것이고, ②는 경찰관의 권유로 진단서를 받을 목적으로 병원에 가기는 했으나 실제로 아무런 치료를 받지 않았으며, ③은 피해자가 별다른 통증이나 자각증상도 없어 그 상처를 알아차릴 수가 없었는데 의사가 진단을 하는 과정에서 우연히 발견한 것이고, ④도 범행 직후 피해자가 경찰관의 질문에 외상이 없다고 답변하고 경찰의 권유로 병원에 가서도 진료를 거부했으나 그 다음날 고소하기 위해 병원에 가서 상해진단서를 발부받았다.

의학적으로는 상해가 있을지라도 피해자가 자각증상이 없었다거나, 있었다고 하여도 치료를 받기 위해 병원에 가거나 진단서를 발급받은 것이 아니라면 피해자 자신도 그것을 일상생활에 있어서의 상해로 인식하지 않았다는 의미이다. 이러한 경우에 형법상 상해를 인정하지 않아야 할 실제적 이유는 상해죄의 고소에 첨부되는 상해진단서가 환자의 일방적인 호소와 요구에 의하여 발부되는 경우가 많은 것이 오늘의 현실이라는 데에 있다. 진단서가 존재하

25) 대법원 1987.10.26, 87도1880.

26) 대법원 1989.1.31, 88도831.

27) 대법원 1991.11.8, 91도2188.

28) 대법원 1994.11.4, 94도1311.

더라도 어떤 경우에는 심지어 의학상의 상처를 인정하는 것조차 부당한 경우가 있을 것이다.[29] 이러한 현실에 비추어 대법원이 진단서의 발부경위를 중시하는 것은 매우 타당하다.

경미한 상처는 일상생활에서도 흔히 발생하지만, 그러한 이유만으로는 이를 상해가 아니라고 할 수는 없으므로 대법원이 상해의 일상성을 거론하는 것은 그다지 큰 의미는 없다. 다만 성행위는 합의에 의하여 행해지더라도 흥분상태의 신체접촉이므로 신체외부에 경미한 상해를 발생시킬 수 있다. 특히 성기부위의 어느 정도의 상처는 성기의 결합에 필연적으로 수반되는 것이다. 그러므로 대법원이 '반항을 억압할 만한 폭행 또는 협박이 없어도 일상생활 중 발생할 수 있는 정도'를 넘어야 상해라고 인정하는 것은 성행위에 부수되는 경미한 상해는 강간행위에 포섭되는 것에 불과하여 별개의 상해로 볼 수 없다는 의미이다. 대법원이 억지로 성교하려 하여 요치 1주간의 둔부찰과상을 가한 경우,[30] 주먹으로 얼굴과 머리를 수회 때려 코피를 흘리고 콧등이 부은 경우,[31] 저항하는 과정에서 피고인과의 물리적 충돌로 인하여 입은 슬관절부위 찰과상[32] 등을 상해로 판단하는 것은 비록 그 상처가 치료받지 않아도 일상생활에 지장이 없고 자연치유 되는 것이기는 하나, 간음행위 자체에 수반되는 상처가 아니라 구체적인 폭행의 결과이기 때문인 것이다.

판례에서는 상처의 부위 및 상처의 정도(그 중에서도 특히 상처를 치료할 필요가 있는가)를 중요시하는 것으로 보인다. 상해를 인정한 판례 중 상처의 부위가 회음부나 음부 등이었고, 상해를 인정하지

29) 예컨대 대법원 2000.2.25, 99도3910.

30) 대법원 1984.7.24, 84도1209.

31) 대법원 1991.10.22, 91도1832.

32) 대법원 2005.5.26, 2005도1039.

않은 다른 판례들에서는 상처의 부위가 손, 목, 가슴, 어깨 등이었다. 이것으로 보아 상처의 부위가 상해의 인정여부에 중요한 역할을 하였다고 보아야 할 것이다. 이와 같이 상처부위와 상처의 정도가 중요한 역할을 하지만, 상처의 정도와 상관없이 상처부위만이 상해인정 여부를 결정하는 것은 문제가 있다고 하겠다. 이런 관점에서 대법원이 피해자의 건강상태가 나쁘게 변경되고 생활기능에 장애가 초래된 것인지를 피해자의 연령, 성별, 체격 등 신체, 정신상의 구체적 상태를 기준으로 판단한다는 취지는 당연히 수긍되지만 손가락을 음부에 넣고 미성년자를 추행하여 생긴 요치 2일의 음순피하일혈이나[33] 약간의 발적과 가벼운 외음부염증,[34] 강간으로 인하여 생긴 0.1센티미터인 요치 10일의 회음부찰과상이나,[35] 파열되었다가 특수체질로 인하여 재생된 처녀막의 파열상[36] 등을 상해라고 한 것은 강간치상의 상해를 상처부위에 경도되어 인정한 것이 아닌가 생각된다. 즉 성년자의 음부나 처녀막의 상처는 그 정도가 경미하여 자연치유되고 그 일상성이 인정되는 터인데도 이를 상해로 인정하는 것은 피해자가 어리다거나 그 피해부위가 성기라는 사실을 고려하는 취지이겠으나, 이는 자의적 판단이 아닐까 하는 의심을 갖게 한다.

처녀를 강간하면 일반적으로 처녀막이 파열된다. 대법원이 처녀막파열상을 일으킨 강간범을 강간치상죄로 처벌하는 것은 물론이고, 학계에도 이러한 사실을 의심하는 일은 거의 없다. 대법원은 성경험으로 인하여 이미 처녀막이 파열되었으나 특이체질로 인하

33) 대법원 1990.4.13, 90도154.
34) 대법원 1996.11.22, 96도1395.
35) 대법원 1983.7.12, 83도1258.
36) 대법원 1995.7.25, 94도1351.

여 처녀막이 재생된 여자를 강간하여 그 재생된 처녀막이 다시 파열된 사건에서도 “처녀막은 부녀자의 신체에 있어서 생리조직의 일부를 구성하는 것으로서 그것이 파열되면 정도의 차이는 있어도 생활기능에 장애가 오는 것이라고 보아야 하므로, 비록 피해자가 성경험을 가진 여자로서 특이체질로 인해 새로 형성된 처녀막이 파열되었다 하더라도 강간치상죄를 구성하는 상처에 해당된다”라고 판단했다.[37]

그러나 처녀막파열이 형법상의 상해인가는 이론과 실제의 측면 모두에서 새로운 시각으로 검토할 필요가 있다. 처녀막이 부녀자의 신체조직의 일부를 이루는 것은 사실이므로 처녀막파열이 그 조직의 훼손으로서 복구되지 않는다는 점에서는 상해라고 할 수 있다. 그러나 과일가게에 상품으로 진열된 포도송이에서 포도알 한 개를 주인이 허락없이 집어먹는 행위는 그 법익침해의 경미성 때문에 절도죄의 구성요건을 충족하지 않거나 적어도 사회상규에 위배되지 않는 행위로서 위법성이 없다고 하여 이를 범죄로 취급하지는 않는다는 점을 고려하면, 처녀막의 상실을 상해라고 하는 데에는 의문의 여지가 있다. 또 처녀막파열은 ‘합의에 따른 성교행위에 의해서도 발생하는 것’이고, 출혈을 일으키는 상처라는 측면에서 보면 ‘지극히 경미한 상처로서 자연적으로 치유된다’는 점에는 의문의 여지가 없다. 그러므로 대법원 스스로가 정한 일반 원칙에 의하면 강간치상죄의 상해에는 해당되지 않아야 한다. 대법원은 여기에서 ‘생활기능의 장애’라는 용어를 사용하고 있으나, 이는 성적 수치심과 같은 심리적 상태를 가리키는 의미로 사용하는 것은 아니다.[38] 그러므로 생리적 기능의 훼손이라는 상해의 일반적

37) 대법원 1995.7.25, 94도1351.

개념을 구체화한 것으로서 일상생활을 하는 데에 장애를 받는다는 것 외에 특별한 의미는 없다고 하겠다. 그런데 처녀막 파열로 인하여 일상생활에 지장을 받는다는 것은 의학상 근거가 없는 독단이다. 처녀막 파열은 그로 인하여 일시적인 출혈이 수반된다는 점 외에는 생리적 기능에 아무런 장애를 일으키지 않는다.

물론 성경험이 없는 숫처녀라면 '강간을 당했다'는 사실 또는 '처녀막이 파열되었다'는 사실로 인하여 정신적·심리적 충격에 의한 외상성 스트레스장해를 겪게 된다는 경우를 부정할 수는 없다. 만일 이 사건의 피해자가 그런 의미의 장해를 받았다면, 이를 근거로 상해를 인정하는 것은 물론 타당하다. 그러나 대법원은 그러한 의미의 상해를 인정하는 것이 아니라, 처녀막의 파열 그 자체를 상해라고 하고 있으므로 부당한 것이다.

만일 대법원이 피해부위가 성기라는 사실을 중시한 것이라면, 성경험 있는 여자의 3,4일간의 가료를 요하는 외음부충혈 등은 '그 상처의 부위'와 정도 등에 비추어 볼 때 이로 인하여 신체의 완전성이 손상되고 생활기능에 장애가 왔다거나 건강상태가 불량하게 변경되었다고 보기는 어렵다는 이유로 상해가 아니라고 판단한 것과도 모순된다. 결국 대법원이 처녀막파열상을 상해라고 하는 것은 여성의 정조를 중시하면서 처녀막을 순결의 징표로 여겨온 성풍속에 집착하는 것일 뿐, 달리 합리적 근거를 찾기는 어렵다. 그러나 성범죄는 이미 여성의 정조가 아니라 성적 자기결정권을 보호하는 범죄로 변화되었고, 처녀막은 성행위가 아닌 다른 원인으로 파열되는 경우도 흔하다는 점 등을 고려하면, 대법원이 처녀막을 보는 태도를 옳다고 해야 하는지는 의문스럽다.

---

38) 대법원 2000.3.23, 99도3099.

피해자가 처벌을 원하는 경우에는 강간치상죄로 보지 않고 강간죄로 보더라도 충분히 엄벌할 수 있다. 강간치상죄의 법정형은 무기 또는 5년 이상의 징역이지만, 강간죄도 그 법정형이 3년 이상의 징역이므로 사형이나 무기징역을 선고할 사안이 아니라면 중한 유기징역을 선고할 수 있다는 데에는 차이가 없다. 실제에 있어서 법정최고형을 선고하는 일은 거의 없으므로 강간죄에 무기징역을 선고할 수 없다는 사실은 거의 문제되지 않는다. 다만 그 하한이 문제되는 것은 사실이다. 정상을 참작하여도 강간치상죄라면 징역 2년 6월 이하로는 선고할 수 없음에 비하여, 강간죄라면 징역 1년6월을 선고하는 것이 가능하다는 차이가 발생한다. 그러나 이러한 차이가 있다는 이유만으로 강간치상죄라고 하기 위하여 위와 같은 불합리한 해석론을 고집할 필요는 없다고 보여진다.

제5강

전파가능성의 상대화는 타당한가

1. 서언

동일한 불법성을 갖는 행위들 중에서 어떤 행위는 형법전에 기술되어 처벌되고 그리고 또 다른 행위는 처벌하지 않는 것을 일반적으로 형법의 단편적 성격이라고 부른다. 형법의 단편적 성격이란, 형법은 법익보호의 포괄적인 체계를 가진 것이 아니라 「可罰性(Strafwürdigkeit)의 기준에 따라 개별적으로 선별된 重點에 제한된다」는 의미를 가지고 있다. 이러한 형법의 성격에 관한 표현은 "모든 형법전들은 단편적 성격을 제시하고 있다"라는 빈딩(K.Binding)의 표현에 의해서 처음으로 형법학에 소개되었다는 것은 주지의 사실이다.[1] 이와 같은 맥락에서 형법상 구성요건은 범죄성립을 위한 요소들로 이루어져 있으며, 개별 구성요건요소는 해당 범죄의 불법형상의 구성적 기능을 담당하고 있다고 한다. 일반적으로 구성요건요소는 범죄 구성요소의 적극적 기능을 담당하지만, 범죄유형에 따라서는 범죄성립을 제한하는 기능을 한다. 예를 들어 사람

1) K.Binding, Lehrbuch des Gemeinen Deutschen Strafrechts, BT Teil 1. Bd., 2.Aufl. 1902, S.20.

의 명예를 훼손하는 모든 행위를 형법상 처벌의 대상으로 삼는 것이 아니라 그러한 명예훼손행위가 '공연히' 행해진 경우에만 형법상 불법을 형성하는 것이 그 예이다. 따라서 개별 범죄의 구성요건 해석에 있어서 각각의 구성요건요소가 갖는 기능적 측면을 고려하지 않게 되면, 해당 범죄의 불법의 영역을 근거없이 확장하는 결과가 된다.

형법 제307조의 '공연히'라는 문언은 '불특정 또는 다수인이 인식할 수 있는 상태'를 의미한다는 점에 대해서는 통설과 판례가 이해를 같이 하고 있다. 그런데 '인식할 수 있는 상태'의 해석과 관련해서는 학설과 판례가 이해를 달리하고 있다. 특히 판례가 일관해서 취하는 소위 전파성이론에 의하면 전파될 가능성이 있으면 공연성을 인정하게 된다. 문제는 '가능성'이란 증명될 수 있는 현실이 아니라는 점에서 판단자의 선이해(先理解)나 자의가 개입될 수 있다는 점이다. 규범수범자에게 예측가능성을 줄 수 없는 법해석기준은 형법의 근간인 죄형법정주의를 무의미하게 만들 수 있다는 점에서 명예훼손죄의 '공연성'은 법관의 관점보다는 규범수범자의 관점에서 해석되는 것이 타당하다.

2. 사안

갑은 자신이 망 A의 호적에 입적되어 있으나 사실은 A가 B와 혼인신고하면서 B와 성명불상자의 사이에서 출생한 자신을 그렇게 입적시킨 것일 뿐임에도 마치 자신이 친생자인 것처럼 망 A의 다른 처 C등과 친생자 분쟁을 계속하여 오던 중, 이에 호기심을 느낀 신문기자가 전화인터뷰를 요청하자 이에 응하여 “아버지는 여자관계가 복잡해 어머니가 무척 고생하셨으며, 생전에 C 외에도 바람을 많이 피웠다. 그런데 C를 만나면서 집을 나가셨고 우리 집은 사실상 파탄된 셈이니 C씨는 가정파괴범이다” 라는 취지의 말을 하였다. 그런데 기자는 이를 기사화하지 아니하였다.

3. 학설

‘공연성’은 형법상 명예훼손죄, 모욕죄 등 명예에 관한 죄에 있어서 그 구성요건이 되고 있을 뿐만 아니라 음화반포 등 죄, 공연음란죄 등 풍속을 해하는 죄에 있어서도 그 구성요건이 되고 있으며, 풍속을 해하는 죄에 있어서의 ‘공연성’의 의미에 관해서도 학설, 판례는 비슷한 방식으로 “불특정 또는 다수인이 관람할(또는 알) 수 있는 상태”라고 설명하고 있다

명예훼손죄의 ‘공연히’란 ‘불특정 또는 다수인이 인식할 수 있는 상태’를 의미한다는 점에 대해서는 학설의 견해가 일치하고 있다.[2] 그리고 ‘불특정 또는 다수인’의 의미를 대해서 ‘불특정’이란 상대방이 ‘특수한 관계에 의해서 한정된 범위에 속하는 사람’이 아니라는 의미이며, 행위시에 상대방이 구체적으로 누구인가 특정되어 있지 않다는 것을 의미하는 것은 아니라고 해석한다. 따라서 ‘특수한 관계에 의해 한정된 범위’에 속하는 사람만이 특정인에 해당한다. 명예훼손죄의 공연성은 그러한 특정인이 아닌 불특정인이 인식할 수

2) 강구진, 215면; 김/서, 193면; 박상기, 175면; 배종대, 281면; 안동준, 90면; 오영근, 207면; 이재상, 186면; 임웅, 202면; 정/박, 200면.

있는 상태를 말하고 있다.[3] 그리고 '다수인'은 특정되어도 상관없지만 다수여야 하므로 단순히 몇 명에 불과한 사람보다는 많은 수의 사람이 필요하다고 한다.

'인식할 수 있는 상태'를 판단함에 있어서는 다수설은 '불특정 또는 다수인이 직접 인식할 수 있는 상태'로 해석한다. 다시 말해 다수설은 '불특정'이면 수의 다소를 불문하고, 다수인인 경우에는 특정되어도 상관없다는 점에서는 판례의 견해와 일치하지만, '인식할 수 있는 상태'와 관련하여서는 불특정다수인이 '직접' 인식할 수 있는 상태를 의미한다. 다수설이 판례의 입장인 '전파가능성이론'을 비판하는 주된 논거를 들자면 다음과 같다.[4] 첫째, 전파성이론은 공연성의 요건을 통해 보장하고자 하는 표현의 자유의 본질적 내용을 침해할 수 있다는 것이다. 즉 '공연히'를 범죄구성요건으로 규정함으로써 가벌적 행위의 범위를 축소시키고자 하는 형법의 근본취지를 무시하고 부당한 유추해석을 통하여 표현의 자유를 지나치게 제한하고 있다는 것이다. 이는 1인에게 이야기한 경우도 처벌하게 되므로 일반인의 일상생활에까지도 개입하는 결과가 되어 형법의 보충성의 원칙에 반하거나 개인적인 정보전달도 처벌할 가능성이 있게 된다고 한다. 둘째, 명예훼손죄의 성립여부가 상대방의 전파의사에 의해 좌우되어 범죄의 성립 여부가 상대방의 의사에 의해 결정되므로 법적 안정성에 문제가 있다는 것이다. 셋째, 전파가

3) 안경옥, "명예훼손죄의 '공연성'해석의 재검토", 형사판례연구(13), 2005, 246면에서 "다수설도 사실적시의 상대방이 행위자와의 특수한 관계의 한정된 범위 내의 사람이 아닌 '불특정'인 경우에는 그 수의 다소는 상관없다고 해석하므로, 1인이어도 행위자와의 관계에서 '불특정'인 경우에는 1인이 '인식할' 가능성만으로도 공연성이 인정되게 된다"고 한다.

4) 오영근. "명예훼손죄의 공연성", 형사판례연구(1), 1993, 144면 이하에서 재인용.

능성 여부를 판단할 객관적 기준이 없어 법관의 자의가 개입될 위험성이 높다는 점이다. 넷째, 전파성 이론은 행위의 태양으로 요구되는 공연성을 전파가능성으로 대체하고자 하는데, 이는 명예훼손죄의 외적 명예가 현실적으로 침해되지 않아도 침해될 위험만으로 성립되는 추상적 위험범이라는 보호의 법익이나 그 정도를 명예훼손죄의 행위태양과 혼동한 것으로 볼 수 있다는 것이다. 다섯째, 모욕죄도 논리적으로 전파가능성을 기준으로 공연성 여부를 판단해야 하나, 이를 기준으로 모욕죄를 인정한 판례는 없다는 점을 그 논거로 들기도 한다. 결국 다수설에 따르면 전파가능성이론은 특정한 한 사람에 대한 사실의 적시도 비밀이 보장되거나 전파될 가능성이 없는 특수한 경우가 아니면 공연성을 인정하게 되어 공연성의 규정이 사실상 무의미하게 되고, 표현의 자유를 지나치게 제한하게 된다는 것이다. 따라서 불특정다수인이 직접 인식할 수 있는 인식가능설이 타당하다고 주장한다.

전파가능성 이론을 부인하는 학설은 위 사안의 경우에 기자는 불특정한 사람에 속하고 갑은 기자에게 직접 인식할 수 있게 허위사실을 적시하였기 때문에 갑에게는 제307조 제2항의 명예훼손죄가 성립한다고 할 수 있다. 갑에게 기자를 이용하여 출판물에 의한 명예훼손죄를 범하려는 고의가 있는 경우일지라도, 아직 기자가 기사를 작성하지 않은 경우이기 때문에 간접정범 형식으로 출판물에 의한 명예훼손죄를 인정하기는 어렵다.

4. 대법원의 판단

명예훼손죄의 '공연히'란 '불특정 또는 다수인이 인식할 수 있는 상태'를 의미한다는 점에 대해서는 판례도 학설과 마찬가지로 해석하고 있다. 즉 '불특정'이면 수의 다소를 불문하고 '다수인'인 경우에는 특정되었더라도 공연성을 인정할 수 있다고 해석하고 있다. 그러나 판례는 '불특정'과 '다수인'을 인정할 수 있는 구체적이거나 일반적인 기준을 제시하고 있지는 않다. 즉 사실적시의 상대방이 불특정인 경우에는 그 수의 다소에 상관이 없으며, 특정된 경우에는 다수임을 요한다고 하였을 뿐 어떠한 경우엔 특정되지 않았다고 볼 수 있는 지에 대한 기준이 나타나 있지 않으며, 어느 정도가 다수인지에 대해서도 일반적인 기준은 언급하고 있지 않다.[5)]

판례는 '인식할 수 있는 상태'를 판단함에 있어서는 소위 '전파성' 혹은 '전파가능성이론'을 주장하고 있다.[6)] 이 이론에 의하면 개별적으로 한 사람에 대하여 사실을 적시하였다 하더라도 그로부터 불특정 또는 다수인에게 전파될 가능성이 있다면 공연성의 요건을 충족하게 된다. 전파가능성이 있는가의 여부에 대해서는 대법원은 대체적으로 다음과 같은 요소를 고려하여 판단한다. 첫째, 행위자와 사실적시의 상대방이 특별한 관계에 있는 경우이다.[7)] 예컨대 처의 추궁에 대해 피해자의 동침사실을 처에게 이야기하거나, 피해자와 피고인의 남편 앞에서 피해자에게 말하거나, 피고인의 집안관계 사람들 앞에서 피고인의 형수에 대한 이야기를 한 때에는 전파가능성을 부정하였다. 둘째, 사실적시의 상대방이 피해자와 밀접한 결합관계 혹은 특별관계에 있는 경우이다. 예컨대 피해자의 남편 한 사람에게 사실을 적시하였거나, 피해자의 남편과 친척 앞

5) 안경옥, 전게논문, 240면.

6) 대법원 1979.8.14, 79도1517 등.

7) 대법원 2006.9.22. 2006도4407. 유사판례로서 대법원 1998.9.8, 98도1949; 대법원 1984.2.28, 83도891 등 다수 있음.

에서 피해자의 불륜사실을 말한 경우, 혹은 피해자들의 딸·사위·매형 및 자신의 처 앞에서 모욕적 언사를 사용한 경우에 대법원은 전파가능성을 부정하였다. 셋째, 직무상의 관계로 인해 비밀이 보장될 수 있는 사정이 있는 경우도 대법원은 전파가능성을 부정하였는데, 그 예로는 피해자의 직장상사나 동업관계 내지 사업관계가 있는 자에게 이야기한 경우를 들 수 있다.[8]

위 사안에 대해서 대법원 통상 기자가 아닌 보통 사람에게 사실을 적시할 경우에는 그 자체로서 적시된 사실이 외부에 공표되는 것이므로 그 때부터 곧 전파가능성을 따져 공연성 여부를 판단하여야 할 것이지만, 그와는 달리 기자를 통해 사실을 적시하는 경우에는 기사화되어 보도되어야만 적시된 사실이 외부에 공표된다고 보아야 할 것이므로 기자가 취재를 한 상태에서 아직 기사화하여 보도하지 아니한 경우에는 전파가능성이 없다고 할 것이어서 공연성이 없다고 판시하였다.[9]

5. 검토

명예훼손죄의 '공연성'에 대한 학설과 판례는 일견 차이가 있는 것으로 보이지만 엄밀히 보면 양자 모두 규범수범자의 입장에서는 쉽게 이해하기 어려운 내용으로 구성되어 있다. 만일 누군가 불특정인 1인에게 사실을 적시하였다면 학설의 입장에서도 사실적시의 상대방이 행위자와의 특수한 관계의 한정된 범위 내의 사람이 아

---

8) 대법원 1984.4.10, 83도49. 유사한 판례로서 대법원 1966.4.19, 66도179.

9) 대법원 2000.5.16, 99도5622.

닌 '불특정'인 경우에는 그 수의 다소는 상관 없다고 해석하므로, 결국 상대방이 사실을 전파할 가능성이 있느냐와 상관 없이 불특정이면 1인이어도 그 1인이 직접인식이 가능한 경우에는 공연성을 인정할 수 있게 된다.[10] 반면에 전파성이론은 특정된 경우에는 전파가능성을 부정하지만, 1인에게 사실을 적시한 경우라도 상대방이 불특정한 경우에는 전파가능성을 인정하여 공연성을 긍정한다. 결과적으로 사실적시의 상대방이 '불특정인 경우' 학설은 1인인 상대방의 직접 인식가능성만으로, 판례는 1인의 상대방이 인식한 경우 전파가능성으로 공연성을 평가하므로 양자 모두 공연성의 취지를 무의미하게 한다는 비판을 받게 된다.

사안에서처럼 기자에게 사실을 적시한 경우에 판례는 기자에게 사실을 적시한 경우와 기자가 아닌 보통 사람에게 사실을 적시한 경우를 구분하여 후자의 경우에는 적시 그 자체로서 사실이 외부에 공표되는 것이므로 그 때부터 곧 전파가능성을 따져 공연성 여부를 판단하여야 하지만 전자의 경우에는 적시된 사실이 기사화되어 보도되어야만 외부에 공표되는 것이므로 기자가 취재를 한 상태에서 아직 기사화하여 보도하지 아니한 경우에는 전파가능성이 없고 따라서 공연성이 없다고 하고 있다.[11]

대법원은 "명예훼손죄의 구성요건인 공연성은 불특정 또는 다수인이 인식할 수 있는 상태를 의미하고, 비록 개별적으로 한 사람에 대하여 사실을 유포하였다고 하더라도 그로부터 불특정 또는 다수인에게 전파될 가능성이 있다면 공연성의 요건을 충족하지만 이와 달리 전파될 가능성이 없다면 특정한 한 사람에 대한 사실의 유포

10) 안경옥, 전게논문, 246면.

11) 김우진, "명예훼손죄에 있어서의 공연성", 형사판례연구(9), 2001, 273면.

는 공연성을 결하고, 통상 기자가 아닌 보통 사람에게 사실을 적시할 경우에는 그 자체로서 적시된 사실이 외부에 공표되는 것이므로 그 때부터 곧 전파가능성을 따져 공연성 여부를 판단하여야 할 것이지만, 그와는 달리 기자를 통해 사실을 적시하는 경우에는 기사화되어 보도되어야만 적시된 사실이 외부에 공표된다고 보아야 할 것이므로 기자가 취재를 한 상태에서 아직 기사화하여 보도하지 아니한 경우에는 전파가능성이 없다고 할 것이어서 공연성이 없다고 봄이 상당하다는 것이다"라고 하고 있다.[12] 그러나 이 판결은 사실 보도가 본업인 기자에게 사실을 적시한 경우 기자는 적시된 사실의 단순한 전달자가 아니므로 이를 보통 사람에게 사실을 적시한 경우와 구별하여 달리 취급할 이유는 없다는 점에서 그 타당성에 의문이 있다.

판례의 전파성이론을 충실하게 적용한다면 기자에게 사실을 적시한 경우와 보통 사람에게 사실을 적시한 경우를 구별하여 달리 취급할 이유는 없다. 대법원은 기자에게 사실을 적시한 경우에도 기자가 아닌 보통 사람에게 사실을 적시한 경우와 마찬가지로 그 자체로서 전파가능성 여부를 따져 공연성을 판단하였어야 할 것이다. 즉, 기자에 대한 사실의 적시도 보통 사람의 경우와 마찬가지로 외부에 대한 사실의 적시행위로 보고 전파가능성 여부를 판단하여 전파가능성이 없다는 논리를 전개하였어야 한다. 그러나 기자에게 사실을 적시하였다는 것은 보통 사람에게 적시한 경우보다 전파의 '가능성'은 매우 높다고 보는 것이 상식에 가까운 것이 아닌가? 명예훼손죄의 성립제한 요소인 '공연성'이 행위자의 고의의 인식대상이지만, 그 인정여부는 적시의 상대방에 따라 달라지게 되

12) 대법원 2000.5.16, 99도5622.

는 결과가 되는 것은 타당한 법해석과 적용이라고 보기 어렵다.

물론 불특정 또는 다수인에 의한 '직접'적인 인식가능성만을 고집하고 전파에 의한 '간접'적인 인식가능성을 부인하게 되면 원래 소문이란 개인적인 전달의 과정을 통하여 번지고 비밀을 묵비하는 것이 사실상 불가능함에도 불구하고 이를 처벌할 수 없게 되어 타인의 명예보호에 있어 심각한 법적 흠결이 야기될 수 있을 것이라는 지적도 경청할 만한 지적이다. 그러나 이러한 흠결을 전파가능성이론으로 메우는 것은 문제가 있다. 즉 전파가능성을 공연성 판단의 원칙으로 하고 문제가 되는 사안은 예외적인 기준으로 전파가능성을 부인하는 해석방법이 아니라, 직접적인 인식가능성을 원칙으로 하고 간접적인 인식가능성의 경우에도 예외적으로 공연성을 인정하는 해석방법이 더 나은 해석방법이라고 판단된다.

제6강

주거침입죄의 보호법익은 무엇인가

1. 서설

오랜 전통[1]을 가진 주거침입죄는 일견 단순하고 간명해 보이지만 그 해석론은 쉽지가 않다. 형법상 주거침입죄와 관련한 문헌과

1) 로마법에서 주거침입은 독립된 범죄로 취급되지 않았다. 다만 폭력적 주거침입은 인격침해(injuria)의 일종으로서 처벌하였고, 주거침입절도는 단순절도에서 분화된 특수절도의 유형으로서 인정되었다. 게르만법에서는 성(城)과 가옥(家屋) 내의 지배권을 침해하는 죄로 이해했으나 정상이 중한 경우가 아니면 민사제재의 대상에 불과하여 주거침입은 독립된 범죄로 취급되지 않았다. 독일보통법에서는 주거침입을 국권에 대한 범죄로 생각했으나 중시하지는 않았다. 주거침입이 독립된 범죄로 인정받기 시작한 것은 프로이센 형법전에 이르러서다. 즉 1794년 프로이센 일반란트법은 개인의 주거에 불법침입하는 경우 개인에 대한 범죄로서 가택권침해죄를 상세히 규정하였다(ALR 1794, §§525~532). 이로써 주거권(Hausrecht) 침해는 그 자체로서 독립된 범죄의 지위를 획득하였고, 이 후 독일의 형법전에 영향을 미쳤다. 1871년 독일제국형법전은 주거침입죄(Hausfriedensbruch 제123조)를 공공의 질서에 대한 범죄의 일종으로서 소요죄(제125조)와 함께 규정하였고, 이 전통은 현행 독일형법전에 그대로 이어져 내려오고 있다. 현재 주거침입죄는 친고죄로 규정하고 있다(제123조 제2항). 일본형법은 독일형법과 마찬가지로 주거침입죄(제130조)를 사회적 법익에 대한 죄의 하나로 규정하고 있다. 영미법에서는 주거침입죄를 대개 목적범으로 하고, 다른 범죄를 범할 목적으로 타인의 주거에 침입하는 것을 처벌하였다. 또한 주간과 야간을 구별하여 야간의 주거침입(burglary)을 주간의 주거침입(housebreaking)과 달리 취급하였다.

판례에 비추어 보면, 주거침입죄의 해석론에 대한 일반적인 합의를 찾을 수 없다. 더 나아가 주거침입과 관련된 특별형법의 규정과 법원이 주거침입죄를 적용한 사례에 비추어 보면 본죄의 의의의 변질과 왜곡된 방향성에 우려를 갖게 된다. 주거침입죄의 해석론은 과거와 현재의 혼재를 구분하지 못하고 있으며, 확대된 행위객체를 해석론에 제대로 포섭하지 못하고 있다. 마찬가지로 실무에서 주거침입죄의 적용기준이 구체적 상황에 따라 다르게 적용됨으로써 사실관계의 확정뿐만 아니라, 법률해석마저도 판결이 나와야 알 수 있는 지경에 이르고 있다.

2. 사안

갑은 혼인한 자로서 을녀와 내연의 관계에 있던 중 을의 남편인 A가 외출한 틈을 타 을의 동의 하에 간통목적으로 A의 집에 들어가 을과 간통하였다. A가 간통죄로 고소하지 않은 경우에 갑을 주거침입죄로 처벌할 수 있는가?

3. 학설

주거침입죄의 보호법익에 관한 학계의 논의는 주거권설과 사실상 평온설이 대립되고 있으며, 이러한 양 견해를 개별 행위객체에 맞추어 조합한 절충설과 개별화설 등이 제시되고 있다.

(1) 주거권설

주거침입죄의 보호법익을 통일적으로 주거권(Hausrecht)으로 파악하되, 가장(家長)만이 아니라 모든 구성원들이 가지는 권리라고 보는 견해를 말한다.[2] 독일·오스트리아·스위스의 통설이며, 우리나라의 소수설이다.[3] 여기에서 주거권은 사람이 주거의 평온을 확보하고 권한 없는 타인의 침입에 의하여 이를 방해받지 않을 권리 또는 개인이 일정한 주거공간 내에서 타인으로부터 방해를 받지 않고 자유공간을 확보하는 것을 내용으로 하는 권리로 이해한다.

(2) 사실상 평온설

주거침입죄의 보호법익은 권리로서의 주거권이 아니라 주거를 지배하고 있는 공동생활자 모두의 사실상의 평온이라는 견해이다. 우리나라의 통설·판례의 입장이다.[4] 주거침입죄에서 '주거'는 주거를 지배하고 있는 사실관계를 말하기 때문에 주거침입죄의 보호법익도 주거의 사실상의 평온으로 보아야 한다는 입장이다.

(3) 절충설

주거권자의 법적 지위 내지 자유를 의미하는 주거권을 주로 하고, 여기에 사실상의 평온을 합일시키는 변증론의 입장이 있다.[5]

---

2) 주거침입죄의 보호법익을 주거권으로 파악하지만, 그 의미를 오직 가장(家長) 또는 호주의 지위에 있는 사람이 주거의 출입·수색에 대하여 가지고 있는 허락권과 같은 의미로 이해하였던 소위 '구주거권설'로 불리는 견해는 1920년대 당시 봉건적 사고에 기인한 주거권설에 대한 곡해의 결과라고 하지 않을 수 없다. 오늘날 주장하는 사람도 없을 뿐만 아니라, 주거침입죄의 해석에 아무런 도움이 되지 않는 것으로 더 이상 주거침입죄의 보호법익에 관한 논의에서 언급될 의미가 없다고 생각된다.

3) 박상기, 233면; 이재상, 238면; 이정원, 250면.

4) 김성돈, 232면; 김/김, 295면; 김/서, 242면; 배종대, 335면; 손동권, 244면; 오영근, 272면; 정/박, 249면. 대법원 1984.4.24. 83도1429; 대법원 1995.9.15. 94도2561.

이 견해에 의하면 보호법익은 일정하게 구획된 개인의 생활 또는 업무의 장소에서 개인이 누릴 수 있는 법적 지위 내지 사실상의 평온으로 정의된다. 기본적으로 주거권설에 서면서 공공건조물에 대해서는 당해 영조물의 이용목적에 따라 평온하게 직원이 사무를 수행하는 것을 보호법익으로 해석하는 견해이다. 즉 개인적 주거의 경우는 주거자의 현실적 지배의사가 중요하지만 공공건조물에 관해서는 당해 영역 내에 있어서 직원의 평온한 업무수행의 침해라고 하는 요소가 중요한 표지로 된다고 한다.

(4) 개별화설

주거침입죄의 보호법익을 파악함에 있어 주거공간의 다양한 종류를 사회학적으로 분석하고 그 기능에 따라 상이한 다수의 보호법익을 인정하는 견해이다.[6] 이 견해에 따르면 행위객체로서의 주거는 장소적으로 경계지워져 타인의 침입으로부터 보호되는 사생활영역이다. 따라서 주거권은 주거자에게 이러한 주거생활의 목적을 가능하게 하는 장소를 보호하는 내용이 되어야 하므로, 장소적으로 제한된 일신전속적인 사생활과 그 비밀영역의 보호를 실질적인 이익으로 삼는다. 이와 달리 영업 · 업무장소의 경우 장소적으로 제한된 영업상의 비밀영역과 업무영역을 보호법익으로 한다. 여기에서는 업무의 비밀이 지켜지고 공동작업과 합리적 · 기능적으로 숙련된 작업과정이 방해받지 않도록 보호되어야 한다고 한다.

---

5) 김일수, 한국형법 III, 516면이하.

6) 임웅, 249면.

(5) 소결

주거침입죄의 본질은 주거권설과 사실상 평온설의 대립으로 사실상 정리된다. 언어적 표현의 정도에서 각각 비판하는 부분은 양 견해 모두에 해당한다고 할 수 있으므로, 양 견해의 구별은 주거권설은 주거자의 의사에 치중하고 사실상 평온설은 객관적 사태를 중시한다는 점에서 찾을 수 있다.[7)]

주거권설과 사실상 평온설의 대립은 주거침입죄 성립여부와 관련한 논쟁과 침입의 해석과 관련한 논쟁으로 나타난다. 먼저 주거침입죄 성립여부와 관련해서 첫째, 권원없이 주거 등을 사실상 평온하게 이용·관리·지배하고 있는 상태도 보호할 수 있는지, 예컨대 임대차계약이 소멸된 후 주거소유자가 퇴거를 요구하면서 임차인의 의사에 반하여 주거에 들어가는 경우에 임대인의 주거침입죄의 성립여부, 둘째 주거에 들어가는 방법이 사실상 평온을 해하지 않는 경우에 주거침입죄 성립여부이다. 다음으로 침입의 의미와 관련해서, 침입의 개념에 관하여 보호법익을 어떻게 해석하는가에 따라 객관적·외부적 행위태양에 따라 파악하는 사실상 평온침해설과 주관적·기능적 행위태양에 따라 파악하는 의사침해설로 나뉜다.

사실 전통적인 주거권설이나 사실상 평온설은 그 실질에 있어서는 동일한 내용으로 포섭될 수 있는 것이다. 즉 주거권설의 내용은 주거에 대한 사실상의 평온을 보호받을 권리라고 할 수 있다. 그러한 권리가 존재하는가에 대한 비판은 있지만, 헌법상 그리고 형법상 이미 실질적 이익을 향유하고 있다면 굳이 '권'이라는 표현에 집

---

7) 안동준, 형법각론의 재구성, 전남대학교출판부, 2007, 56면.

착하여 주장하거나 비판할 이유는 없다고 생각한다. 또한 주거권의 내용이 사실상 주거의 평온을 향유할 권리라고 이해한다면, 양 견해의 내용상의 차이는 별반 차이가 없게 된다. 사실상의 평온이란 주거권자가 주거에서 실제 향유하는 평온이라는 의미로서가 아니라, 자신의 사적 지배영역에서 사실상의 평온을 향유할 수 있는 이익이라고 이해하는 것이 당연하다. 또한 주거침입죄의 보호법익으로서 사실상 주거의 평온이란 주거자가 느끼는 정서적 상태를 이야기하는 것이 아니라, 주거자의 지배영역에 대한 사실상의 평온이라는 점을 주지할 필요가 있다.

또한 이러한 대립의 근저에는 주거침입죄의 이해에 대한 '규범적' 관점과 '사실적' 관점의 대립이 놓여 있다. 전자는 Privacy 영역을 지배할 수 있는 권원을 가진 자에 대한 규범적 보호관점에, 후자의 경우에는 타인으로부터 방해받지 않을 생활상태에 대한 사실상의 보호관점에 근거하고 있다는 점을 고려할 필요가 있다.

4. 대법원의 판단

대법원은 형법상 주거침입죄의 보호법익은 주거권이라는 법적 개념이 아니고 사적 생활관계에 있어서의 사실상 주거의 자유와 평온으로서 그 주거에서 공동생활을 하고 있는 전원이 평온을 누릴 권리가 있다 할 것이나 복수의 주거권자가 있는 경우 한 사람의 승낙이 다른 거주자의 의사에 직접 · 간접으로 반하는 경우에는 그에 의한 주거에의 출입은 그 의사에 반한 사람의 주거의 평온 즉 주거의 지배 · 관리의 평온을 해치는 결과가 되므로 주거침입죄가 성립한다고 하면서 사안과 같은 사례에서 "피고인이 간통의 목적으로 피해자가 아직 집에 돌아오기 전에 간통의 목적으로 동인의 처인 공소외인의 의사에 반함이 없이 동인의 주거에 들어간 사실을 확정하면서도 그 처의 승낙을 얻어 들어간 이상 주거의 평온을 해치는 것이 아니므로 주거침입죄가 성립되지 않는다고 판단"한 원심은 복수주거자의 주거의 평온의 침해에 관한 법리를 오해한 것이라고 하면서 동거자중의 1인이 부재중인 경우라도 주거의 지배관리관계가 외관상 존재하는 상태로 인정되는 한 위 법리에는 영향이 없다고 볼 것이니 남편이 일시 부재중 간통의 목적하에 그 처의 승낙을 얻어 주거에 들어간 경우라도 남편의 주거에 대한 지배관리관계는 여전히 존속한다고 봄이 옳고, 사회통념상 간통의 목적으로 주거에 들어오는 것은 남편의 의사에 반한다고 보여지므로 처의 승낙이 있었다 하더라도 남편의 주거의 사실상의 평온은 깨어졌다 할 것이므로 이러한 경우에는 주거침입죄가 성립한다고 판결하였다.[8] 이처럼 판례는 일관되게 주거침입죄의 보호법익은 사실상 평온설을 취하고 있다.[9]

5. 검토

위 사안에 대해서 대법원은 사실상 평온설을 취하면서도 주거침입죄를 인정하고 있다. 주거권설에 의하면 이 판례의 타당성이 인정될 것이다. 왜냐하면 침입이란 '주거권자의 의사에 반하여 들어

8) 대법원 1984.6.26, 83도685.

9) 대법원 1983.3.8, 82도1363; 대법원 1985.3.26, 85도122; 대법원 1996.5.10, 96도419; 대법원 2001.4.24, 2001도1092; 대법원 2009.8.20, 2009도3452.

가는 것'인데 이 사안에서 남편도 주거권자이고 따라서 부인과 간통하기 위해 집에 들어가는 행위는 남편의 의사에 반하는 것이기 때문이다. 그러나 사실상 평온설에 의할 경우 주거침입죄를 인정하기가 어렵다고 해야 한다. 혼자 집을 지키고 있는 부인의 승낙을 받고 들어가는 것이 주거의 사실상 평온을 해친다고 할 수는 없기 때문이다. 결국 대법원은 사실상 평온설을 표방하고 있으나 실제로는 주거권설에 입각한 것이라고 할 수 있다.

주거침입죄에 대한 지금까지의 해석론의 주된 경향성은 역시 보호법익에 관한 주거권설과 사실상 평온설의 대립이라고 할 수 있다. 보호법익에 이어지는 보호의 정도에 관한 침해범설과 위험범설 그리고 '침입'의 해석을 둘러싼 논의들이 그것이다. 그러나 보호법익에 관한 양자의 대립에서 그 실질적 차이점은 크지 않다. 주거권설에서 말하는 주거권의 구체적 내용은 사실상 평온설과 거의 같아지고, 침입의 개념은 거주자이든 주거권자이든 영역지배의 이익을 향유하는 자의 의사에 반한다는 점에서는 동일하다고 할 수 있다.

양 견해의 차이점은 사적 공간에 대한 영역지배의 이익을 규범적으로 보는가 아니면 사실적으로 보는가에 있다. 규범적 관점에서 있는 주거권설에 의하면 사실상 평온설보다는 주거침입죄의 해석범주가 넓어진다. 그러나 구체적인 사안에서는 다른 양상으로 나타나기도 한다. 예를 들어 사실상 평온설을 취하는 판례에 의하면 일부침입만으로도 보호법익의 관점에서 이미 기수에 이른 것이라고 하고 있다. 아마도 대법원은 '사실상 평온'을 거주자의 '정서적 관점'에서 보고 있지 않나 하는 의구심이 든다. 주거권설에 의하면 이런 사안은 신체의 일부가 주거에 침입한 것으로는 아직 주거권에 대한 침해가 기수에 이른 것이라고 할 수 없을 것이다.

주거침입죄의 보호법익은 '개인이 향유하는 사적인 공간에 대한 영역지배의 이익'으로 보는 것이 타당하다. 주거침입죄의 보호법익에 관한 사실상 평온설이나 주거권설 모두 물리적 침입이 전제가 되어 있다. 즉 사적인 평온이 보장받아야 할 영역인 주거, 건조물, 점유하는 방실에 대해서 개인이 향유할 이익은 사적(privacy)영역에 대한 지배이익이라고 할 수 있다. 여기서 지배란 출입과 체류에 대한 결정의 자유와 공간의 안전과 평온을 확보하는 것을 의미한다. 따라서 주거침입죄의 보호법익은 권리의 개념으로서 주거권도 아니며, 공간에서의 사실적인 생활상태 평온성도 아닌 '사적 공간에 대한 영역지배의 이익'이라고 할 수 있다.

주거침입죄의 보호법익을 '사적 공간에 대한 영역지배의 이익'이라고 보는 사견에 의하면 기존의 주거권설과 일견 권리의 내용을 기술해 놓은 인상을 준다. 그러나 주거권설은 권리를 향유하는 자, 즉 주거권자가 중심에 있다. 즉 Privacy권을 가진 자가 일정한 공간에 대해서 가지는 권리이며, 그 내용은 출입과 체류여부의 결정의 자유로 이루어져 있다. 이에 대해 '사적 공간에 대한 영역지배의 이익'의 관점은 '지배의 이익'에 중심이 있다. 이익의 내용이 규범적으로 정해진다는 점에 대해서는 주거권설과 같지만, 사실적인 지배의 이익도 포함한다는 점에서는 차이가 있다. 또한 주거권설은 형식적으로 정해진 주거권자라는 개념을 전제로 의사침해여부를 판단하지만, '사적 공간에 대한 영역지배의 이익'설은 실질적인 관점에서 영역에 대한 지배이익을 판단한다. 따라서 형식적으로 주거권을 향유하는 자보다, 실질적으로 영역지배의 이익을 갖는 자를 보호한다.

사실상 평온설은 사실적 관점에서 주거침입죄를 이해하는 반면에, '사적 공간에 대한 영역지배의 이익'설은 규범적 관점에서 주거침입죄를 이해한다는 점에서 다르다. 사실상 평온설이 '사실상'이라고 하는 이유는 규범적 관점의 주거권설과 차이를 표현한 것이다. 그러나 일정한 공간에 대한 평온은 특정한 자만이 아니라, 사회 전체가 필요로 하는 것이라는 점을 생각해 본다면, 개인을 위한 것이라는 의미보다는 사회를 위한 것이라고 볼 여지도 있다. 또한 사실상 평온은 '정서적(情緒的)' 안정이라는 의미변화를 연상시키므로 보호법익으로서 그 포섭범위가 적절하지 않은 것으로 보인다. 예를 들어 화장실의 용변칸이나, 평온한 방법으로 들어 온 경우에서 보는 것처럼 주거침입죄의 행위객체와 행위태양에 대한 해석의 경계를 분명하게 설명할 수 없게 한다. 왜냐하면 정서적 관점이 포함되게 되면 분석적이지 못하고 '인상(印象)'에 의해 판단하게 되기 때문이다. 이러한 점들은 '사적 공간에 대한 영역지배의 이익'설에 의하면 해소될 수 있다. 예를 들어 '사적 공간'에 대한 영역지배의 이익은 주관적으로 정해지는 것이 아니라, 규범적 관점에서 공동체 구성원의 자유와의 이익형량을 통해 조정되기 때문이다.[10] 주거에 거주하는 자가 수인인 경우에 각자는 영역지배의 이익이 있는 것이므로 다른 공동거주자의 영역지배이익을 해하는 경우라면 주거침입이 인정되어야 할 것이다.

---

10) 여기서 말하는 이익형량은 '처벌 필요성'의 관점을 전적으로 배제하고 행해진다는 것을 전제로 한다.

제7강
불법영득이란 무엇인가

1. 서언

재산범죄는 관점에 따라 여러 유형으로 분류할 수 있다. 소유권에 대한 범죄는 영득죄와 손괴죄로 분류된다. 영득죄는 타인의 재물을 자기의 것으로 삼는 범죄로서 절도죄, 횡령죄, 재물을 대상으로 하는 강도·사기·공갈죄 등이 여기에 포함된다. 불법한 영득인 경우에만 범죄가 성립되는 것은 물론이다. 그런데 불법영득이라고 할 때 그 불법이란 무엇을 가리키는가 하는 것이 논의된다. 즉 영득 그 자체가 불법한 것을 의미하는가, 아니면 영득의 수단·방법이 불법한 것을 의미하는가의 논쟁이다. 불법의 의미를 어떻게 이해하는가는 민사적으로 정당한 권리를 불법수단으로 실현하는 행위도 불법영득인가, 또는 정당한 대가를 지불한 경우에도 불법영득이 인정되는가 하는 문제에서 견해의 차이를 보이게 된다.

2. 사안

갑은 외상으로 물건을 팔고 그 물건을 매수인에게 인도하였으나 매수인이 그 대금을 변제하지 않으므로 '대금을 갚지 않으니 물건을 도로 찾아 가겠다'고 말하고 그의 승낙없이 물건을 회수하였다. 물건을 도로 찾아 가겠다고 말한 것은 외상 매매계약을 해제한 것이라 볼 수 있다. 갑은 절도죄로 기소되었다.

3. 학설

(1) 영득의 불법이 불법영득이라는 견해

소유권질서에 반하는 것이 불법영득이라는 견해이다. 이 견해가 다수설로서, 기한이 도래하고 항변권이 부착되지 아니한 채권적인 특정물인도청구권에 기하여 채무자의 물건을 취거했을 때에도 그 영득은 실질적 소유권질서와 일치하므로 불법영득이 아니라고 한다. 다만 종류채권의 경우는 특정물채권과는 다르게 해석한다. 인도할 목적물이 특정되기 이전에 채권자가 임의로 취거하는 것은 소유권질서에 부합하지 않으므로 불법영득이 된다는 것이다.

위 사안에서 갑은 판매물품의 소유권자로서 반환청구권을 갖는다. 외상판매계약을 해제하면 그 계약의 이행으로 이전한 물건의 소유권은 점유회수 등 다른 절차 없이도 매도인에게 당연히 복귀하여 매매계약이 없었던 상태로 되기 때문이다.[1] 그러므로 이 견해(이하 편의상 영득불법설이라 칭한다)에 의하면 갑의 행위는 소유권질서에 부합하므로 불법영득이 되지 않는다.

---

1) 대법원 1977.5.24, 75다1394; 대법원 1982.7.27, 80다2968; 대법원 1995.5.12, 94다28881; 대법원 2002.9.10, 2002다29411 등.

(2) 취득수단의 불법이 불법영득이라는 견해

취득의 수단·방법이 불법하면 불법영득이라고 하는 견해이다. 즉 취득수단의 불법이 행위전체를 불법하게 하는 것이고, 따라서 권리를 실행하는 경우에도 그 수단이 불법하면 불법영득이 된다고 한다. 이 견해는 소수설이다.

위 사안에서 갑은 소유권자로서 소유물반환청구권을 행사하는 것이나, 점유자인 매수인의 승낙없이 그 점유를 침해한 것이므로 그 취거수단은 불법적이라고 해야 한다. 그러므로 이 견해(이하 편의상 수단불법설이라 칭한다)에 의하면, 갑의 행위는 불법영득으로서 절도죄가 된다.

4. 대법원의 판단

위 사안에 관하여, 원심은 "피고인이 채무 불이행을 이유로 채무자와의 외상 매매계약을 해제한 것이라 볼 수 있고, 외상 매매계약을 해제한 이상 동 외상 매매물품들의 반환청구권은 당연히 피고인에게 돌아오는 것이므로 피고인이 채무자의 승낙을 받지 않고 동 물품들을 가져갔다 하여도 이는 자기가 가져갈 수 있는 물건을 가져간 것이므로 그 행위가 경우에 따라 다른 죄(예컨대 권리행사 방해죄 등)를 구성할 여지가 있는 것을 별론으로 하고 절도죄를 구성할 여지는 없다"고 판단하였다.

그러나 대법원은 원심을 파기하였다. "외상 매매계약의 해제가 있고 동 외상 매매물품의 반환청구권이 피고인에게 있다고 하여도 절도라 함은 타인이 점유하는 재물을 도취하는 행위, 즉 점유자의 의사에 의하지 아니하고 그 점유를 취득하는 행위로서 절도행위의 객체는 점유라 할 것이므로 피고인이 채무자의 승낙을 받지 않고 위 물품들을 가져갔다면 그 물품에 대한 반환청구권이 피고인에게 있었다 하여도 피고인의 그 행위는 절도행위에 해당된다"는 것이 그 이유이다.[2)]

5. 검토

(1) 학설

1) 영득불법설 - 채권이 소유권보다 강력한 권리인가

소유권에 기한 반환청구권을 행사하는 경우에 영득불법설이 이를 불법영득이 아니라고 하는 것은 물론 타당하다. 타인의 재물에 대한 영득 그 자체가 없기 때문이다. 그러나 채권적인 특정물인도 청구권에 기하여 채무자의 물건을 취거했을 때에도 불법영득이 아니라고 하는 것이 타당한가는 의문이다. 채권은 그것을 행사하는 데에 아무런 흠이 없더라도 채권일 뿐 소유권은 아니며, 채무자의 이행 또는 소송을 통하지 않은 청구권의 실현은 허용되지 않는 것임에도 채무자의 소유물을 '영득'하는 행위인 채권적 청구권의 실현을 실질적으로 소유권질서와 일치한다는 이유로 범죄가 아니라고 하는 것은 사권(私權)체계를 근간으로부터 파괴하는 것이 될 우려가 있기 때문이다.

형법 제323조 권리행사방해죄와의 관련을 고려하더라도 채권적

2) 대법원 1973.2.28, 72도2538.

권리의 자의적 실현은 그 권리에 흠이 없더라도 불법영득이라고 해야 할 이유가 있다. 소유권자일지라도 그 소유물을 점유하는 타인으로부터 임의로 취거하는 행위는 그 점유가 정당한 권원이 없는 경우에도 보호할 가치가 있는 한 권리행사방해죄로 처벌된다. 그러나 특정물청구권자가 목적물을 채무자의 의사에 기하지 않고 취거하는 행위는 권리행사방해죄의 구성요건에 해당하지 않음은 물론이다. 그런데 이를 불법영득이 아니라고 하여 절도죄의 성립을 부정한다면 그 취거수단의 불법만을 처벌할 길도 없으므로 결국 무죄가 된다. 이것은 채권을 소유권보다 더 강력하고 완벽한 권리로 대우하는 것이 되어 부당하지 않은가?[3] 그럼에도 영득불법설은 특정상품을 매수하고 그 대금을 지불한 매수인이 이를 임의로 취거한 경우를 예로 들어 흠이 없는 특정물청구권의 실현은 불법영득이 되지 않는다고 한다.[4] 물론 이러한 경우 매도인은 일반적으로 매수인의 임의취거를 '양해'할 것이므로 그 경우에는 절도죄가 성립되지 않을 것이다. 그러나 매도인이 어떤 이유가 있어 그 상품의 인도를 지연하고 있는 경우라면,[5] 그것이 항변권이 아니더라도 그 의사와 자유는 존중되어야 한다.[6]

---

3) 그럼에도 독일에서 흠 없는 특정물채권의 실현을 불법영득이 아니라고 하는 견해가 통설인 것은 그 나라의 형법질서와 관련이 있을 것이다. 우선 독일형법에는 우리와 같은 권리행사방해죄는 규정되어 있지 않다.

4) 김/서, 300면; 임웅, 306면.

5) 매도를 후회하여 계약해제를 검토하고 있거나, 인도와 관련되는 부수적인 조치를 할 필요가 있어 (예컨대 사용하던 컴퓨터를 매각하고 그 안에 저장된 자료를 삭제한 후 인도하려고 하는 경우) 그 조치를 한 후에 인도하고자 인도를 지체하는 경우는 얼마든지 있을 수 있다.

6) 대법원이 "형법상 절취란 타인이 점유하고 있는 자기 이외의 자의 소유물을 점유자의 의사에 반하여 그 점유를 배제하고 자기 또는 제3자의 점유로 옮기는 것을 말하는 것으로, 비록 '약정에 기한 인도 등의 청구권이 인정된다고 하더

그리고 영득불법설이 종류채권을 실현하는 경우는 실질적 소유권질서에 부합하지 않으므로 불법영득이 된다고 하는 것은 흠이 없는 특정물청구권의 실현이 불법영득이 아니라고 하는 논거를 스스로 부정하는 것과 같다고 할 여지도 있다. 기한이 도래하고 항변권이 부착되지 아니한 특정물채권의 실현이 실질적인 소유권질서에 부합한다고 하는 이유는 그 경우에는 채무자의 소유권이 실질적으로 보호될 가치가 없다는 데에 있으나, 그러한 관점에서 보면 정당한 이유 없이 특정을 지연하는 종류채무자로부터 그 채권자가 스스로 목적물을 선택하여 취거함으로써 종류채권을 실현하는 행위도 본질적 차이가 없다고 해야 할 것이기 때문이다. 종류채권도 채무자의 '특정행위'가 있은 후에는 특정물채권과 같게 된다. 특정행위는 채권자가 수령할 수 있도록 급부목적물을 현실제공하거나 인도할 물건을 지정·분리하는 등으로 채무이행을 준비하는 절차이다. 종류채권에 있어서 급부목적물의 개성은 존중되지 않으므로 변제기한이 도래했음에도 종류채무자가 그 특정행위를 지연하는 경우에는 채권자가 스스로 목적물을 선정하더라도 채무자에게 특별한 이해관계가 없다.[7] 그러므로 채무자의 특정물에 대한 소유권

라도', 취거 당시에 점유 이전에 관한 점유자의 명시적·묵시적인 동의가 있었던 것으로 인정되지 않는 한, 점유자의 의사에 반하여 점유를 배제하는 행위를 함으로써 절도죄는 성립한다"(대법원 2010.2.25, 2009도5064)고 하는 것은 바로 같은 취지일 것이다.

7) 종류채무에 있어서 급부의 목적이 되는 물건은 모두 같은 가치를 갖는 것이므로 그 개성은 무시된다. 따라서 특정한 후에도 채무자는 동종의 다른 물건을 인도할 수 있는 '변경권'이 인정된다. 채권자에게 특별한 이해관계가 없기 때문이다. 그렇다면 종류채무자가 특정행위를 지연시키는 경우에 채권자는 어떻게 해야 하는가? 민법은 이에 관하여 별다른 명문규정을 두지 않고 있다. 그런데 선택채권에 있어서는 선택권자가 선택을 지체하는 경우에는 상대방에게 선택권이 이전된다는 규정을 두고 있다(민법 제381조). 이 규정이 종류채권의 경우

을 보호할 실질적 가치가 없다는 점은 흠이 없는 특정물채무자와 동일하다고 할 수 있는 것이다.

2) 수단불법설 - 자기 소유물에 대한 절도죄도 인정되는가

수단불법설이 점유를 취득하는 수단의 불법이 있어야 영득범죄가 성립한다고 주장하는 것 그 자체가 타당하다는 점은 다툴 이유가 없다. 점유취득의 객체가 타인의 소유물이더라도 그 점유취득의 수단에 불법성이 없다면 애당초 범죄성립이란 생각할 여지조차 없기 때문이다. 그런데 소유권자로서 그 소유물을 회수하는 행위도 그 회수의 수단·방법이 불법적이면 불법영득이 된다는 취지를 포함하는 점에서 부당하다고 하지 않으면 안 된다. 즉 이 견해들은 외상판매물품 회수의 사안에 관한 위 대법원 판결을 점유취득수단의 불법을 이유로 절도죄로 인정한 것으로 해석하면서 이를 타당하다고 평가하거나[8]"소유권을 비롯한 모든 권리행사는 합법적이어야 하므로…취득수단의 불법이 불법영득"[9]이라고 함으로써 자기 소유물에 대한 절도죄를 인정하는 점에서 부당한 것이다.

타인이 점유하는 '자기의 소유물'에 대하여도 절도죄를 인정하는 것은 절도죄의 구성요건에 반하는 것임이 너무나 명백하다. 수단

에도 준용할 수 있는가는 민법의 이론상 다투어지고 있으나, 종류채권과 달리 급부의 개성이 문제되는 선택채권에 있어서도 그 선택권의 이전이 인정되는 것이므로 그 개성이 무시되는 종류채권에 있어서 그러한 법리를 준용하는 것은 오히려 자연스럽다고 해야 한다. 급부목적물을 채권자가 특정하더라도 채무자에게 특별한 이해관계가 없을 것이기 때문이다.

8) 오영근, 318면 본문과 그 각주2 및 319면. 손동권, 290면이 "범죄의 방법에 의한 실현은 금지되어야 하므로…불법영득의사를 인정하는 것이 타당하고, 판례가 물권적 청구권이 있는 경우에도 불법영득의사를 인정한 것은 그러한 의미로 이해해야 한다"고 하는 것도 같은 취지이다.

9) 정/박, 414면.

불법설의 밑바탕에는 절도죄의 보호법익이 소유권이 아니라 점유라는 사고가 깔려 있는 것으로도 엿보이나, 형법이 타인이 점유하는 자기의 물건을 절도의 방법 또는 강도의 방법으로 취득하는 행위를 권리행사방해죄(제323조)와 점유강취죄(제325조)로 규정한 사실에 비추어도 그러한 사고는 수긍하기 어렵다. 만일 자기 물건을 회수하는 경우에도 수단의 불법으로 인하여 행위 전체가 불법영득으로 된다면 위와 같은 행위는 절도죄 또는 강도죄가 되어야 하므로 권리행사방해죄나 점유강취죄는 별개의 범죄로서 규정할 필요가 없기 때문이다.

(2) 판례의 이해

1) 대법원 1973.2.28 선고 72도2538 판결

학계는 외상판매물품 회수의 사안에 관한 위 대법원 판결을 대표적인 근거로 들어 판례가 수단불법설의 입장을 취한다고 이해한다. 이 판결이 "매매물품의 반환청구권이 피고인에게 있다고 하여도 …절도행위의 객체는 점유라고 할 것"이라는 이유로 절도죄를 인정한 것은 그 표현으로 보아 수단불법설의 입장이라고 이해될 수도 있다. 그러나 매수인의 소유권에 대한 침해를 인정하지 않으면서도 점유침해만을 이유로 절도죄로 판단한 것인지는 검토할 여지가 충분하다. 즉 그 반환청구권의 성질을 어떻게 보았는가가 관건인 것이다.

돌이켜 보건대, 위 사건을 재판하던 1973년경의 민법학계에는 물권행위의 무인성·유인성 이론과 관련하여 계약해제의 효과에 관한 논쟁이 있었다. 당시의 지배적 견해는 그 계약에 기하여 이행한 물권변동은 그대로 효력을 보유하고 다만 원상회복할 채권채무 관계가 발생할 뿐이라는 채권적 효과설을 취하고 있었고, 판매계약을 해제하면 그 계약의 이행으로 이전한 물건의 소유권은 점유회수 등 다른 절차 없이도 매도인에게 당연히 복귀한다는 물권적 효과설은 소수설에 불과하였다.[10] 이러한 사정을 고려하면, 위 대법원 판결도 당시의 지배적 견해인 채권적 효과설에 따라 피고인의 판매물품에 대한 반환청구권은 소유물에 기한 반환청구권이 아니라, 타인의 소유물에 대한 채권적인 반환청구권이라는 사실을 전제로 하여 절도죄를 인정한 것이라고 이해해야 할 것이다.[11]

결국 위 대법원 판결은 '불법수단+자기 재물의 점유취득'을 절도죄로 인정한 것이 아니라, '불법수단+타인의 물건의 점유와 소유권 취득'을 절도죄로 인정한 것이었다고 해야 한다.

2) 관련 판결들

학계는 굴삭기를 할부판매한 자가 그 매수인이 할부대금채무를 이행하지 않을 경우 굴삭기를 임의취거해도 좋다고 약정한 것을 근거로 매수인으로부터 이를 임의취거한 사안을 절도죄로 인정한 판례나,[12] '권리의 행사도 공갈죄가 된다'고 하는 많은 판례들을[13]

---

10) 물권적 효과설이 통설·판례가 된 것은 최소한 위 형사판결이 있은 후의 일이다. 대법원은 1977.5.24, 75다1394 판결에서 처음으로 물권적 효과설을 취한 것으로 보인다.

11) 현재의 통설·판례가 된 물권적 효과설의 입장에서 보면, 이 대법원판결은 절도죄와 권리행사방해죄의 구성요건조차도 알지 못한 엉터리 판결이라고 할 수밖에 없다. 이 사건의 원심은 당시에도 물권적 효과설이 비록 소수설이었으나 매우 유력하였으므로 물권적 효과설을 취하는 모험을 강행함으로써 절도죄를 부정한 것이라고 보인다. 이렇게 이해해야만 원심과 대법원의 판결은 각각 그 나름의 이론적 근거를 갖춘 판결이 될 수 있다.

12) 대법원 2001.10.26, 2001도4546.

수단불법설을 취하는 입장이라고 이해한다.[14] 그러나 살피건대, 굴삭기사건의 판결은 할부판매계약이 해제되더라도 그 굴삭기의 소유권이 매수인에게 남는다는 사실을 전제로[15] 하고 있으므로 '타인의 소유물'을 불법취거한 행위를 절도죄라고 판단한 것에 불과하다. 또 권리행사와 공갈죄에 관한 판례들도 '그 수단의 불법성으로 인하여 공갈죄가 된다'고 함으로써 외관상 수단불법설을 취한 것처럼 보이기는 하나, 모두 소유권이 아닌 금전채권 등에 기하여 '타인의 소유물'을 불법수단으로 영득한 사안에 관한 것이다.[16]

수단불법설을 취하는 견해 중에는, 甲회사가 乙회사에 철재를 외상판매하고 乙은 다시 이를 丙에게 판매하였는데 乙이 甲회사에 그 철재대금의 지급을 위하여 교부한 약속어음이 부도되자 甲회사 직원인 피고인이 丙으로부터 그 철재를 무단으로 취거한 행위를 절도죄로 인정한 대법원 1983.11.12 선고 83도2539 판결조차도 수단불법설을 취한 결과라고 이해하는 견해도 있다.[17] 그러나 계약해제의 효과는 제3자의 권리를 해하지 못하므로(민법 제548조 단서) 甲

---

13) 예컨대, 대법원 1982.12.14,. 81도2093; 대법원 1985.9.10, 84도2664; 대법원 2007.10.11, 2007도6406 등.

14) 김성돈, 371면; 이재상, 382면; 임웅, 416면. 오영근, 455면; 정/박, 414면.

15) 이 판례는 "굴삭기에 대한 소유권 등록 없이 매수인의 위와 같은 약정 및 각서 등의 작성, 교부만으로 굴삭기에 대한 소유권이 판매회사로 이전될 수는 없으므로 굴삭기 취거 당시 그 소유권은 여전히 매수인에게 남아 있고, 매수인의 의사표시 중에 자신의 동의나 승낙 없이 현실적으로 자신의 점유를 배제하고 굴삭기를 가져가도 좋다는 의사까지 포함되어 있었던 것으로 보기는 어렵다"는 이유로 절도죄를 인정한 것이다. 굴삭기의 소유권이전도 이전등록이 있어야 효력이 발생한다는 법률적 판단이 정당한가는 별개의 문제이고, '불법수단+영득'을 불법영득이라고 한 것이다.

16) 자기의 소유물에 대한 공갈죄를 인정한 판례가 있는지는 모르나, 필자로서는 아직 발견하지 못했다.

17) 손동권, 290면.

이 乙과의 계약을 해제하더라도 丙이 취득한 철재의 소유권에는 아무런 영향이 없다. 그러므로 피고인은 타인의 재물을 불법취거한 것이다. 이 판결은 피고인이 그 철재를 '丙이 매수하여 소지하고 있다'는 사실을 알면서도 취거한 것이므로 절도죄의 '범의'가 인정된다는 취지에 불과하다. 이를 취거수단의 불법과 관련된 판결로 이해하는 것은 계약해제의 효과에 관한 민사법리를 염두에 두지 않음으로써 생긴 오해가 아닐까 생각한다.

요컨대, 형법교과서들이 거론하는 모든 판례들은 '불법수단 + 영득'의 사안을 불법영득이라고 선언한 것이다.

(3) 결어

채권의 행사도 불법영득이 아닐 수 있다는 영득불법설이나 소유권의 행사도 불법영득일 수 있다고 하는 수단불법설의 주장들은 결국 '영득'이라는 말이 타인의 재물을 자기의 것으로 삼는다는 의미라는 사실과 무관하게 불법영득의 의미를 규정하는 것이다. 그러나 '영득'은 '불법영득'의 논리적 전제이므로 불법영득이란 '불법수단+타인 재물의 영득'이라고 함으로써 충분하고 그렇게 해야 할 것이라고 생각한다.

아무런 권리가 없는 경우는 물론, 채권적 청구권을 실현하는 경우에는 그 청구권에 항변권이 부착되어 있지 않더라도 채무자의 이행을 통하지 않는 불법수단의 취득은 불법영득이다. 그것이 실질적인 소유권질서에 부합한다는 사실은 양형에 참작할 사유일 뿐이다. 정당한 대가를 지불한 경우에도 타인의 재물을 불법한 수단으로 취득한 것이라면 마찬가지이다. 자기의 소유물에 대하여는

'영득행위'가 있을 수 없다. 그러므로 타인이 점유하는 자기의 소유물에 대하여 소유물반환청구권을 실현하는 행위라면 그 수단이 불법하더라도 불법영득은 아니다. 그 점유의 침해가 불법이득죄를 구성할 수 있는가는 별개의 문제이다.

제8강 기망수단에 의한 자기 물건의 회수는 무죄인가

1. 서언

불법한 수단으로 정당한 권리를 실현하여 타인의 재물을 취득하는 행위가 범죄에 해당하는가는 불법영득의 의미를 어떻게 보는가와 관련된다. 그런데 형법교과서는 이를 사기죄와 공갈죄의 문제로서 다루고 있다. 불법한 영득이 있다고 할 수 없으므로 사기·공갈죄가 '성립할 수 없다'는 견해와 그 수단이 사회통념상 허용되는 한계를 넘는 때에는 권리남용으로서 사기·공갈죄가 '성립된다'는 견해가 대립하는 것이다. 그러나 이러한 논쟁의 수준만으로는 충분하지 않다고 생각된다. 즉 실현하는 권리가 금전채권인가, 당해 재물에 대한 채권적 청구권인가 또는 소유권인가를 구별할 필요가 있는 것이다.

사기·공갈의 수단으로 금전채권을 실현하는 행위라면 타인의 재물을 불법영득하는 행위이므로 영득불법설인가 수단불법설인가를 불문하고 사기·공갈죄가 성립된다고 할 것이다. 당해 재물에 대한 채권적 청구권을 실현하는 행위라면 특정물채권이므로 영득불법설은 불법영득이 아니라고 하여 사기·공갈죄의 성립을 부정할 것이고, 수단불법설은 그것을 인정할 것이다. 소유권자가 그 소유물을 점유자로부터 회수하는 경우에도 영득불법설은 사기·공갈죄를 부정하고, 수단불법설은 이를 인정하는 것이 논리적일 것이다. 그러나 자기 소유물을 회수하는 경우에는 형법이 자기의 물건을 절도나 강도의 수단으로 회수하는 행위를 권리행사방해죄(제323조)나 점유강취죄(제325조)로 규정한 것으로 보더라도 수단불법설의 입장에서도 불법영득죄로서의 사기·공갈죄가 성립되지 않는다고 해야 함은 앞의 '불법영득이란 무엇인가' 하는 부분에서 지적한 바와 같다.

그런데 자기 물건을 절도나 강도의 불법수단으로 회수하는 경우에는 불법영득죄로서의 절도죄나 강도죄에 해당하지 않더라도 권리행사방해죄(제323조)나 점유강취죄(제325조)에 해당되어 그 처벌에는 공백이 생기지 않는다. 그러나 사기·공갈의 수단으로 회수하는 행위에 관하여는 권리행사방해죄와 같은 별개의 규정을 두지 않고 있으므로 의문이 발생한다. 즉 공갈의 수단으로 회수하는 행위는 그 수단에 따라 폭행·협박죄로 처벌할 수 있다고 하더라도 기망의 수단으로 회수하는 행위는 그 수단만을 처벌할 규정이 없으므로 결국 무죄라고 할 수밖에 없는가 하는 의문이 그것이다.

2. 사안

피고인 갑은 자신에 대한 채권자 A에게 차용금 채무의 담보로 자기 소유의 맥콜을 제공하였다. A는 그 맥콜을 B에게 보관시키고 있었다. 그러던 중 피고인은 위 맥콜을 회수할 마음을 먹고, '그 맥콜은 원래 을로부터 사기한 것이므로 이를 다시 을에게 반환한다'는 취지의 반환서를 을에게 작성해 주고 을로 하여금 그 반환서를 근거로 맥콜을 회수하도록 하였다. 을이 그 반환서를 B에게 제시하면서 위 맥콜은 갑에게 편취당한 장물이므로 이를 인계하여 달라고 요구하자 B는 그것을 믿고 맥콜을 인도해 주었다. 갑은 권리행사방해죄로 기소되었다.

3. 학설

위 사안에서 피고인 갑은 자기의 소유인 맥콜을 기망의 수단으로 회수하였다. 이러한 행위가 불법영득으로서 사기죄에 해당하는가에 관하여는, 맥콜이 갑의 소유이므로 불법영득죄인 사기죄가 성립되지 않는다는 견해와 비록 소유권의 행사이긴 하나 회수 수단이 사회통념상 허용되지 않는 불법수단이므로 사기죄가 성립된다는 견해가 대립하게 될 것이다.

그러나 자기 물건에 대한 불법영득을 인정하는 것은 부당하므로 수단불법설일지라도 결국 사기죄의 성립은 부정해야 한다. 또한 갑은 맥콜을 '취거'한 것이 아니라 B로부터 '교부'받은 것이므로 권리행사방해죄(제323조)에도 해당하지 않는다. 그렇다면 피고인 갑은 결국 무죄라고 할 것인가 하는 의문이 남는다. 형법교과서는 이러한 의문에 대하여 구체적인 언급을 하지 않고 있다.

4. 대법원의 판단

위 사안의 피고인 갑은 권리행사방해죄(제323조)로 기소되었다.

검찰은 위 사안의 맥콜이 피고인 갑 소유이므로 사기죄는 성립되지 않는다는 판단에서 권리행사방해죄를 적용하여 기소했을 것이다.

원심은, "형법 제323조 소정의 권리행사방해죄에 있어서의 '취거'라 함은 타인의 점유 또는 권리의 목적이 된 자기의 물건을 그 점유자의 의사에 반하여 그 점유자의 점유로부터 자기 또는 제3자의 점유로 옮기는 것을 말하므로 점유자의 의사나 그의 하자있는 의사에 기하여 점유가 이전된 경우에는 여기에서 말하는 취거로 볼 수는 없는 바, 피고인 갑이 맥콜을 가져간 것은 B의 교부행위에 의한 것이고 그 의사에 반하여 가져간 것이 아니므로 권리행사방해죄에 해당하지 않는다"고 하여 무죄를 선고하였다. 대법원도 이러한 원심의 판단에 권리행사방해죄에 관한 법리오해의 위법이 없다고 판단하였다.[1)]

5. 검토

권리의 실현과 불법영득에 관한 학계의 논쟁은 불법영득으로서의 범죄가 성립되는가의 관점에서만 다투는 것이다. 이러한 논쟁 태도는 그 재물에 대한 상대방의 점유가 침해된다는 사실은 전혀 도외시한다는 점에서 부당하고, 심지어는 오해를 초래할 위험마저 있다. 타인으로부터 재물을 편취·갈취하는 행위가 영득범죄로서 재물사기·공갈죄가 성립되는 경우에는 그 타인의 점유를 침해했다는 사실은 그 영득범죄에 포섭되므로 별개로 판단할 가치를 가

1) 대법원 1988.2.23, 87도1952.

지지 않는 것은 물론이다. 그러나 영득범죄로서 무죄인 경우에는 점유 침해의 관점에서 불법이득죄의 성립여부를 검토하지 않으면 안 된다. 점유란 그 자체로서도 재산상 이익일 뿐 아니라 특히 권원이 있는 경우 그 점유의 원인이 된 권리는 보호되어야 하는 것이기 때문이다.

권리행사방해죄(제323조)는 점유를 보호하는 범죄이다. 타인이 점유하는 자기의 재물에 대하여는 이를 절도의 방법으로 취거하더라도 불법영득죄인 절도죄가 성립되지 않는다. 그러므로 그 타인의 점유를 절도의 방법으로 침해하는 행위에 관하여 별개의 범죄를 규정하지 않으면 그 점유취득의 수단만을 처벌하는 방법이 없으므로 결국 무죄가 된다. 이것은 부당하므로 권리행사방해죄를 규정한 것이다. 이와는 달리, 타인이 점유하는 자기의 재물을 강도의 수단으로 회수하는 경우에는 그 점유취득 행위를 별개의 범죄로 규정하지 않더라도 강도죄로 벌할 수 있다. 강도죄의 구성요건은 재물을 강취하는 경우만이 아니라 재산상 이익을 강취하는 경우도 규정하고 있으며, 점유는 바로 재산상 이익에 해당하기 때문이다. 타인의 점유를 사기·공갈의 수단으로 취득하는 경우도 마찬가지이다.

그런데 형법은 강도의 수단으로 점유를 취득하는 행위는 점유강취죄(제325조)로 규정하고 있다. 그러면서도 사기 또는 공갈의 수단으로 점유를 취득하는 경우는 특별한 범죄로서 규정하지 않고 있다. 이러한 입법태도는 점유의 사취·갈취는 처벌하지 않는다는 취지가 아닌가 하는 의심을 자아내게 한다. 그러나 반드시 필요하지는 않은 점유강취죄를 굳이 규정한 것이 불필요한 기우(杞憂), 즉 그러한 행위가 재물강취와 동일하게 높은 법정형으로 처벌될지도 모른다는 우려에 기인한 것이라고 보는 편이 합리적이다. 즉 형법 규정의 불균형은 입법과정의 사소한 실수로 보아야 한다. 사기 · 공갈의 방법으로 점유를 취득하는 행위는 형법 제347조와 제350조의 구성요건에 포함된 불법이득죄로서 해결해야 한다.[2)]

위 사안에서 피고인 갑은 맥콜의 소유자이다. 그러므로 맥콜에 대한 불법영득으로서의 사기죄는 성립되지 않는다. 또한 피고인 갑이 기망의 방법으로 그 점유를 회수한 행위는 판례가 밝힌 바와 같이 '취거'가 아니므로 권리행사방해죄로서도 무죄이다. 그러나 A의 담보권과 B의 점유는 보호되어야 한다. 피고인 갑은 형법 제347조가 규정한 이득사기죄로서 유죄인 것이다. 위 판례는 자칫 피고인 갑이 무죄라는 취지로 오해될 수 있으나, 이는 원천적으로 검찰이 사기죄로 기소하지 않고 권리행사방해죄로 기소한 데에서 비롯된 결과일 뿐이라고 해야 한다.

---

2) 주석형법각칙(Ⅱ), 한국사법행정학회, 1993. 668면(집필자, 김종원). 김일수 교수는 "형법상 타인이 소지하는 자기 물건을 강취하면 점유강취죄가 되지만, 갈취 · 편취하는 때에 점유강취죄에 상응하는 문언이 없으므로 결국 공갈 · 사기죄로 다룰 수밖에 없다. 이렇게 되면 타인이 점유하는 자기 물건을 강취한 경우가 갈취 · 편취한 경우보다 가볍게 처벌하는 것이 되어 불합리하다. 따라서 점유갈취 · 편취행위를 처벌하는 규정을 새로 손질해 넣어야 할 필요가 있다"고 주장한다(고시연구, 1994.5, 27면). 그러나 반드시 형법을 개정해야만 되는 것은 아니다. 법운용자가 점유의 사취 · 갈취는 이득사기 · 공갈죄로 의률하여 그 실질이 영득죄와는 다르다는 사실을 양형에 고려하면 해결되는 문제이기 때문이다. 점유사취 · 갈취의 사안의 처벌정도를 결정함에 있어서는 절도와 권리행사방해죄 및 강도와 점유강취죄의 법정형에 각 차등이 있다는 사실을 고려하여 그에 비례되도록 형법 제347조와 제350조에서 규정한 일반적인 재물사기 · 공갈죄의 법정형과 차등이 있는 법정형을 상정(想定)하여 이를 양형기준으로 삼아야 한다. 문제의 중요성은 점유사취 · 갈취가 불법영득은 아니라는 사실을 모든 법률가가 명확히 인식하는가의 여부에 있다. 법운용자가 그 사실을 명확히 의식하기만 한다면, 법개정이 없더라도 그 양형은 틀림없이 합리적으로 이뤄질 것이다.

제9강
불법원인급여는 급여자의 재산으로 보호받지 못하는가

1. 서언

민법 제746조 본문은 "불법의 원인으로 인하여 재산을 급여하거나 노무를 제공한 때에는 그 이익의 반환을 청구하지 못한다"고 규정하고 있다. 일반의 법리에 따르면, 불법의 원인에 의한 급여는 법률상의 원인이 없는 것이 되므로 부당이득으로서 그 반환을 청구할 수 있다. 그러나 이러한 청구를 인정하는 것은 법의 이념에 어긋나는 행위를 한 사람의 주장을 시인하고 보호하는 것이 되어 공평과 신의칙의 이념에 반하므로 그러한 청구를 할 수 없다고 규정한 것이다. 따라서 종래 이 규정은 부당이득을 원인으로 한 반환청구권을 인정하지 않는다는 의미에 불과하고, 급여원인이 무효이므로 급여자는 여전히 급여물의 소유권이 자기에게 있다는 것을 이유로 하여 소유권에 기한 반환청구는 할 수 있다고 해석되어 왔다. 그러나 이를 허용한다면 결국 부당이득반환을 불허하는 취지는 퇴색하고 만다. 그러므로 대법원은 종래의 판례를 변경하여 '사회적 타당성이 없는 행위를 한 자가 스스로 원인의 불법을 주장하여 복구를 소구(訴求)하는 것은 그 형식여하를 불문하고 허용하지 않는다는 법의 이상을 표현한 것으로서 소유권에 기한 반환청구도 할 수 없으며, 그 반사적 효과로서 소유권이 급여를 받은 상대방에게 귀속된다'고 하게 되었고,[1] 이것이 민법학계의 통설이 되었다.

그렇다면 형법의 적용에 있어서도 불법원인의 급여는 급여자의 재산으로서 보호할 필요가 없다고 하여 이러한 급여에 대하여는 재산범죄가 성립될 수 없는가 하는 의문이 대두된다. 불법원인급여에 대한 범죄는 두 가지의 방향에서 고려할 수 있다. 그 급여를 불법적인 수단으로 취득하는 경우, 예컨대 밀수할 의사가 없으면서도 함께 밀수하여 큰 돈을 벌자고 유혹하여 밀수자금을 공급받는 경우에 사기죄가 성립될 수 있는가 하는 문제와 그 급여물을 수급자가 영득하는 경우에 횡령죄가 성립될 수 있는가의 문제인 것이다. 즉 불법원인급여를 받는 행위가 범죄인가는 형법상 보호받아야 할 재산의 개념을 어떻게 이해하는가의 문제에 귀결되며, 수급자의 횡령죄가 인정되는가는 급여물의 소유권귀속의 법리를 어떻게 해석하는가의 문제이다.

2. 불법원인급여를 받는 행위

(1) 사안

갑은 대가를 지급하기로 하고 술집 여종업원과 성관계를 가진 뒤 절취한 신용카드로 그 대금을 결제하는 방법으로 그 대가의 지급을 면하였다. 갑은 사기죄로 기소되었다.

1) 대법원 1979.11.13, 79다483.

(2) 학설

위와 같은 행위가 유죄인가는 술집 종업원의 성노동 또는 성노동에 대한 대가청구권을 형법상 보호할 재산이라고 할 것인가에 의하여 판단될 것이다. 재산의 개념에 관한 견해는 일치하지 않는다.

1) 법률적 재산개념설

민사법상의 권리가 인정되는 재산만을 형법상의 재산이라고 하는 견해이다. 이 견해는 형식상 청구권이 있더라도 그것이 법률상 무효이면 재산상 이익이 아니고, 경제적 가치가 있더라도 민법상 권리가 아닌 사실상의 이익이나 매춘부의 성노동과 같은 것은 재산상 이익이 아니라고 한다. 이 견해는 재산의 범위를 지나치게 협소하게 한정한다는 약점이 있으므로 우리나라에는 이 견해를 취하는 이가 없다.

2) 경제적 재산개념설

경제적 이익의 총체를 형법상의 재산으로 보고, 그 경제적 가치가 법적으로 승인된 것인가의 여부는 묻지 않는 견해이다. 재산의 개념을 경제적으로 이해하므로 재산상의 이익을 얻을 수 있는 사실관계만으로 족하고, 그 원인이 된 법률행위가 무효이거나 취소할 수 있더라도 무방하다. 우리나라의 다수설이다.[2)]

이 견해는 민법적으로 보호받지 못하는 불법원인급여도 경제적으로는 재산이라고 하게 되므로 기망의 방법으로 불법원인급

---

2) 김종원, 217면; 손동권, 316면; 이재상, 300면; 임웅, 272면; 정/박, 275면; 정영일, 284면.

여를 하게 하더라도 타인의 재산에 손해를 가한 점에는 변함이 없다는 이유로 피해자의 반환청구권의 부존재와는 무관하게 사기죄를 인정한다.[3] 위 사안에서도 사기죄를 인정함은 자연스러운 결론이 된다.

3) 법률적 · 경제적 재산개념설

이 견해는 경제적 가치가 있는 이익을 재산이라고 하는 점에서 경제적 재산개념설과 일치한다. 다만 형법이 다른 법질서에 의해 보호되지 않는 이익을 보호할 수 없다는 이유로 적법한 이익만을 형법상의 재산이라고 한다. 우리나라의 소수설이다.[4] 이 견해는 경제적 가치가 있더라도 법질서가 승인한 범위에서만 형법상 재산으로 인정하므로 기망 · 공갈의 수단에 의하여 불법원인급여가 이뤄지더라도 급여자는 법률적으로 반환청구권을 상실하는 점에는 변함이 없어 급여자에게 재산상 손해가 발생하지 않는다는 것이고, 또한 법질서의 통일성과 형법의 보충적 성격으로 보아 다른 법질서에서 보호하지 않는 법익을 형법이 보호할 필요가 없다고 한다. 그러므로 이 견해에 의하면 위 사안에서의 매춘녀의 성노동에 대하여는 사기죄가 성립할 수 없다고 할 것이다.[5]

그런데 법률적 · 경제적 재산개념설의 입장을 취하면서도 불법원인급여에 대한 재산죄를 인정하는 견해도 있다. 이 입장에서는 고객에 대한 매춘부의 기망행위와 매춘부에 대한 고객의 기망행위

3) 김종원, 217면; 유기천, 237면; 이재상, 353면; 임웅, 373면; 정/박, 383면. 다만 이재상 교수는 매춘부의 성노동에 한하여는 정조란 어떠한 경우에도 재산권이 될 수 없다는 이유로 사기죄가 성립할 수 없다고 한다(326면).

4) 강구진, 250면; 김/서, 319면; 박상기, 321면; 배종대, 412면.

5) 김/서, 439면; 박상기, 319면.

를 예로 들어, 그 두 경우의 법률적 구조에 차이가 있는 것처럼 구별하여 논한다.

① 매춘부가 매음할 의사가 없으면서도 고객을 기망하여 매음료를 선불받은 경우는 불법원인으로 돈을 급여받은 것으로서 고객의 반환청구권은 인정되지 않으나 매춘부가 편취한 돈 그 자체는 불법성이 없으므로 당연히 사기죄가 성립한다고 하거나,[6] 또는 급여자가 보호되지 않는다는 것과 행위자의 사회질서교란은 별개의 문제라는 이유로 사기죄를 긍정한다.[7] ② 고객이 매춘부에게 매음료를 지불할 의사가 없이 매춘부의 성노동을 제공받은 경우에는 매음료면탈의 문제라고 한다. 그리고 불법원인급여와 달리 취급할 이유가 없으며, 불법원인급여에 대한 사기죄를 인정하듯이 이 경우에도 사기죄를 인정하는 것이 타당하며, 성노동에 경제적 가치를 인정하지 않더라도 고객의 행위는 불능미수에 해당하므로 사기미수죄가 성립될 수 있다고 한다.[8]

(3) 대법원의 판단

위 사안에 관하여, 대법원은 "일반적으로 부녀와의 성행위 자체는 경제적으로 평가할 수 없고, 부녀가 상대방으로부터 금품이나 재산상 이익을 받을 것을 약속하고 성행위를 하는 약속 자체는 선량한 풍속 기타 사회질서에 위반한 사항을 내용으로 하는 법률행위로서 무효이나, 사기죄의 객체가 되는 재산상의 이익이 반드시 사법(私法)상 보호되는 경제적 이익만을 의미하지 아니하고, 부녀

6) 강구진, 333면.
7) 배종대, 476면.
8) 배종대, 476면.

가 금품 등을 받을 것을 전제로 성행위를 하는 경우 그 행위의 대가는 사기죄의 객체인 경제적 이익에 해당하므로, 부녀를 기망하여 성행위 대가의 지급을 면하는 경우 사기죄가 성립한다"고 판단하였다.[9] 판례는 경제적 재산개념설의 입장을 일관하고 있다.

판례 중에는 주점접대부를 협박하여 정교(情交)한 사안에 있어서 공갈죄를 부인한 사례가 있다.[10] 그러나 그 취지는 '일반적으로 정교 그 자체는 경제적으로 평가할 수 없는 것이고, 접대부일지라도 매음을 전제로 정교를 맺은 것이 아니므로 매음 대가의 지급을 면했다고 볼 수 없다'는 것이다. 그러므로 이 판결은 경제적 재산개념설을 부정하는 것이 아니라, 오히려 경제적으로 평가할 수 있는 성행위는 재산상 이익이고, 그 이익은 사법상 보호되지 않는 것이더라도 재산죄의 객체가 된다는 점을 명백히 한 것이라고 이해되어야 한다. 기망에 의한 도박자금의 제공에 관하여도 "불법원인급여에 해당하여 급여자가 수익자에 대한 반환청구권을 행사할 수 없더라도, 수익자가 기망을 통하여 급여자로 하여금 불법원인급여에 해당하는 재물을 제공하도록 하였다면 사기죄가 성립한다"[11]고 하고 있다. 강도죄의 사안에서 "재산상 이익은 반드시 사법상 유효한 재산상 이득을 말하는 것은 아니고, 외관상 재산상 이익을 얻을 것이라고 인정할 수 있는 사실관계만 있으면 된다"고 하거나,[12] 배임죄의 사안에서 " 이익과 손해는 법률적 관점이 아니라 경제적 관점에서 판단한다"[13]고 하는 것 등도 모두 같은 취지이다.

9) 대법원 2001.10.23, 2001도2991.
10) 대법원 1983.2.8, 82도2714.
11) 대법원 2004.5.14, 2004도677.
12) 대법원 1994.2.22, 93도428.
13) 대법원 1999.6.22, 99도1095.

(4) 검토

경제적 재산개념설에 의하여 사기죄를 인정하는 다수설 · 판례가 타당하다고 할 것이다. 그런데 법률적 · 경제적 재산개념설을 취하면서도 위와 같이 사기죄의 성립을 인정하는 견해도 있으나, 그 논거를 수긍하기 어렵다.

① 매춘부가 기망수단으로 매음료를 선급받은 경우, 그 선급금은 고객의 반환청구가 허용되지 않는 불법원인급여라고 하면서도 편취한 돈 그 자체에 불법성이 없다고 하는 것은 모순이고, 사기죄의 보호법익은 적어도 1차적으로는 재산이고 사회질서의 유지가 아니므로 그 매음료를 재산으로 인정하지 않는 입장에서 사회질서의 유지를 이유로 매음료의 편취를 사기죄라고 하는 것은 비논리적이다. ② 고객이 매음료를 지불할 의사가 없이 성노동을 제공받고 매음료를 지불하지 않은 경우를 일괄하여 '매음료면탈'의 사안으로 보고, 이를 불법원인급여와 달리 취급할 이유가 없다고 하는 것도 부당하다. 고객이 매음료를 지불할 의사가 없으면서도 지불할 것처럼 성교하고 지불하지 않은 경우는 성노동이라는 '급여'를 받은 경우이므로 전형적인 불법원인급여의 사안이다. 그러므로 급여받은 성노동을 재산으로 볼 수 있는가 하는 관점에서 재산죄의 성립여부를 판단하면 된다. 법률적 · 경제적재산개념설의 입장을 취하는 한, 사기죄가 성립하지 않는다고 해야 한다. 고객이 성노동을 제공받은 후에 기망의 방법으로 매춘녀로 하여금 매음료채무를 면제하는 의사표시를 하게 한 경우를 소위 매음료면탈의 사안이라고 해야 한다. 이 경우는 아직 매음료의 지불이라는 '급여'가 이뤄지지 않았으므로 불법원인급여의 사안이 될 수가 없다. 매음료채

권이 형법상의 재산인가 하는 관점에서 사기죄의 성립여부를 판단해야 할 뿐이다. 매음료채권은 사회질서에 반하는 계약에 기한 채권으로서 민법 제103조에 따라 무효이므로 법률적·경제적 재산개념설의 입장에서는 재산으로 인정할 수 없고, 따라서 사기죄도 부정하는 것이 논리적이다. 그럼에도 이 견해가 사기죄를 인정하는 것은 그것이 사회적 의미에서도 합리적이라는 점을 부인할 수 없기 때문일 것이다. 그렇다면 경제적 재산개념설을 취하는 것이 간명할 것이다.

3. 불법원인급여물의 영득

(1) 원칙

불법원인급여물의 수급자가 그것을 영득하면 횡령죄를 구성하는가의 여부는 민법 제746조의 해석과 관련된다. 형법학계에는 종래 횡령죄의 성립을 긍정하는 견해와 이를 부정하는 견해가 다투어져 왔다. 불법원인급여물의 소유권이 수급자에게 귀속된다고 해석하는 민법학계의 통설과 판례에 따르면, 수급자는 '타인의 재물'을 보관하는 자의 입장에 있는 것이 아니므로 횡령죄가 성립될 여지가 없다는 것이 자연스러운 귀결이며, 이것이 다수설이다.[14)]

그러나 소수설은 민법 제746조가 불법원인급여를 한 자의 소유권을 상실시키는 취지는 아니고, 다만 그의 반환청구에 국가가 협조하지 않는다는 의미에서 일종의 자연채무관계를 인정한 것이라고 한다. 또한 민법상 국가가 급여자의 반환청구에 협조하지 않는

---

14) 김종원, 229면; 박상기, 383면; 배종대, 524면; 이재상, 395면; 정/박, 431면.

다는 것과는 별개로 형법상 수급자의 횡령죄를 인정하더라도 법질서의 통일을 해치는 것이 아니라고 주장한다.[15] 그리고 형법 제133조 제2항의 제3자 뇌물전달 사안을 예로 들어, "만일 그 제3자의 반환거부가 횡령죄가 되지 않는다면 범죄(뇌물공여)에 대한 범죄(수탁자의 횡령)는 범죄가 아니라는 것이 되어 형사정책적으로도 부당하다"고 다수설을 비판한다.[16]

생각하건대, 위법성 판단의 단계에서는 형법의 독자성이 강조된다고 해도 구성요건해당성 판단의 단계에서는 민법의 해석에 따를 수밖에 없다고 해야 할 것이다. 즉 민법상의 소유권과는 다른 형법상의 소유권을 인정할 수는 없고, 불법원인급여에 관하여도 수급자가 그 소유권자인가 단순히 보관하는 자의 지위에 있는가는 민법의 법리에 따라 판단하지 않을 수 없다. 불법원인급여의 소유권이 수급자에게 귀속된다는 법리는 이미 민법의 영역에서 확립된 상태이므로 그 수급자가 횡령죄의 주체가 될 수는 없다는 다수설이 타당할 것이다. 또한 위 형사정책적 관점에서의 비판론도 뇌물을 전달할 심부름꾼의 지위가 '수탁자'의 지위에 있음을 전제로 하는 것이다. 즉 심부름꾼이 그 뇌물의 소유권을 취득함을 전제로 하는 것이 아니므로 소유권을 취득하게 되는 불법원인급여의 수급자가 횡령죄의 주체가 될 수 있는가 하는 논쟁에 관련되는 비판론이라고 하기는 어렵다.

(2) 예외

불법원인의 급여일지라도 그 불법성이 수익자에게만 있는 경우

15) 유기천, 271면; 임웅, 444면.

16) 임웅, 445면.

에는 급여자의 반환청구를 허용하지 않거나, 그 급여물의 소유권이 수급자에게 귀속된다고 해야 할 이유가 전혀 없다고 해야 한다. 민법 제746조 단서는 바로 그러한 경우, 즉 불법성이 수익자에게만 있는 경우에는 급여자의 반환청구가 허용된다고 규정하고 있다. 그러나 불법성이 수익자에게만 있는 경우에 반환청구를 허용하는 것은 동조 본문의 취지에 비추어 당연한 것이다. 이 단서는 급여자에게도 불법원인이 있으나 급여자의 반환청구를 불허하는 것이 제반 사정에 비추어 구체적 정의에 배치되는 경우에는 본문을 적용하지 않는다는 원리를 선언한 것이라고 보아야만 그 존재가치가 있을 것이다. 학계는 일반적으로 이러한 이론을 승인하고 있으며, 판례도 급여자에게 불법성이 있더라도 수익자의 불법성이 급여자의 그것보다 현저히 클 때에는 이 단서를 적용하는 것이 공평과 신의성실의 원칙에 부합한다고 하여 불법성 비교의 이론을 적용하고 있다.[17] 형사법의 영역에서도 마찬가지이다. 즉 수급자의 불법성이 더 큰 경우에는 급여물에 대한 소유권은 급여자에게 귀속되는 터이므로 수급자에 대한 횡령죄가 인정되는 것이다.[18]

17) 대법원 1993.12.10, 93다12947; 대법원 1997.10.24, 95다49530.
18) 대법원 1999.9.17, 98도2036.

제10강

카드를 훔쳐도 반환하면 무죄인가

1. 서언

절도죄는 타인의 재물을 절취하는 불법영득죄이다. 그러므로 불법영득의 객체도 그 물체인 재물이라고 하면 족할 것으로 여겨진다. 그러나 불법영득의 객체를 물체라고 하는 전통적인 물체설에 따르면, 타인의 예금통장을 절취하여 예금을 인출한 후 곧 반환하는 것과 같은 경우에 문제가 생긴다. 이러한 경우에는 예금통장이라는 물체 그 자체를 영득하는 행위는 아니므로 불법영득인 절도라고 할 수 없고, 그렇다고 하여 무죄라고 하는 것도 부당하기 때문이다. 여기에서 그 물체에 화체된 가치가 불법영득의 객체라는 가치설이 주장된다. 그런데 또 가치설에 의하면 경제적 가치가 없는 재물에 대한 절도죄는 인정할 수 없다는 등의 결함이 생긴다. 따라서 물체설과 가치설의 일면성을 시정하는 의미에서 물체와 함께 그 가치를, 또는 물체나 그 가치의 어느 것을 영득의 객체로 보는 결합설이 등장하였다. 이러한 결합설이 학계의 지배적인 견해이나,[1] 이론상으로는 가치에 대한 영득을 부정하면서 영득의 대상

1) 김/서, 298면; 김종원, 187면; 박상기, 259면; 배종대, 385면; 손동권, 291면; 이재

은 물체에 대한 사실적 지배권의 설정이라고 함으로써 물체설을 수정하여 사실상으로는 결합설과 같은 결론에 이르는 수정된 물체설도 주장되고 있다.[2)]

그러나 결합설의 입장에서도 책을 잠시 읽는 것과 같은 단순한 사용가치를 영득의 객체라고 하면 일시 사용하고 반환하는 소위 사용절도를 모두 절도라고 하게 되는 불합리가 생긴다. 그러므로 영득한다는 그 가치의 범위를 제한하여 재물의 종류와 기능에 따라 개념적으로 결합되어 있는 재물의 특수한 가치인 '기능가치'만이 영득의 객체라고 하며, 그 기능가치의 사용 여부는 절도와 사용절도의 구별기준이 된다. 그런데 그 기능가치라는 개념이 명료한가는 의문이다. 예컨대, 타인의 현금카드나 신용카드를 훔쳐 그것을 사용하여 현금자동인출기에서 일정한 금액을 인출한 후 곧 반환한 경우에 카드의 기능가치를 사용한 것으로 볼 수 있는가의 문제이다.

2. 사안

갑은 피해자 A로부터 지갑을 잠시 건네받아 멋대로 지갑에서 A 소유의 외환은행 현금카드를 꺼내어 그 즉시 위 현금카드를 사용하여 현금자동지급기에서 금 700,000원의 현금을 인출한 후 위 현금카드를 곧바로 A에게 반환하였다. 그런데 현금을 인출한 행위는 따로 분리되고, 갑은 카드를 절취한 사실만으로 절도죄로

상, 275면; 임웅, 304면.

2) 정/박, 303면.

기소되었다.

3. 학설

(1) 카드의 절도죄를 인정하지 않는 견해

불법영득의 객체에 관한 결합설의 입장에서는 카드라는 물체는 반환되었으므로 물체의 영득이 없음은 물론, 카드의 기능가치에 소모가 없다는 이유로 절도죄를 인정하지 않는 견해가 일반적이다.[3] 이 견해가 카드를 사용하더라도 기능가치가 소모되지 않는다고 하는 것은 자기띠의 기능, 즉 '현금을 인출할 수 있다'는 도구적 관점에서의 추상적 기능을 기능가치로 해석하기 때문이다.

수정물체설의 입장에서는 일시 사용한 후 반환한 경우에도 카드라는 물체에 대한 지배설정을 통하여 소유자가 아니면 할 수 없는 처분을 한 것이므로 절도죄를 인정함이 논리적일 것이다. 그런데 카드의 영득이란 있을 수 없다고 하여 이를 부정한다. 그러나 '카드의 영득이란 있을 수 없다'고 하는 의미가 무엇인지는 이해하기 어렵다.[4] 카드는 경제적 가치가 있는 재물로서 불법영득의 객체가 되는 것은 당연하고, 다만 일시 사용하고 반환한 경우에 물체의 영득이 인정되지 않으므로 절도죄의 성부가 문제될 뿐인 것이기 때문이다.

---

3) 김/서, 299면; 배종대, 386면; 이재상, 276면; 임웅, 390면; 정/박, 388면.

4) 정/박, 388면. 이 견해가 카드를 재물죄의 객체인 재물로 보지 않는 것도 아니다. 정교수도 그의 논문에서는 절도죄를 인정하므로("절도죄에 있어서의 불법영득의사", 저스티스 제34권 제6호, 160면) 정 교수가 형법교과서의 견해를 바꾼 것인지, 아니면 공동저자인 박광민 교수의 견해일 뿐인지 알 수 없다.

(2) 카드의 절도죄를 인정하는 견해

결합설의 입장에서도 기능가치의 실현이 있다는 이유로 절도죄를 인정하는 견해도 있다.[5] 이 견해는 "1회라도 훔친 신용카드를 사용한 경우에는 신용카드의 기능을 전면적으로 행사한 것이며, 카드 반환은 이러한 기능의 회복에 연결될 수 없다"고 하는 것으로 보아, 카드의 기능가치란 '일정한 금액을 인출하는' 현실적·구체적인 기능을 의미하며, 기능가치의 실현이란 현금을 인출할 수 있는 기능의 소모와 같은 뜻으로 사용한 것으로 이해된다.

4. 대법원의 판단

위 사안에 관하여 대법원은 카드의 경제적 가치에 소모가 없다는 이유로 절도죄를 부정하였다. "타인의 재물을 점유자의 승낙 없이 무단사용하는 경우에 있어서 그 사용으로 인하여 물건 자체가 가지는 경제적 가치가 상당한 정도로 소모되거나 또는 사용 후 그 재물을 본래 있었던 장소가 아닌 다른 곳에 버리거나 곧 반환하지 아니하고 장시간 점유하고 있는 것과 같은 때에는 그 소유권 또는 본권을 침해할 의사가 있다고 보아 불법영득의 의사를 인정할 수 있을 것이나 그렇지 아니하고 그 사용으로 인한 가치의 소모가 무시할 수 있을 정도로 경미하고 또한 사용 후 곧 반환한 것과 같은 때에는 그 소유권 또는 본권을 침해할 의사가 있다고 할 수 없어 불법영득의 의사를 인정할 수 없다. 은행이 발행한 현금카드를 사용하여 현금자동지급기에서 현금을 인출하였다 하더라도 그 현금

5) 박상기, 342면

카드 자체가 가지는 경제적 가치가 인출된 예금액 만큼 소모되었다고 할 수는 없을 것이므로 피고인이 위 현금카드를 불법영득할 의사가 있었다고 볼 수 없다"는 것이다.[6]

또한 대법원은 신용카드의 경우에도 같은 취지로 판단한다. "신용카드업자가 발행한 신용카드는 이를 소지함으로써 신용구매가 가능하고 금융의 편의를 받을 수 있다는 점에서 경제적 가치가 있다 하더라도, 그 자체에 경제적 가치가 화체되어 있거나 특정의 재산권을 표창하는 유가증권이라고 볼 수 없고, 단지 신용카드회원이 그 제시를 통하여 신용카드회원이라는 사실을 증명하거나 현금자동지급기 등에 주입하는 등의 방법으로 신용카드업자로부터 서비스를 받을 수 있는 증표로서의 가치를 갖는 것이어서, 이를 사용하여 현금자동지급기에서 현금을 인출하였다 하더라도 신용카드 자체가 가지는 경제적 가치가 인출된 예금액만큼 소모되었다고 할 수 없으므로, 이를 일시 사용하고 곧 반환한 경우에는 불법영득의 의사가 없다"는 것이다.[7]

5. 검토

(1) 기능가치로 절도죄의 성립여부를 판단할 수 있는가

결합설은 카드의 일시사용에 관하여 소위 기능가치의 소모가 인정되는가 하는 기준에 의하여 사용절도인가 절도인가를 판단한다고 하나, 본래 그 기능가치란 무엇을 가리키는지가 문제된다. 예컨

6) 대법원 1998.11.10, 98도2642.

7) 대법원 1999.7.9, 99도857.

대, 학설·판례는 서점에서 팔려고 전시한 책에 줄을 긋거나 메모를 하는 경우,[8] 모르는 타인의 자동차를 함부로 운전하여 200미터를 간 경우[9] 등을 절도죄로 인정한다. 그런데 책과 자동차의 기능가치란 무엇이며, 어떤 기능이 소모되기에 위와 같은 경우에 절도죄를 인정하는 것인가는 의문이 아닐 수 없다.

카드의 기능가치가 무엇인가도 마찬가지로 문제된다. 결합설을 취하는 입장에서도 카드의 일시 사용이 절도죄에 해당하는가의 여부에 관하여 견해에 차이를 보이는 이유는 카드의 기능가치라는 개념을 다르게 사용하는 까닭이다. 지배적 견해는 그것으로 현금을 '인출할 수 있다'는 도구로서의 추상적 기능을 기능가치라고 한다.[10] 그러한 기능은 카드를 아무리 장기간 사용하더라도 자기띄의 물리적 손상을 초래하지 않는 한 소모되지 않는다. 그러므로 이러한 추상적 기능을 기능가치라고 하여 사용절도와 절도를 구별하는 기준으로 삼는다면, 결국 물리적으로 자기띄를 손괴하지 않고 '반환하기만 하면' 카드에 대한 절도죄를 인정할 수 없다는 결론에 이를 것이다. 그렇다면 결국 그러한 의미의 기능가치는 사용절도와 절도의 구별에 사실상 도움이 되지 않는다고 해야 한다.

사용절도와 절도는 소유자를 배제하고 자신이 소유자인 것처럼

---

8) 김/서, 297면.

9) 대법원 1992.9.22, 92도1949.

10) 임웅, 305면은 "현금인출기능을 사용한 것은 사실이나, 카드를 분실당한 카드명의인은 그 사실을 카드회사 등에 신고하면 타인의 부정사용에 의한 현금인출금액에 대하여 원칙적으로 책임을 지지 않으므로 기능가치가 감소하지는 않는다"고 한다. 이를 거꾸로 해석하면, 카드명의인이 분실신고를 하지 아니하여 인출된 금액을 손해보게 되면 카드의 기능가치가 그만큼 감소된다는 취지이다. 그러므로 그 기능가치를 실제적인 현금인출기능이라고 보는 입장으로 이해된다. 그럼에도 일시적 카드의 사용이 절도죄가 아니라고 하는 이유가 무엇인지 의문이다.

이용한다는 불법영득의사의 유무에 의하여 구별하는 것이 간명하다. 타인의 카드를 훔쳐 그것으로 현금을 인출하는 행위는 카드소유자를 완전히 배제한 행위로서 카드의 불법영득으로 인정할 수 있는 것이다. 형법교과서들은 절도와 사용절도는 '소유자처럼 이용한다'는 불법영득의 적극적 요소로서는 구별할 수 없고 '소유자를 배제한다'는 소극적 요소에 의하여 구별된다고 한다. 즉 소유자를 배제하는 것이 '계속적 · 영구적 · 종국적'인 경우에 불법영득의사가 인정된다는 것이다. 다만 '계속적 · 영구적 · 종국적'이라고 하는 문언을 시간적인 의미로 사용하면, 타인의 재물을 일시 사용하고 반환하는 경우에는 불법영득이 될 수가 없다. 그러나 실제로는 일시 사용하고 반환하는 경우에도 절도를 인정해야 할 경우가 있으므로 사용절도와 절도를 구별할 필요성이 생기는 것이다. 그런 까닭에 형법교과서는 소유자를 배제하는 것이 '계속적 · 영구적 · 종국적'이어야 한다는 것과 병행하여, 일시 사용의 외관을 가지고 있으나 '권리자를 완전히 배제할 정도'의 사용행위,[11] 일시사용에 불과하나 '더 이상 동일한 물건으로 간주될 수 없는 경우', 소유자가 아니면 할 수 없는 처분을 한 경우,[12] '완전히' 자기 물건처럼 사용한 경우[13] 등을 불법영득이라고 한다.

그렇다면, 타인의 카드를 훔쳐 현금을 인출한 후 반환하는 행위는 어떻게 평가되어야 하는가? 현금카드의 본래적 사용형태는 카드와 비밀번호를 입력함으로써 현금을 인출하는 것이고, 그것은 소유자가 아니라면 할 수 없는 행위이다. 그러므로 타인의 카드를

11) 임웅, 301면.
12) 정/박, 306면.
13) 김종원, 187면.

그처럼 사용한 것은 사실상 그 카드를 '완전히' 자기의 소유물처럼 사용한 것이라고 해야 한다. 또 한번 현금을 인출하면 그 '인출범위에서는' 다시 그 기능이 회복되는 것이 아니므로 소유자를 '영구히·종국적으로' 배제한 행위로서 카드에 대한 불법영득이 있다고 볼 수 있다.

(2) 카드의 경제적 가치는 소모되지 않는가

현금카드는 예금의 범위에서, 신용카드는 허용된 신용의 범위에서 '실제로' 현금을 인출할 수 있다는 특수성으로 인하여 경제적 가치를 지닌다. 예금이 없는 현금카드나 허용된 신용이 없는 신용카드는 현금을 인출할 수 있는 '도구로서의' 소위 기능가치가 있다고 하더라도 그 실질은 공허하여 그 자체로서는 교환가치도 없으므로 재산범죄의 객체인 재물에 해당할 수 있는가 하는 점부터 의문시된다.[14] 그럼에도 '현금을 인출하더라도 그 카드 자체가 가지는 경제적 가치가 인출된 예금액만큼 소모되었다고는 할 수 없다'고 하는 논리는 수긍하기 어렵다.

위와 같은 논리는 카드와 예금통장의 가치소모를 서로 다른 관점에서 평가한다는 점에서도 부당하다. 판례는 "예금통장은 유가증권이 아니고 …그 자체에 예금액 상당의 경제적 가치가 화체되어 있는 것도 아니지만…예금액에 대한 증명기능이 있고 이러한 증명기능은 예금통장 자체가 가지는 경제적 가치라고 보아야 하므로… 인출된 예금액에 대하여는 예금통장 자체의 예금액 증명기능이 상실되고 이에 따라 그 상실된 기능에 상응한 경제적 가치도 소모된

---

14) 박상기, 341면; 배종대, 385면; 정/박, 387면 등.

다"고 한다.[15] 이것은 현금인출 사실이 가시적(可視的)으로 기재된다는 점에서 카드와는 다른 특성이 있다는 점에 특별한 의미를 부여하는 것처럼 보인다.[16] 그러나 예금액 증명기능을 경제적 가치로 보아 예금이 인출되면 그 금액만큼 경제적 가치가 소모된다고 하는 것은, 예금통장의 경제적 가치를 예금인출의 '도구'라는 형식적 관점이 아닌 '현실적 인출기능'이라는 실질적 관점에서 평가한다는 의미이다. 카드의 경우에도 예금인출사실이 카드에 가시적으로 기재되지는 않으나, 실제적인 현금인출기능은 인출금액만큼 소모된다. 그러므로 카드의 경제적 가치도 그만큼 소모된다고 해야 한다. 그럼에도 카드의 경우에는 도구로서의 기능에 변함이 없다는 이유로 경제적 가치가 소모되지 않는다고 하는 것은 그 경제적 가치를 예금통장의 그것과 다른 기준으로 평가하는 것이라는 점에서 부당하다.

(3) 카드의 가치소모를 인정할 실익

카드에 대한 절도죄를 인정하지 않는다면 카드를 훔쳐 현금자동지급기에서 현금을 인출한 행위를 절도죄라고 해야만 법감정에 맞는다. 반대로 현금인출행위를 절도죄로 처벌할 수 없다면 카드에 대한 절도죄를 인정해야만 법감정에 맞는다. 그런데 현금인출을

15) 대법원 2010.5.27, 2009도9008.

16) 실제로 법원은 그렇게 이해하는 것 같다(장준현, "타인의 예금통장을 무단사용하여 예금을 인출한 후, 예금통장을 반환한 경우 예금통장에 대한 절도죄가 성립하는지 여부", 대법원판례해설 84호, 674면 참조). 그러나 통장을 이용하지 않은 예금인출의 경우에는 그 인출사실이 통장에 기재되지 않는다. 그 경우의 통장에도 '예금액 증명기능'이 있다고 할 수는 없으며, 그 기능이 있다고 하는 것은 무의미하다. 결국 예금액증명기능이란 실제적인 예금청구권 또는 인출가능성을 의미할 때에만 경제적 가치가 있게 되는 것이다.

절도죄로 처벌할 수 있는가에 관하여는 이론상 다툼이 있다. 카드에 대한 절도죄를 인정하면 굳이 현금인출을 절도죄라고 하는 것이 타당한가를 논쟁할 필요가 없다는 실익이 있다. 즉 카드의 절취를 절도죄라고 하면 그 카드로 현금을 인출하는 행위는 이에 포섭된다고 할 수 있게 되어 현금인출행위가 절도죄에 해당하는가의 여부에 관한 논쟁이 불필요하게 되는 것이다.

물론 현금자동인출기 관리자에 대한 절도죄를 인정하는 데에 이론상 의문이 없다면 카드에 대한 절도죄를 인정할 필요성은 그만큼 줄어들 것이다. 그러므로 현금인출행위가 절도죄에 해당하는가의 여부에 관한 논쟁을 살펴볼 필요가 있다. 학계에는 현금자동지급기 관리자의 의사를 '정당한 소지인에게만 현금을 내준다'는 의사라고 해석함으로써 절도죄를 인정하는 견해와 정당한 소지인가를 묻지 않고 '정확한 비밀번호가 입력되면' 현금을 내준다는 의사라고 해석함으로써 이를 부정하는 견해가 다투어지고 있다.

현금자동지급기 관리자의 의사를 '정당한 소지인에게만 현금을 내준다'는 의사라고 해석하는 견해의 논거는 '카드를 사용할 때 비밀번호를 요구하는 것은 정당한 권리자인가를 확인하기 위한 것'이라는 데에 있다.[17] 판례도 이러한 입장이다.[18] 그러나 그것은 실제에 부합하지 않는 억지논리이다. 비밀번호의 입력은 카드의 부정사용을 예방하기 위해 마련된 절차적 요식행위일 뿐이다. 현금자동지급기 관리자의 의사는 카드가 정당한 소지인에 의하여 사용되는가를 확인할 의무가 없이 비밀번호를 입력하면 현금을 내준다

17) 이재상, 371면. 그런데 박상기 교수는 카드의 절도를 인정하면서도 현금인출기 관리자의 의사를 이와 같이 해석하고 있다(341면).

18) 대법원 1995.7.28, 95도997.

는 의사라고 해야 한다.[19] 카드 명의인이 카드를 도난당한 사실을 카드회사에 통보하기 전까지는 그 사용으로 인한 손해를 부담한다는 카드사용에 관한 약관은 바로 카드명의인도 현금자동지급기 관리자가 위와 같은 의사를 가지는 데에 동의한다는 의미이다. 따라서 현금인출행위는 이론상 절도죄가 될 수 없다고 해야 한다.

---

19) 배종대, 492면; 임웅, 398면. 손동권, 「1995년 형법중요판례평석」, 고시연구 1996.5, 173면; 전지연, "현금카드범죄에 대한 형사법적 대응방안", 한림법학 제6권, 1997, 68면; 하태훈, "현금자동인출기 부정사용에 대한 형법적 평가", 형사판례연구 (4), 335면.

제11강
정보는 절도죄에 의하여 보호될 수 없는가

1. 서언

현대에 있어서는 기업비밀에 속하는 정보의 가치가 증대되어 가므로 그것을 유출시키는 행위가 사회문제로 대두되어 있다. 기업비밀에 속하는 기술정보를 유출하는 형태는 여러 가지가 있을 수 있다. 그 정보를 보관·관리하는 자에 의하여 유출될 수도 있고, 그 정보의 처분에 관하여 아무런 권한이 없는 자에 의하여 유출될 수도 있다. 이러한 행위를 처벌하기 위해서는 부정경쟁방지법과 같은 특별법이 있으나, 형법상의 범죄로 처벌할 수 있으면 더욱 좋을 것이다.

기업의 비밀정보를 보관·관리하는 임무를 가진 자가 그 임무에 위배하여 그 정보를 유출하는 행위는 그 기업에 재산상 손해를 가하는 행위이므로 일반적으로 배임죄를 적용할 수 있을 것이다. 또한 그 정보를 기재한 서류나 정보가 저장된 컴퓨터 디스크를 훔쳐가는 경우에는 절도죄가, 그 서류나 디스크를 보관·관리하는 자가 유출하는 경우에는 횡령죄가 적용될 것이다. 그런데 정보의 보관·관리에 관하여 아무런 권한이 없는 자가 그 정보의 내용만을 빼내는 경우에는 형법의 적용이 어렵다. 정보 그 자체는 재물이 아니므로 절도죄로 처벌할 수 없기 때문이다. 다만 스스로 그 정보서류를 복사하거나 컴퓨터에 저장된 정보를 출력하여 그 복사물 또는 출력물을 가져가는 경우에는 그 복사물 또는 출력물의 소유권과 점유가 정보 소유자인 기업에 속한다고 할 것인가, 아니면 복사·출력하는 자에게 속한다고 할 것인가에 의하여 판단될 것이다.

2. 사안

주식회사 하이켐텍의 연구개발실 직원인 갑은 회사의 업무로서 직물원단고무코팅시스템을 개발하여 그 설계자료를 업무상 지급받은 노트북 컴퓨터에 저장하고 비밀로 관리하던 중, 외부인의 요구를 받고 이를 외부에 반출하기로 하여 그 개발실에서 그 시스템의 설계자료를 A2용지 2장에 출력함으로써 설계도면을 만들어 유출하였다. 갑은 절도죄로 기소되었다.[1)]

3. 학설

정보 그 자체는 유체물이 아니고 물질성을 가진 동력도 아니므

1) 이 사건의 피고인은 회사의 기술비밀인 설계자료를 보관·관리하는 직원이다. 그러므로 그가 그 자료를 외부에 유출하는 행위는 '타인(회사)의 사무를 처리하는 자로서 그 임무에 위배하여 그 타인(회사)에게 손해를 가하고 제3자로 하여금 이득하게 하였다'는 배임죄의 구성요건을 충족한다는 데에 의문의 여지가 없다. 그럼에도 하필 검찰이 절도죄로 기소함으로써 법리논쟁이 생기게 되었다.

로 재물이 될 수 없어 절도죄의 객체가 되지 않는다. 그러나 정보가 종이와 같은 소재(素材)에 기재되는 등으로 정보와 소재가 일체(一體)가 되면 그 일체물은 유체물이므로 이에 대하여는 절도죄가 성립되는 것이 물론이다. 다만 절도의 객체를 단순한 소재인 종이로 파악할 것인가, 아니면 정보와 종이가 결합된 일체물로 파악할 것인가 하는 문제가 남는다. 단순한 종이를 절도의 객체로 파악하는 것은 그 종이에 기재된 정보를 완전히 분리하는 사고이나, 이는 정보서류의 절취라는 그 행위의 진정한 의미를 외면한다는 점에서 타당하다고 하기 어렵다. 그러므로 정보와 소재의 일체물이라고 파악하면서, 그 가치도 그 정보의 가치에 의하여 판단된다고 하는 것이 옳을 것이다.

그런데 위 사안과 같이 권한이 없는 자가 타인의 정보를 취득하고자 그 타인 소유인 종이에 타인의 정보를 출력한 경우에는 범인이 먼저 피해자의 종이를 훔친 후 그 훔친 장물인 종이에 정보를 출력한 것으로 볼 것인가, 아니면 정보를 출력한 후 그 출력한 종이를 훔친 것으로 볼 것인가 하는 점이 해결될 필요가 있다. 종이를 훔친 것으로 볼 경우에는 그 경제적 가치가 사소하다는 점에서 절도죄의 성립이 의문시되고, 출력물을 훔친 것으로 볼 경우에는 비록 범인이 그 출력물을 창출하였으나 그 소유권과 점유는 피해자에게 귀속된다고 해야만 절도죄가 성립될 것이기 때문이다.

위와 같은 쟁점들에 관하여 학계에는 별다른 견해가 발표되어 있지 않다. 다만 위 사안에 관하여 대법원판례해설집에 발표된 견해는 종이를 절취한 후 그 장물인 종이에 정보를 출력한 것으로 보면서 그 출력물은 범인의 소유에 속한다고 한다. "막연하게 컴퓨터 속의 정보가 피해자의 것이고 디스켓 등이 피해자의 것이므로 그것이 결합하면 그 결합물이 당연히 피해자의 재물이 된다고 할 수 없다…피해자의 업무에 사용하려는 의사도 없었을 것이고 피해자의 소유로 하려는 생각은 하지 않았을…상황에서 생성된 정보가 담긴 디스켓 등이 피해자의 소유나 점유 하에 있는 재물이라고 보는 것은 무리가 있을 것으로 생각되고, 이는 오히려 범인이 피해자의 디스켓을 절취한 후 절취한 그 장물에 정보를 화체시킨 것으로 보는 것이 타당하다"는 것이다.[2)]

4. 대법원의 판단

위 사안에 관하여 하급심들은 모두 설계도면의 절도죄로서 유죄를 선고하였으나, 대법원은 다음과 같은 이유로 원심을 파기환송하였다.[3)]

"우선 절도죄의 객체는 관리가능한 동력을 포함한 재물에 한한다 할 것이고, 또 절도죄가 성립하기 위해서는 그 재물의 소유자 기타 점유자의 점유 내지 이용가능성을 배제하고 이를 자신의 점유 하에 배타적으로 이전하는 행위가 있어야만 할 것인바, 컴퓨터에 저장되어 있는 정보 그 자체는 유체물이라고 볼 수도 없고, 물질성을 가진 동력도 아니므로 재물이 될 수 없다 할 것이며, 또 이를 복사하거나 출력하였다 할지라도 그 정보 자체가 감소하거나 피해자의 점유 및 이용가능성을 감소시키는 것이 아니므로 그 복사나 출력 행위를 가지고 절도죄를 구성한다고 볼 수도 없다 할

---

2) 이주현, "컴퓨터에 저장된 정보에 대한 절도죄의 성부", 대법원판례해설 43호, 621~623면,

3) 대법원 2002.7.12, 2002도745.

것인바, 위 법리에 비추어 이 사건을 살피건대, 만약 이 사건 공소사실이 위 컴퓨터에 저장되어 있는 위 시스템의 설계 자료를 절취하였다는 것이라면, 이는 절도죄의 객체가 될 수 없는 '정보'를 절취하였다는 것이 되어 절도죄를 구성하지 아니한다 할 것이다.

다음으로 이 사건 공소사실이 위 컴퓨터에 저장되어 있는 위 시스템을 종이에 출력하여 생성된 '설계도면'을 절취한 것으로 본다면, 이 사건 공소사실 자체에 의하더라도 피고인이 위 시스템의 설계도면을 빼내가기 위하여 위 컴퓨터에 내장되어 있던 위 설계도면을 A2용지에 2장을 출력하여 가지고 나왔다는 것이어서, 이와 같이 피고인에 의하여 출력된 위 설계도면은 피해 회사의 업무를 위하여 생성되어 피해 회사에 의하여 보관되고 있던 문서가 아니라, 피고인이 가지고 갈 목적으로 피해 회사의 업무와 관계없이 새로이 생성시킨 문서라 할 것이므로, 이는 피해 회사 소유의 문서라고 볼 수는 없다 할 것이어서, 이를 가지고 간 행위를 들어 피해 회사 소유의 설계도면을 절취한 것으로 볼 수는 없다 할 것이다 (검사의 이 사건 공소사실은 피고인 지태선이 위 설계도면을 가지고 가 이를 절취한 사실을 문제삼는 것이 명백하다 할 것이고, 위 설계도면을 생성시키는 데 사용된 용지 자체를 절취하였다고 기소한 것으로는 보이지 않는다)."

5. 검토

(1) 정보의 불법영득

위 대법원 판결은 정보가 재물이 아니므로[4] 그에 대한 절도죄를 인정할 수 없다고 하는 데에 그치지 않고, "정보를 복사하거나 출력하였다 할지라도 그 정보 자체가 감소하거나 피해자의 점유 및 이용가능성을 감소시키는 것이 아니므로" 절도죄를 인정할 수 없다고 함으로써 정보에 대한 불법영득은 생각할 수 없다는 취지까지를 포함하고 있다. 그러나 정보가 타인에 의하여 이용되더라도 정보소유자의 이용가능성을 감소시키는 것이 아니라는 사실을 이유로 불법영득을 부정하는 것이 당연한가에 대하여는 약간의 의문이 있다.

정보의 불법영득은 정보의 가치나 소유권이 비밀성의 유지나 독점적 이용을 의미한다는 특수성과 관련하여 이해할 수도 있다고 생각하기 때문이다. 유체물에 대하여 소유자와 유사한 지배력을 행사하는 불법영득은 그 재물의 이용이나 소비를 통하여 그 가치나 소유자의 이용가능성을 감소시키는 것을 의미한다. 타인의 비밀정보를 이용할 수 있게 되었다는 것도 곧 그 정보의 지배권을 침해하여 그 정보를 피해자와의 공동소유인 것처럼 이용하는 효과를 거두게 된 것을 의미한다. 비밀정보를 타인과 공동으로 이용하더라도 정보 그 자체가 감소되는 것은 아니라는 관점에서만 파악하는 것은 정보의 특성을 고려하지 않은 것이다. 정보 자체의

4) 그러나 정보에 대한 물리적 관리가 가능하다는 사실을 전혀 부정하기 어려운 측면도 있어 정보도 재물이라고 할 여지가 전혀 없다고 할 수 있는지는 의문이다(강구진, 245면 참조). 또한 형법상 재물의 개념이 범죄에 따라 유동적이고, 유추해석금지의 한계도 명백하지 않다는 사실에 유의할 필요도 있다. 횡령죄의 객체는 '재물'이지만 그 재물에는 가치로서의 금전도 포함되고, 도박죄의 구성요건인 '재물'에도 재산상 이익이 포함되는 것으로 해석되고 있으며, 배임죄의 구성요건인 '타인의 사무'는 '타인을 위한 사무'와 동일하게 해석되고 있다. 이러한 현상은 학설·판례가 처벌의 사회적 필요성에 공감하기 때문이다. 만일 정보의 절도도 처벌해야 한다는 사회적 필요성이 절실하게 공감된다면 마찬가지의 현상이 일어날 수 있을 것이다.

'내용'이 손상되는 등 물리적으로는 감소시킴이 없이 그대로 반환되거나 그때까지 소유자의 현실적인 이용이 방해되지 않았던 경우에도 정보침해자가 그 내용을 이용할 수 있게 되면 정보의 비밀성이나 독점적 이용이라는 가치는 감소되거나 소멸된다. 그러므로 정보의 불법영득을 인정하는 것을 전혀 터무니없는 일이라고 할 이유는 없지 않을까 생각한다.

또한 실제로 대법원은 타인의 정보서류를 절취한 경우에 절도의 객체의 가치를 단순한 종이의 가치가 아니라 그 종이에 기재된 정보의 가치에 의하여 판단한다.[5] 이것은 절도의 객체를 정보와 종이의 일체물인 정보서류라고 평가하는 것을 의미한다. 이는 사실상 정보를 절도의 객체에 포함시키는 것이고, 정보에 대한 불법영득을 인정하는 셈이라고 해야 할 것이다.

(2) 설계도면의 소유권

위 대법원 판결이 설계도면의 소유권이 피고인에게 귀속된다고 하는 논거는 피고인 자신이 소유할 의사로 새롭게 생성시킨 물건이라는 데에 있다. 회사직원이 회사의 영업비밀에 속하는 특별상여금과 퇴직금의 지급내역서 등을 복사하여 가져간 행위에 관하여 회사 소유의 문서사본을 절취한 것으로 볼 수 없다고 한 판례도[6] 같은 취지이다. 그러므로 피고인이 '소유할 의사로 새롭게 생성시켰다'고 하는 의미를 검토할 필요가 있다.

본래 소유권의 취득원인은 민법이 규정하고 있다. 타인의 소유물을 재료로 하여 만든 물건은 그것을 자신이 소유할 의사로 만들

5) 대법원 1986.9.23, 86도1205 참조.

6) 대법원 1996.8.23, 95도192.

었다는 이유만으로는 소유권을 취득할 수 없다. 오히려 타인의 소유물인 재료를 합성하거나 가공한 물건은 타인의 소유로 귀속된다(민법 제257조, 제259조). 다만 예외적으로, 가공에 의하여 그 가치가 원재료보다 현저히 증가한 때에는 가공자의 소유로 될 뿐이다(민법 제259조 제1항 단서). 그 가치가 현저히 증가한 경우에는 사회통념상 원재료와는 다른 새로운 창조물이라고 평가할 수 있고, 그 가치의 증가는 가공자의 재능이나 노력 등에 의하여 발생한 것이므로 이를 가공자의 소유라고 하는 것이 타당하기 때문이다. 정보와 소재를 결합시킨 경우의 소유권귀속에 관하여는 민법이 규정한 바 없다. 그러나 물건의 결합이나 가공에 관한 위 민법의 정신에 비추어 보면, 이 사건의 설계도면의 소유권이 피고인에게 귀속된다고 할 근거는 없다고 생각된다. 이 설계도면은 기껏해야 컴퓨터의 단순한 조작에 의하여 피해회사의 소유인 설계자료와 종이를 결합시킨 것에 불과한 것으로서 설계자료보다 그 가치가 증가된 것도 아니므로 이를 설계자료와는 다른 새로운 창조물이라고 평가할 수 없기 때문이다.

그러므로 대법원이 설계도면을 피고인의 소유라고 하는 것은 수긍되지 않는다. 대법원도 무주리조트회사의 직원이 리프트탑승권 발매기의 전원을 켜고 날짜를 입력시켜 탑승권 발행화면이 나타나면 전산실의 테스트카드를 사용하여 한 장씩 찍혀 나오는 탑승권을 빼내어 가지고 가는 방법으로 취득한 사안에 있어서는 피고인이 그 탑승권을 뜯어가기 전까지는 그것이 피해회사의 소유 및 점유 하에 있다고 보아야 한다는 이유로 유가증권위조죄와 절도죄의 경합범으로 판단한 바 있다.[7] 이 탑승권의 취득사안과 위의 설계

7) 대법원 1998.11.24, 98도2967.

도면 및 서류복사물의 취득사안에 있어 그 목적물의 소유권 귀속을 다르게 판단해야 할 합리적 근거가 있다고는 생각되지 않는다. 설계도면을 피해회사의 소유라고 하는 생각을 그저 '막연하고' '무리한' 생각이라고 비판하는 견해야말로 막연하고 무리한 견해가 아닐까 생각한다. 설계도면이 피해회사의 소유로 인정되면 사회통념상 그 점유도 인정할 수 있을 것이므로 절도죄가 성립된다.

(3) 종이 2장의 절도

위 '대법원판례해설'과 같이, 피고인 갑이 회사 소유인 A2 용지 2장을 절취하여 장물인 그 종이와 설계자료를 일체화한 것이므로 그 일체물인 설계도면이 피고인 갑의 소유가 된다는 논리가 타당한 경우도 있음은 사실이다. 즉 피고인 갑이 타인의 사무실에 있는 종이를 집어 컴퓨터 프린터에 넣은 후 설계자료를 출력하는 경우에는 그렇게 해석할 수 있다. 그러나 컴퓨터 프린터에는 미리 종이가 적재(積載)되어 있는 것이 일반적 상태일 것이므로 무단으로 정보를 출력하는 자도 그러한 상태에서 출력할 것이다. 이러한 경우에는 정보의 출력행위 이전에 종이 그 자체에 대한 절도행위가 존재한다고 할 수는 없다. 그러므로 위 해설이 오히려 일반적으로는 '무리한' 논리이다.

그런데 위 사안에 관한 대법원 판결도 "설계도면을 생성시키는데 사용된 용지 자체를 절취하였다고 기소한 것으로는 보이지 않는다"고 함으로써 '설계자료를 출력하기 이전에 A2 용지 2장을 절취'한 사실은 인정할 수는 있다는 취지를 포함하고 있다. 그러므로 이 판결에 의하여 사건을 다시 심리하게 된 환송심에서 검찰은 공소사실을 'A2 용지 2장'의 절도죄로 변경하였고, 이에 관한 판결이

상고심에 이르게 되어 대법원도 이를 유죄로 판단하게 됨으로써[8] 결국 피고인 갑은 처벌되었다.

그러나 경제적 가치가 지극히 작은 재물에 대하여는 피해자의 추정적 승낙이 있거나 사회상규에 반하지 않으므로 절도죄가 성립되지 않는다는 법리에 비추건대, 정보와 일체가 되었다는 사실을 전혀 도외시하고 단순한 종이인 'A2 용지 2장'에 대한 절도죄를 인정하는 것이 타당한가 하는 기본적인 의문이 제기된다. 더구나 설계자료를 출력하기 이전의 A2 용지 2장에 대한 절도죄를 인정하는 경우에는 그 처벌의 정도도 A2 용지 2장의 경제적 가치에 따라 결정되어야 할 것이다. 그런데 실제로는 그 종이에 출력된 설계자료의 가치를 기준으로 처벌한다.[9] 이것은 결국 '종이의 절도'라고 하는 논리가 법률적 기교(技巧)를 부리는 것에 불과하다는 사실을 자인하는 것이라고 하지 않을 수 없다.

8) 대법원 2003.9.23, 2003도1560.

9) A2 용지 2장의 절도죄를 인정한 판결도 '설계도면'의 절도죄를 인정한 판결이 선고했던 형량과 같은 형량을 선고했다. 이것은 형식적으로는 A2 용지 2장의 절도라고 하지만, 실질적으로는 그 가치를 설계도면과 같게 평가했다는 것을 의미한다.

제12강
강제이득죄의 미수죄는 인정되지 않는가

1. 서언

강도죄에는 재물을 취득하는 재물강취죄와 재산상 이익을 취득하는 강제이득죄가 있다. 재산상 이익을 취득하는 형태로서는 채무이행의 연기와 같이 피해자로 하여금 권리를 행사하지 않거나 채무를 면제하는 의사표시를 하도록 하는 경우, 부동산소유권이전등기와 같은 처분행위를 하도록 하여 권리의 설정을 받는 경우, 또는 택시 운전자를 협박하여 자신이 원하는 장소까지 일정한 거리를 운행하게 하는 것처럼 대가를 지불하지 않으면 얻을 수 없는 노무를 제공하게 하는 경우 등을 생각할 수 있다.

재물의 강취는 점유의 이전이 있으므로 피해자의 처분행위가 없더라도 그 취득이 객관적으로 명백하다. 그런데 강제이득은 외견상 그 이익의 취득이 명백하지 않다. 그러므로 피해자의 처분행위가 있어야 하는가 하는 점이 주로 채무면탈과 관련하여 논의된 적이 있었으나, 현재로서는 처분행위가 없더라도 강제이득죄가 성립할 수 있다는 데에 학계의 견해가 일치하는 것으로 보인다. 재물강취의 유형에 있어서는 폭행·협박과 재물취득 사이에 인과관계만 있으면 강도죄가 성립되는 것인데, 그와 본질을 같이 하는 강제이득에 있어서 재물강취와는 달리 처분행위가 있어야 한다고 구별할 이유가 없으며, 또 강도죄에 있어서는 처분행위가 있다고 하더라도 반항이 억압된 상태에서의 처분행위이므로 법률상 처분행위로 볼 수도 없다는 것 등이 그 논거이다.

그러나 강제이득죄의 성립에 피해자의 처분행위를 필요로 하지 않는다고 하면, 특히 경제적 동기가 있는 살인의 경우 이를 모두 강도살인죄라고 하게 될 우려가 있다. 그러므로 강제이득죄가 성립되는가는 강도죄의 고의와 강도죄의 객관적 구성요건인 폭행·협박 및 그로 인한 재산상 이익의 이전이 있는가 하는 구성요건해당성 판단의 문제라고 해야 하고,[1] 경제적 동기의 살인인 경우에 그것이 단순살인죄인가 강도살인죄도 그에 따라 판단해야 한다. 형법상 재산의 개념은 경제적 재산개념설로 이해하므로 재산상의 이익의 이전이 있는가는 반드시 사법상 유효한 이득만을 의미하는 것이 아니고, 외견상 재산상의 이득을 얻을 것이라고 인정할 수 있는 사실관계만 있으면 여기에 해당된다.[2] 그런데 어떤 경우에 그러한 사실관계를 인정할 수 있는가는 그다지 간단한 문제가 아니다.

2. 사안

사안 1

갑은 채무자로서 채권자 A가 채무변제를 독촉하자 채무변제기

1) 유기천, 207~208면.
2) 대법원 1997.2.25, 96도3411.

의 유예 여부 등을 놓고 언쟁을 벌이다가 마침 바닥에 떨어져 있던 망치로 채권자 A의 뒷머리 부분을 수회 때리는 등의 방법으로 살해하였다. 그런데 채권자의 상속인 중 한 사람인 채권자의 처 B는 갑과 A 사이에 차용증서가 작성되지는 않았지만 갑에 대한 대여금 채권의 존재를 채권자 A로부터 전해 들어 알고 있었다. 그러므로 가령 갑이 채무를 면탈할 목적이 있었다고 하더라도 그 목적 달성은 불가능한 상황이었다. 갑은 강도살인죄로 기소되었다.

사안 2

갑은 자신과 룸싸롱을 동업한 적이 있는 피해자 A를 전화로 불러 오게 한 다음 가슴에 품고 있던 식칼을 A의 목에 들이대고, '룸싸롱을 경영하면서 손해를 보았으니 갑의 채권자인 B에게 금 20,000,000원을 지급한다는 내용의 지불각서를 쓰라'는 취지로 협박하다가 A가 망설인다는 이유로 위 칼로 A의 오른쪽 어깨를 1회 찔러 항거를 불능케 하여 그로 하여금 위와 같은 취지의 지불각서 1매를 쓰게 한 다음 이를 강취하고, 그로 인해 피해자 A에게 약 2주간의 치료를 요하는 우측견갑부열상을 입게 하였다. 갑은 강도상해죄로 기소되었다.

3. 학설

[사안 1]의 경우에는 우선 살해의 동기가 문제된다. 변제기의 유예와 관련된 언쟁을 하다가 우발적으로 격분하여 살해한 것이라면 단순 살인사건이라는 점에 의문의 여지가 없다. 채무를 면탈하려

는 의도로 살해한 것이라면 강도살인죄가 되는가의 여부를 판단해야 한다.

형법교과서에는 채무면탈을 목적으로 채권자를 살해하는 행위에 관하여는 단순살인죄라는 견해,[3] 강도살인죄라는 견해,[4] 채무를 면할 직접적 · 구체적 · 현실적 가능성이 있을 때에만 강도살인죄라고 해야 한다는 절충적 견해[5] 등이 대립하는 것처럼 서술되어 있다. 그러나 채무면탈목적의 살인이 언제나 단순 살인죄라고 주장하는 견해는 없다고 생각한다.[6] 또 강도살인죄라고 하는 견해가 다수설이나, 이 견해도 채무면탈의 목적만 있으면 언제나 강도살인죄라고 하는 취지는 아니라고 보인다. 즉 이득의 개연성이 있어야 강도살인죄가 성립되는 것이고, 채무를 면탈할 개연성이 없는 경우에는 강도살인죄가 성립되지 않는다는 사실을 인정하는 취지이다.[7] 그런데 절충설이 "채무면탈목적의 살인이더라도 채권자에게 차용증을 써 주거나 저당권을 설정해 주는 것과 같이 채무를 면하게 되는 것이 아닌 경우에는 단순살인죄가 성립한다"고 하는 것은 '채무면탈의 개연성이 없으면 강도살인죄가 성립되지 않는다'는 다수설의 취지와 같은 것으로 해석된다. 그렇다면 다수설과 절충설은 사실상 같은 견해가 아닌가 생각한다.

결국 학계는 채무를 면탈할 목적으로 채권자를 살해함으로써 결

3) 유기천, 220면.

4) 김성돈, 313면; 김/서, 344면; 김종원, 199면; 배종대, 424면; 이재상, 319면.

5) 오영근, 385면; 임웅, 348면.

6) 오영근, 385면은 유기천 교수의 견해를 채무면탈목적의 살인을 단순살인죄라고 주장하는 견해로 분류하고 있다. 그것은 유 교수의 저서 220면에 그렇게 오해될 내용이 기재되어 있기 때문이다. 그러나 실제로 동인은 207~208면에서 구성요건해당성의 문제임을 강조하고 있다.

7) 예컨대, 정/박, 349면.

과적으로도 채무를 면탈한 행위는 강도살인죄라고 하는 데에 일치한다. 문제는 채무를 면탈하려는 목적으로 채권자를 살해하였으나 그 목적을 이루지 못한 경우는 어떤가 하는 점이다. 이 경우에는 '목적을 이루지 못한' 이유가 무엇인지와 관련이 있게 된다. 이에 관하여 다수설은 구체적 언급을 하지 않고 있으나, 절충설의 입장에서는 강제이득이 불능범인 경우와 불능미수인 경우로 나누어 해결하고 있다. 즉 강제이득이 불능미수이면 강도살인죄이고 불능범이면 단순살인죄라고 한다.[8)]

[사안 2]에서 피고인 갑이 피해자 A로부터 지불각서를 작성하여 받는 행위는 그로 하여금 B에 대한 자신의 채무를 인수하도록 함으로써 그 채무의 면제라는 재산상 이익을 얻기 위한 행위이다. 다만 지불각서를 작성하여 받은 것만으로 피고인이 재산상 이익을 얻은 상태로서 강제이득죄의 기수라고 할 것인지, 아니면 아직 그 이익이 실현되지 아니하여 강제이득죄의 미수라고 할 것인지에 관하여는 견해의 차이가 있을 수 있다. 그러나 재산상 이익을 얻지 못하여 강제이득죄는 아직 미수의 단계라고 하더라도 강제이득죄의 실행의 착수가 인정되면 강도상해죄가 성립된다고 할 것이다.

4. 대법원의 판단

[사안 1]과 관련해서 제1,2심 판결은 피해자에 대한 채무의 지급을 면하기로 마음먹고 피해자를 살해한 것으로 인정하여 모두 강

8) 오영근, 385면; 임웅, 349면이 "채무를 면탈하지 않게 된 경우는 '불능미수는 별론으로' 단순살인죄가 된다"고 하는 것도 같은 취지일 것이다.

도살인죄를 인정하였다. 그러나 대법원은 언쟁이 일어난 원인과 범행 경위 등에 비추어 피고인이 자신의 차용금 채무를 면탈할 목적으로 피해자를 살해한 것이라고 단정하기 어렵고, 오히려 피해자가 피고인의 변제기 유예 요청을 거부하면서 피고인을 심히 모욕하는 바람에 격분을 일으켜 억제하지 못하고 살해의 범행에 이르렀다고 보는 것이 타당하다는 등의 이유로 강도살인죄를 부정하고 원심을 파기하였다.[9]

나아가 이 대법원 판결은 재산상 이익의 취득과의 관련에서도 강도살인죄를 인정할 수 없다고 설시하고 있다. 즉 "이른바 강제이득죄의 성립요건인 '재산상 이익의 취득'을 인정하기 위하여는 재산상 이익이 사실상 피해자에 대하여 불이익하게 범인 또는 제3자 앞으로 이전되었다고 볼 만한 상태가 이루어져야 하는데, 채무의 존재가 명백할 뿐만 아니라 채권자의 상속인이 존재하고 그 상속인에게 채권의 존재를 확인할 방법이 확보되어 있는 경우에는 비록 그 채무를 면탈할 의사로 채권자를 살해하더라도 일시적으로 채권자측의 추급을 면한 것에 불과하여 재산상 이익의 지배가 채권자측으로부터 범인 앞으로 이전되었다고 보기는 어려우므로, 이러한 경우에는 강도살인죄가 성립할 수 없다고 보아야 한다"는 것이며, 이 사건의 경우 "피고인과 피해자 사이에 차용증서가 작성되지는 않았지만 피해자의 그 상속인 중 한 사람인 피해자의 처가 피해자로부터 전해 들어 이미 피고인에 대한 대여금 채권의 존재를 알고 있었던 것으로 보이므로, 가사 피고인이 그 차용금 채무를 면탈할 목적으로 피해자를 살해하였다고 하더라도 이 경우에는 일시적으로 피해자측의 추급을 면한 것에 불과할 것이어서, 이러한 사정만으로 곧

9) 대법원 2004.6.24, 2004도1098.

바로 강도살인죄가 성립한다고 볼 수는 없다"는 것이다.

[사안 2]에 대해서 원심은 피해자가 강요에 의하여 "돈 20,000,000원을 엄OO에게 지불한다"는 내용의 지불각서를 피고인이 부르는 대로 받아 쓴 것만으로는 피고인이나 위 엄OO에 대하여 어떤 채무부담의 의사표시를 한 것이라고 인정할 수 없을 뿐 아니라, 위 엄OO의 승낙이 없이는 채무인수행위로서의 효력도 생기지 아니하는 것이므로 피해자등의 권리의무관계에 외형적, 형식적 변동조차 일어나지 않는다"는 이유에서 권리행사방해죄 내지 상해죄에 해당함은 별론으로 하고 강도상해죄에 해당하는 것은 아니라고 판단하였다. 그런데 강도상해죄는 강도미수범이 상해를 가하더라도 성립되는 것임을 고려하면, 원심이 강도상해죄의 성립을 부정한 것은 결국 지불각서를 작성하여 받은 것만으로는 강제이득죄의 실행에 착수한 것으로도 인정되지 않는다는 취지를 포함하는 것이기도 하다.

그러나 대법원은 "강제이득죄는 권리의무관계가 외형상으로라도 불법적으로 변동되는 것을 막고자 함에 있는 것으로서 항거불능이나 반항을 억압할 정도의 폭행 협박을 그 요건으로 하는 강도죄의 성질상 그 권리의무관계의 외형상 변동의 사법상 효력의 유무는 그 범죄의 성립에 영향이 없고, 법률상 정당하게 그 이행을 청구할 수 있는 것이 아니라도 강도죄에 있어서의 재산상의 이익에 해당하는 것이며, 따라서 이와 같은 재산상의 이익은 반드시 사법상 유효한 재산상의 이득만을 의미하는 것이 아니고 외견상 재산상의 이득을 얻을 것이라고 인정할 수 있는 사실관계만 있으면 되는 것"이라고 판시하면서, '채무부담 또는 채무인수의 의사표시로 볼 수 있는지의 여부' 등을 더 심리하도록 원심을 파기환송하였다.[10] 이는 위 지불각서가 채무인수의 의사표시라면 강제이득죄의 기수가 된다는 취지를 포함하는 것이다.

5. 검토

(1) [사안 1]의 경우 - 강제이득죄의 불성립과 미수

위 [사안 1]의 경우, 피고인 갑이 순간적으로 격분하여 채권자 A를 살해한 것에 불과하다면 강도살인의 고의가 없으므로 강도살인죄가 성립되지 않는다는 것은 당연하다. 다만 위 대법원 판결이 재산상 이익의 취득과의 관련에서 강도살인죄를 부정한 이유, 즉 '피해자의 처가 피해자로부터 전해 들어 이미 피고인에 대한 대여금 채권의 존재를 알고 있었던 것으로 보이므로 비록 그 채무를 면탈할 의사로 채권자를 살해하더라도 강도살인죄가 성립되지 않는다'고 한 부분이 타당한가는 의문이다.

채무면탈목적의 살인이 강도살인죄가 되는가의 여부에 관한 학설인 절충설은 이 판결이 절충설의 입장을 취한 것으로 이해한다.[11] 그러나 일반적으로 심신장애가 없는 채무자라면 채권자에게 상속인이 존재하고 그 상속인에게 채권의 존재를 확인할 방법이 확보되어 있다는 사실을 알면서도 채무를 면탈하려는 의사로 채권자를 살해하는 경우란 있을 수 없고,[12] 위 사안의 경우 피고인 갑도 피

---

10) 대법원 1994.2.22, 93도428.

11) 임웅, 348~349면; 오영근, 385면.

12) 채무자가 채권자에게 그 채권의 존재를 아는 상속인이 존재하는 등의 사정을 알면서도 채무를 면탈하려는 의사로 채권자를 살해하는 경우는 강제이득의 불

해자의 처 B가 채권의 존재를 알고 있다는 사정을 알지 못하였을 것이라고 해야 한다. 그러한 피고인 갑의 인식을 기초로 판단하면 강제이득죄는 불능범이 아니라 불능미수라고 해야 한다. 즉 처음부터 채무면탈이 불가능하였다는 사정이 있더라도 강도살인의 고의를 인정하는 데에는 아무런 지장이 없다. 채무를 면탈하려는 고의로 범행에 착수한 이상 이미 강제이득죄의 실행에 착수한 것이고, 채무를 면탈하지 못하게 되었다는 사실은 강제이득이 미수에 그쳤다는 것을 의미하는 것에 불과하다.

그리고 강도살인죄의 주체는 강도의 실행에 착수한 자이면 족하고, 강도살인죄의 기수와 미수는 살인이 미수인가 기수인가에 따라 결정된다. 그렇다면 위 [사안 1]에서도 피고인 갑이 강제이득의 고의를 가지고 채권자 A를 살해한 경우라면 강도살인죄를 인정해야 한다. 이를 부정하는 것은 강제이득죄의 불성립과 미수를 구별하지 않는 것이거나, 형법상 강제이득죄의 미수는 인정되지 않는다는 것과 같은 의미가 되어 부당하다고 생각한다.

(2) [사안 2]의 경우 - 강제이득죄의 미수와 기수

위 [사안 2]에 관한 원심판결이 강도상해죄의 성립을 인정하지 않은 것은 지불각서를 작성하여 받은 것만으로는 재산상 이익의 이전이 완료되었다고 판단하지 않는 때문이다. 생각하건대, 피해자 A가 지불각서를 작성한 행위는 피고인 갑의 채무를 인수하는 행위라고 볼 수 있다. 다만 채권자인 B가 그 채무인수를 승낙하기 이전에는 채무인수로서의 효력이 없다(민법 제454조). 따라서 피고인 갑은 아직 채권자 B에게 채무인수 사실 그 자체를 주장할 수도 없는

능범이 될 것이다.

상황이므로 경제적재산개념설에 의하더라도 이 사안에서 '권리의무관계의 외형상 변동'이나 '재산상의 이득을 얻을 것이라고 인정할 수 있는 사실관계'를 인정할 수는 없을 것이다.[13] 피고인 갑이 피해자 A로부터 지불각서를 받은 것만으로는 재산상 이익을 취득할 단순한 '가능성'이 있게 되었음에 불과하다고 해야 하기 때문이다. 그러나 강제이득의 고의를 가지고 피해자의 반항을 억압할 정도의 상해를 가한 것이므로 강제이득죄의 실행에 착수한 사실은 인정되어야 하고, 그렇다면 재산상 이득은 실현되지 않았더라도 강도상해죄는 성립된다고 해야 한다. 원심판결이 이를 부정한 것은 강제이득죄의 불성립과 미수를 구별하지 않은 과오를 범한 것이라고 하지 않을 수 없다.

다른 한편, 대법원 판결이 지불각서가 채무인수의 의사표시라면 강제이득죄의 기수가 된다는 취지로 판단한 것도 강제이득죄의 미수와 기수를 구별하지 않은 것이라고 생각한다. 채권자가 그 채무인수를 승낙하지 않아 피고인이 채무인수사실 그 자체를 주장할 수도 없는 단계에서 피고인에게 재산상 이익이 이전되었다고 인정하는 것은 부당하다고 해야 하기 때문이다. 생각하건대, 피고인의 이득가능성은 채무인수에 대한 채권자의 승낙 전후를 비교할 때 질적으로 다르다. 그 승낙이 있은 후에는 채권자가 채무인수를 주장할 수 있으므로 외형상의 권리의무변동이 일어난다고 하지 않을 수 없고, 다만 그 변동이 유효하게 실현되는가는 피해자의 무효사유 주장여부와 그 주장의 입증여부에 좌우될 뿐이다. 그러나 채권자의 승낙이 있기 전에는 채무인수라는 권리의무의 변동이 외형상

13) 같은 취지, 최우찬, "강도죄의 경우 재산상 이익의 취득시기", 형사판례연구(3), 1996, 201면 이하.

으로도 일어나지 않는다. 그러므로 피고인으로서는 채무를 이행하지 않아도 될 '단순한 가능성'을 가지게 되었을 뿐이다.

위와 같은 단순한 이득의 가능성은 아직 강제이득죄의 미수의 단계로 보아야 함에도 이를 재산상 이익의 취득이라고 하여 강제이득죄의 기수를 인정하는 것은 배임죄에서 재산상 손해의 개념을 이해하는 사정과 맥락을 같이 하는 것으로 보인다. 배임죄는 재산상 손해를 가할 것을 구성요건으로 하는 범죄로서 미수범 처벌의 규정도 있다. 그럼에도 종래 판례는 배임죄를 위태범이라고 하면서 손해의 위험이 있으면 배임죄의 기수가 된다는 입장을 취함으로써 결국 단순한 손해발생의 '위험'과 '손해'를 동일시한 것이다. 그러나 재산상 손해와 손해의 위험은 구별되어야 하고, 손해의 위험을 손해에 포함시키려면 '현재의 손해'라고 볼 수 있는 위험만을 손해라고 해야 한다.[14] 대법원도 근래에는 '재산상 손해라고 하려면 현실적인 손해가 발생하였거나 재산상 실해 발생의 위험, 즉 경제적 관점에서 재산상 손해가 발생한 것과 사실상 같다고 평가될 정도의 위험이 발생하였다고 판단되어야 한다'는 입장으로 그 견해를 변경하였다.[15] 강제이득죄에 있어서도 재산상 이득의 가능성과 이득 그 자체는 구별되어야 하고, 이득의 가능성만으로는 아직 미수단계라고 해야 한다. 이득의 가능성만으로 기수를 인정하는 것은 명백한 침해범인 강제이득죄를 위험범화 하는 것이다.

14) 재산상 손해에 손해의 위험을 포함시키는 사고는 원래 법률적재산개념설의 결함을 시정하기 위한 것이었다. 그러나 경제적재산개념설의 입장에서는 법률적재산개념설이 손해의 위험이라고 평가하는 것도 손해 그 자체로 평가할 수 있으므로 굳이 손해의 위험을 손해에 포함시킬 이유가 없다. 즉 현재의 손해라고 평가할 수 없는 손해의 단순한 위험은 손해의 개념에서 제외해야 하는 것이다. 상세는 후술하는 '배임죄의 재산상 손해' 부분 참조.

15) 대법원 2008.6.19, 2006도4876.

제13강

준강도죄는 강도죄와 등가(等價)한가

1. 서언

형법 제335조는 "절도가 재물의 탈환을 항거하거나 체포를 면탈하거나 죄적을 인멸한 목적으로 폭행 또는 협박을 가한 때에는 강도의 예에 의하여 처벌한다"고 규정하고 있다. 절도가 일정한 목적을 가지고 폭행·협박하는 것을 강도와 같이 처벌하는 이유는 절도의 폭행·협박이 재물의 탈취와 결합되는 것이므로 그 불법한 정도가 폭행·협박을 수단으로 재물을 강취하는 강도죄와 같이 평가할 수 있기 때문이라는 데에 학설은 일치하고, 판례도 마찬가지이다.[1] 그러므로 준강도죄가 성립하기 위한 폭행·협박의 정도도 일반 강도죄와의 균형상 사람의 반항을 억압할 정도, 즉 일반적·객관적으로 체포 또는 재물탈환을 하려는 자의 체포의사나 탈환의사를 제압할 정도라고 인정되어야 한다.[2] 상대방의 반항을 억압할 정도라는 것은 실제로 피해자의 반항을 억압하였는가가 아니라, 사회통념상 객관적으로 상대방의 반항을 억압함에 족한 정도의 것

1) 대법원 1973.11.13, 73도1553.

2) 대법원 1990.4.24, 90도193.

인가를 표준으로 한다. 즉 반항을 억압하는 수단으로서 일반적·객관적으로 가능하다고 인정하는 정도면 족하고, 이는 체포되려는 구체적 상황에 비추어 체포의 공격력을 억압함에 족한 정도의 것인 여부에 따라 결정되는 것이다.[3]

판례는 절도범이 순경에게 체포당하지 않으려고 그 포승을 문다는 것이 손가락을 문 사실이 있고 도주하려다가 붙잡히게 되자 뿌리칠 때 손이 순경의 흉부에 맞은 사안,[4] 방범대원에게 발각되자 얼굴을 주먹으로 1회 때려 넘어지게 한 사안,[5] 물건을 갖고 나오다가 경비원에게 발각되어 '내 물건인 것을 사장도 잘 안다'면서 전화확인하자고 하였으나 경비원이 거부하자 시비한 끝에 폭행한 사안[6] 등을 준강도죄로 인정해 왔다. 그런데 이러한 사안들에서의 폭행·협박이 강도죄의 그것과 균형이 맞는다고 할 것인지는 심히 의심된다. 예컨대, 손을 뿌리쳐 흉부에 맞게 한 정도의 폭행을 수단으로 상대방으로부터 재물을 강취할 수는 없을 것이라는 점은 의심의 여지가 없기 때문이다. 그러므로 준강도죄의 운용이 적절한가를 검토하는 것은 매우 심각한 문제라고 생각한다.

2. 사안

갑은 을과 양주를 절취하자고 공모하여 종업원 A가 근무하는 주점에 이르렀다. 을은 그 주점이 있는 건물의 1층과 2층 계단 사이

---

3) 대법원 1985.5.14, 85도619.
4) 대법원 1959.11.6, 4292형상438.
5) 대법원 1968.4.23, 68도334.
6) 대법원 1984.7.24, 84도1167.

에서 갑과 무전기로 연락을 취하면서 망을 보고, 갑은 위 주점의 잠금장치를 뜯고 침입하여 진열장에 있던 양주 45병 시가 1,622,000원 상당을 미리 준비한 바구니 3개에 담고 있었다. 때마침 위 주점 종업원 A가 계단에서 서성거리고 있던 을을 수상히 여기고 주점으로 돌아오려고 하자 그 소리를 들은 갑은 양주를 그대로 둔 채 출입문을 열고 나왔다. 그때 A가 갑의 목을 붙잡으므로 갑은 체포를 면탈할 목적으로 목을 잡고 있던 A의 오른손을 깨무는 등 폭행했다.

3. 학설

학계는 준강도죄의 입법취지가 강도죄와의 등가성(等價性)을 고려한 데에 있다는 사실은 인정하면서도, 종래 준강도죄를 인정하는 어떤 판례에 대하여도 이의를 제기하지 않는다. 오히려 준강도죄에서 상대방의 반항을 억압한다고 할 때의 그 반항억압이란 소극적 상태에 있는 자로부터 재물을 강취하기 위한 반항억압이 아니라, 체포의사나 재물탈환의사를 억압한다는 의미라는 사실과 관련하여, "적극적 물리력을 방어하기 위한 것이므로 범인의 재물탈취로부터 소극적으로 보호하려는 강도죄의 그것과 차이가 있고… 상황에 따라 강도죄의 그것보다 경한 정도로서 충분할 수 있다"는 견해마저 있는 형편이다.[7)]

다만 학계는 절도의 미수범이 체포면탈을 위하여 폭행·협박을 한 경우에 준강도죄의 미수인가 기수인가를 논쟁한다. 과거에는 강도죄의 미수범에 관한 형법 제342조가 형법 제335조(준강도죄)의

7) 정/박, 337면.

미수범을 포함하지 않는 내용으로 규정되어 있어 준강도죄의 미수는 인정되지 않았으므로 위의 사안은 준강도죄인가, 아니면 절도미수죄와 폭행·협박죄의 경합범인가의 문제였다. 그런데 1995.12.29 형법의 일부개정으로 제342조가 준강도의 미수를 포함하는 내용으로 개정되었으므로 준강도죄에 있어서도 기수와 미수의 구별이라는 새로운 검토가 필요하게 된 것이다. 이에 관하여는 견해가 일치하지 않는다. 준강도는 절도와 폭행·협박의 결합범으로서 주된 보호법익은 재산이므로 절도의 기수·미수에 따라 결정되어야 한다는 견해,[8] 준강도죄의 폭행·협박은 재물강취의 수단이 아니라 가벌성을 증가시키는 요인에 불과하므로 폭행·협박을 기준으로 결정해야 한다는 견해,[9] 강도죄의 미수가 재물취득과 폭행·협박의 두 측면에서 결정되는 것처럼 준강도죄도 어느 한편이 미수이면 준강도죄도 미수가 된다는 견해[10] 등이 다투어지고 있는 것이다.

위 사안에 관하여도, 학계는 종래 준강도죄를 인정하는 어떤 판례에 대하여도 이의를 제기하지 않는 태도에 비추건대, 준강도죄를 인정하는 데에는 일치하면서 절도가 미수에 그친 사실로 인하여 준강도죄의 기수인가 미수인가 하는 점에 관하여만 견해를 달리할 것이다.

---

8) 김/서, 336면; 김종원, 202면; 이재상, 312면; 정/박, 341면. 손동권, 333면이 '강도죄 수준의 폭행·협박이 있을 것을 전제로 절도의 기수여부에 따라 판단해야 한다'고 하는 것도 같은 취지라고 할 수 있다.

9) 강구진, 308면; 배종대, 436면; 유기천(상), 211면.

10) 박상기, 287면; 오영근, 375면; 임웅, 341면; 이용식, "준강도죄의 예비와 기수시기", 한국형사법학의 신전개, 2008, 480면.

4. 대법원의 판단

이 사안에 관하여 대법원 전원합의체는 "형법 제335조에서 절도가 재물의 탈환을 항거하거나 체포를 면탈하거나 죄적을 인멸할 목적으로 폭행 또는 협박을 가한 때에 준강도로서 강도죄의 예에 따라 처벌하는 취지는, 강도죄와 준강도죄의 구성요건인 재물탈취와 폭행·협박 사이에 시간적 순서상 전후의 차이가 있을 뿐 실질적으로 위법성이 같다고 보기 때문이다. 그러므로 피해자에 대한 폭행·협박을 수단으로 하여 재물을 탈취하고자 하였으나 그 목적을 이루지 못한 자가 강도미수죄로 처벌되는 것과 마찬가지로, 절도미수범인이 폭행·협박을 가한 경우에도 강도미수에 준하여 처벌하는 것이 합리적이라 할 것이다. 만일 강도죄에 있어서는 재물을 강취하여야 기수가 됨에도 불구하고 준강도의 경우에는 폭행·협박을 기준으로 기수와 미수를 결정하게 되면 재물을 절취하지 못한 채 폭행·협박만 가한 경우에도 준강도죄의 기수로 처벌받게 됨으로써 강도미수죄와의 불균형이 초래된다. 위와 같은 준강도죄의 입법 취지, 강도죄와의 균형 등을 종합적으로 고려해 보면, 준강도죄의 기수 여부는 절도행위의 기수 여부를 기준으로 하여 판단하여야 한다고 봄이 상당하다"고 판단했다.[11)]

이 판결도 준강도를 강도의 예에 따라 처벌하는 취지는 실질적 위법성이 같다고 보기 때문이라는 점을 명시하면서도 피해자의 손을 깨무는 정도의 폭행을 한 피고인에 대하여 준강도죄가 성립된다는 사실에 관하여는 아무런 의문도 제기하지 않았다. 다만 과거

11) 대법원 2004.11.18, 2004도5074.

준강도죄의 미수범 처벌규정이 없던 때에 대법원은 절도미수범이 폭행·협박을 한 사안은 준강도죄가 성립한다고 함으로써[12] 폭행·협박행위를 기준으로 준강도의 불성립과 성립을 구별하였으나, 형법의 일부개정으로 준강도죄의 미수죄가 규정되었으므로 미수와 기수를 구별할 기준에 관한 견해의 대립이 생겨 그 문제를 전원합의체판결로서 판단한 것이다.

5. 검토

(1) 준강도죄의 성립요건

위 사안에서의 손을 깨무는 정도의 폭행은 결코 피해자의 반항을 억압하는 일반 강도죄의 수단이 될 수 없다는 사실에는 다툼의 여지가 없을 것이다. 그럼에도 그 정도의 폭행을 준강도의 수단으로 인정하는 밑바탕에는 아마도 일반적으로 사람은 자기가 상해를 입을 위험을 무릅쓰면서까지 체포를 수행하거나 재물을 탈환하려고 하지는 않는 것이고, 신체에 위해가 미칠 것을 느끼게 하는 정도의 폭행·협박을 가한 때에는 체포의사를 단념하게 되므로 준강도의 수단은 될 수 있다는 생각이 깔려 있기 때문일 것이다.[13]

그러나 위와 같은 생각은 체포의사의 '단념'과 '억압'을 동일시하는 것이다. 체포할 의도를 관철하지 않는 경우는 절도범의 폭행·협박에 의하여 체포할 의사가 억압된 때문인 경우도 있으나, 체포

12) 대법원 1964.11.20, 64도504; 1969.10.23, 69도1353.

13) 편집대표 이회창, 주석형법각칙(Ⅲ), 한국사법행정학회, 1993, 183면(집필자 이회창) 참조.

가 불가능한 것은 아니지만 단순히 체포의 이익과 상해의 피해를 비교하여 굳이 체포할 필요가 없다고 판단함으로써 그만두는 경우도 있다. 실제로 위 전원합의체 판결의 사안에서와 같이, '오른손을 깨무는'정도의 폭행은 체포의사를 억압할 정도라고 할 수 없다. 어쩌면 겁이 나게 하는 정도에도 해당하지 않을 것이므로 공갈죄의 폭행과 등가(等價)하다고 할 수도 없는 것이다. 그럼에도 이러한 정도의 폭행을 한 사안을 준강도죄로 인정하는 것은 준강도죄의 입법취지를 무색케 하는 것이다.

체포의사가 억압될 정도의 폭행·협박이 행해졌는가를 판단함에 있어서는 체포하려는 자의 신분이나 연령 및 그 의사의 확고한 정도 등, 판례가 말하는 바와 같이 '체포하려는 구체적 상황'에 비추어 체포활동이 진지하고 적극적이었는가의 여부를 고려해야 할 것이다. 다시 말하면, 체포의사를 억압할 정도인가는 꼭 체포하려고 했으면 그것이 사회통념상 '일반적·객관적으로' 가능하였는가에 의하여 판단해야 한다. 특히 형법조문이 재물의 탈환을 '면탈하거나'가 아니라, 재물의 탈환을 '항거하거나'라고 규정되어 있다는 사실도 중요하다. 탈환의 항거는 탈환의 면탈보다 적극적인 뉘앙스를 갖는다.

특히 준강도죄의 폭행·협박이 적극적 물리력을 방어하기 위한 것이므로 강도죄의 그것보다 가벼운 정도로서도 충분할 수 있다는 일부 견해가 타당한지는 의문이다. 준강도가 체포를 면탈하기 위하여 폭행한다고 하여 그 폭행을 방어적이라고 하는 것은 부당하다. 오히려 체포하려는 자의 공격력을 억압하기 위한 것이라는 의미에서 적극적인 성격을 가지므로 준강도죄에서 반항억압에 필요한 폭행·협박의 정도는 소극적 입장에 있는 자를 공격하는 강도죄의 폭행보다는 일반적으로 더 강도(强度)일 것이 필요하다고 해야 할 것이다.

(2) 미수와 기수의 판단기준

폭행 · 협박이 준강도죄의 구성요건적 행위라는 이유로 폭행 · 협박만을 기준으로 하거나, 그것과 절취행위 모두를 기준으로 하여 미수 · 기수를 판단해야 한다는 주장들은 논리적으로 전혀 설득력이 없는 것은 아니다. 그러나 실제로 어떻게 폭행 · 협박을 기준으로 미수 · 기수를 판단할 수 있는가 하는 점이 의문이다. 준강도의 폭행 · 협박을 미수로 인정할 수 있는 경우는 준강도의 고의로 폭행 · 협박을 개시하였으나 실제로는 상대방의 반항을 억압할 수준에 이르지 않은 정도의 폭행 · 협박에 그치거나, 객관적으로 반항을 억압할만한 수준의 폭행 · 협박을 하였으나 현실적으로 피해자가 반항을 억압당하지 아니한 경우이다.

그런데 준강도죄의 고의로 폭행 · 협박을 개시하였으나 객관적으로 피해자의 반항을 억압할 수준의 내용을 다 실현하지 못한 경우를[14] 준강도죄의 미수라고 하는 것은 합리적이지 않다. 폭행 · 협박을 수단으로 재물을 강취하는 사안에서 그 폭행 · 협박이 객관적으로 피해자의 반항을 억압할 수준에 이르지 않는 경우에는 그것이 강도죄의 수단에 해당하지 않으므로 강도미수죄가 아니라 공갈죄가 성립되는 것처럼[15] 준강도의 사안에서도 마찬가지라고 해야 하

14) 이러한 경우는 이론상의 흥미는 있으나 실제로 법률판단의 대상이 되는 사건으로 발생하지는 않을 것이다. 범인이 객관적으로 공갈죄 수준의 폭행을 한 사건에서 이를 수사하는 당사자가 준강도죄의 고의를 추궁하거나, 범인 스스로 준강도의 폭행을 할 의사를 가지고 있었다고 적극적으로 자백하는 경우는 없을 것이기 때문이다.

기 때문이다. 즉 절도범이 준강도의 고의를 가졌으나 그 폭행·협박이 객관적으로 반항을 억압할만한 수준에 이르지 않은 경우는 준강도의 구성요건에 해당하는 폭행·협박을 한 것이 아니므로 그 미수가 아니라 절도와 폭행·협박죄의 경합범이라고 하는 것이 타당할 것이다.

또한 객관적으로 피해자의 반항을 억압할 수준의 폭행·협박을 하였음에도 피해자가 현실적으로 억압되지 아니하거나 그 결과로 절도범이 체포면탈 등의 목적을 달성한 경우에 준강도죄의 미수가 된다고 하는 주장은, 일반 강도죄에서 객관적으로 피해자의 반항을 억압할만한 폭행·협박을 행하였음에도 피해자가 억압되지 아니하여 재물을 취득하지 못하거나 재물을 취득하더라도 그 폭행·협박과의 사이에 인과관계가 없는 경우에는 강도미수죄가 성립된다는 사실과 같은 맥락의 주장일지 모른다. 그러나 준강도죄와 강도죄의 미수는 다르다. 강도죄에서 피해자 반항의 억압과 재물의 취득은 구성요건이므로 이를 충족하지 못하면 미수에 그친다고 해야 하는 것에 비하여, 준강도죄에서 피해자 반항의 억압이나 체포면탈의 목적 달성 등은 구성요건이 아니므로 그러한 결과가 발생하였는가는 미수·기수의 판단과는 무관하다고 해야 할 것이다.

15) 폭행·협박기준설 또는 폭행·협박 및 절취행위기준설을 취하는 견해도 이렇게 인정한다(배종대, 414면; 임웅, 328면).

제14강
강도치상죄의 미수범은 인정되지 않는가

1. 서언

강도상해·살인죄는 고의범이므로 미수죄가 성립할 수 있는 것이 당연하고, 그 미수죄는 강도의 미수·기수와는 상관없이 상해나 살해가 미수에 그친 경우에 성립한다는 데에 다른 의견은 없다. 그런데 강도치상·치사죄는 결과적가중범이고, 결과적가중범은 과실에 의하여 결과가 발생할 경우에 성립되는 범죄이므로 이론상 그 미수란 생각할 수 없다. 형법도 종래 강도죄에 관한 미수범 규정인 제342조는 제337조(강도상해·치상죄)와 제338조(강도살인·치사죄)의 미수에 관하여는 각 그 전단 범죄(강도상해·살인죄)의 미수만을 규정함으로써 그 후단범죄인 강도치상·치사죄의 미수범은 인정하지 않는 내용임이 명백하였고, 특히 해상강도와 관련하여는 치사·상죄의 미수를 인정하지 않는다는 내용의 단서까지 두고 있었다. 그런데 1995년 형법의 일부개정으로 제342조가 "제329조 내지 제341조의 미수범은 처벌한다"는 내용으로 개정됨으로써 제337조와 제338조의 후단범죄인 강도치상·치사죄의 미수범도 인정되는 형식이 되었다. 형법은 그 외에도 인질치사상죄(제324조의 3, 4), 해상강도치사상죄(제340조 제2항, 3항) 및 현주건조물일수치사상죄(제177조 제2항)에 대한 미수범도 규정하게 되었다.

형법만이 아니라, 성폭력범죄의 처벌 및 피해자보호 등에 관한 법률 제12조도 특수강도강간치사상죄 · 특수강간치사상죄 · 친족관계에 의한 강간치사상죄 · 장애인간음치사상죄 등의 미수범을 처벌하는 규정을 두고 있다. 그러므로 이러한 결과적가중범에 대한 미수범을 처벌하는 규정을 어떻게 해석해야 하는가 하는 논의가 생기게 된 것이다.

2. 사안

갑은 생활비에 궁한 나머지 평소 알고 지내는 이웃집 가정주부 A로부터 금품을 강취할 마음을 먹고, A가 혼자 집을 지키고 있는 기회를 틈타 복면을 하고 그 집에 침입한 후 칼로 위협하며 돈을 요구하던 중 귀가하는 인기척을 느끼고 강도를 포기하고 도주하였다. 그러나 위협하는 과정에서 실수로 피해자 A를 칼에 찔리게 하여 부상을 입혔다.

3. 학설

위의 사안에서 피고인 갑이 피해자 A에게 상해를 가할 의사는 없었다고 할 것이므로 형법의 규정에 따르면 강도치상죄의 미수가 성립될 것처럼 보인다. 강도치상죄의 미수를 인정하는 것은 이론상 결과적 가중범의 미수를 인정하는 것이 된다. 그런데 학계의 다수설은 형법이 결과적가중범의 미수를 인정한 것은 입법자가 의도하지 않은 입법상의 실수[1] 라고 한다. 결과적가중범이란 기본범죄를 범한 자가 과실로 중한 결과를 발생시킨 경우로서 과실범의 미수란 있을 수 없으며, 기본범죄가 미수이더라도 중한 결과가 발생했으면 결과적가중범의 기수이기 때문이라는 것이다.

그러나 소수설은 결과적가중범의 미수죄를 인정한다.[2] 결과적가중범에서 기본범죄가 기수인 경우와 미수인 경우는 결과불법은 동일하지만, 기본범죄의 법익이 침해된 경우와 그렇지 않은 경우의 전체적 불법은 동일하지 않으므로 그 차이점이 반영되는 것이 죄형균형 내지 비례성의 원칙에 부합하며, 형법은 이러한 상관관계를 일정한 범죄에서 반영한 것이므로, 입법자의 의사를 존중해야 한다는 것이 그 논거이다. 이 입장에서는 결과적가중범의 미수를 처벌하는 규정이 없으면 기본범죄가 미수에 그친 경우에도 결과적가중범의 기수로 처벌되지만, 미수를 처벌하는 규정이 있으면 결과적가중범의 기수·미수는 기본범죄의 기수·미수에 따라 결정된다고 한다.

그런데 형법총론의 문제로서 결과적가중범을 설명함에 있어서는 "결과적가중범의 미수규정은 입법자가 의도하지 않은 것이나 명시적인 법규정을 뛰어넘는 해석을 할 수 없으므로 결과적가중범의 미수를 인정할 수밖에 없다"고 하면서도, 각론에 이르러 강도치상죄를 설명함에 있어서는 그 미수를 부정함으로써 총론과 각론이

---

1) 김/서, 총론, 478면; 박상기, 총론, 323면; 배종대, 총론, 717면; 신동운, 총론, 540~541면.
2) 손동권/김재윤, 총론, 383면; 임웅, 총론, 544면.

모순되는 견해도 있다.[3] 또 "결과적가중범의 미수를 인정하는 것이 옳다…문제는 현행 형법으로 미수처벌이 가능한가이다…미수범의 규정은 고의결합범인 강도상해죄 등에 제한적으로 적용된다고 보는 것이 타당하다…결과적 가중범의 미수규정은 입법상의 실수이므로 이를 부정하는 것이 옳다"고 함으로써 그 내용의 전후가 모순되어 그 취지를 알기도 어려운 견해도 있다.[4] 이러한 견해들은 결과적가중범의 미수를 인정하는 규정이 존재함에도 불구하고, 그것을 인정하는 데에 그만큼 이론상의 장애가 있다는 사정에서 비롯되는 결과라고 생각된다.

4. 대법원의 입장

대법원은 종래 기본범죄가 고의범으로서 그 미수를 처벌하는 경우에는 기본범죄가 미수이더라도 중한 결과가 발생한 이상, 결과적가중범은 기수가 되었다고 해석해 왔다. 강도가 미수이더라도 강도의 기회에 치상의 결과를 발생시키면 강도치상죄가 성립하고,[5] 강간이 미수에 그친 경우에도 치상의 결과를 발생시키면 강간치상죄가 성립한다[6]고 한 것 등이다. 그러나 앞에서 본 바와 같이 1995년 형법의 일부개정으로 인하여 강도치상죄의 미수범도 처벌하는 규정이 생겼으므로 새로운 해석이 필요하게 되었다. 그런데 강도미수범이 피해자에게 치사·상의 결과를 발생시킨 사례에

---

3) 박상기, 총론, 323면과 각론 290면.

4) 김/서, 총론, 478면.

5) 대법원 1986.7.23, 86도1526.

6) 대법원 1988.8.23, 88도1212.

관한 판례는 형성되어 있지 않다.

그럼에도 학계에는 "판례는 결과적가중범의 미수를 인정하는 것으로 법률이 개정된 뒤에도 해석상 인정하지 않는 방법을 택하고 있다"고 하는 견해가 있다.[7] 그러나 이 견해는 이해하기 어렵다. 이 견해가 말하는 판례란 성폭력범죄의 처벌 및 피해자보호 등에 관한 법률 제9조의 해석에 관한 대법원 1995.4.7 선고 95도94 판결이다. 이 판결은 동 법률 제6조(특수강간)의 미수에 그쳤으나 피해자를 상해한 피고인에게 성폭력범죄의 처벌 및 피해자보호 등에 관한 법률 제9조(특수강간상해)가 적용되어 기소된 사안에 관한 것이었다. 그런데 동 법률 제9조의 법정형이 너무 무거워 특수강간행위가 미수에 그친 경우에도 이 규정을 적용하면 지나치게 가혹한 결과가 된다. 대법원은 그러한 결과를 피하고자 동 법률 제9조의 주체인 '제6조(특수강간 등)의 죄를 범한 자'는 기수범만을 의미하고 미수범은 포함되지 않는다는 특이한 법해석을 함으로써 위 사안에 제9조를 적용하지 않았던 것이다.[8] 요컨대, 이 판결은 특수강간상해죄 또는 특수강간치상죄의 주체에 강간미수범이 포함되느냐에 관한 것이지, 결과적가중범의 미수를 인정할 것인가의 여부에 관한 내용이 아니다. 그뿐 아니라, 결과적가중범의 미수를 인정하는 내용인 형법 제342조도 이 판결 후인 1995.12.29 개정된 것이다. 그러므로 이 판결을 위와 같이 해석하는 위 견해는 무언가 착오를 한 것으로 생각된다.

---

7) 배종대, 총론, 327면. 정/박, 총론, 341면도 같은 취지이다.

8) 그러나 이 판결이 있은 후 입법자는 대법원의 자의적 법해석을 방지하고자 제9조를 개정하여 그 주체에 제6조의 미수범이 포함된다는 사실을 명문으로 추가하였다.

5. 검토

형법 제342조가 강도치상·치사죄의 미수를 인정하는 내용으로 개정된 것을 입법자가 '의도하지 않은' 실수라고 하는 다수설의 해석은 자의적이라고 여겨진다. 왜냐하면, 개정전후의 규정내용을 비교할 때 그 차이가 너무나 분명하므로 입법론적 비판은 별론으로 '의도적인' 개정이라고 보는 것이 마땅하기 때문이다. 그 의도를 추리하는 것은 어렵지 않다. 그간 강도치사죄는 물론, 강도치상죄만 하더라도 그 법정형 하한이 살인죄보다도 무거워 죄형균형의 원칙에 맞지 않는다는 비판은 끊이지 않았으며, 강도가 미수에 그친 경우를 강도치상죄로 인정할 경우는 그 처벌의 정도가 더욱 가혹하게 되는 경우가 많을 것이다. 그러므로 입법자는 강도행위의 미수범이 과실로 치상·치사의 결과를 발생시킨 경우에는 가혹한 결과를 피할 수 있는 형벌이 선고될 수 있도록 그 법정형을 감경하려는 형사정책적 의도에서 제342조를 개정한 것이라고 해석할 수밖에 없다.

그렇다면 법해석자의 입장에서는 입법자의 의도를 헤아려 개정내용에 따라 해석해야 한다. 형법이 특히 미수범 처벌의 규정을 둔 결과적가중범은 기본범죄의 기수·미수에 따라 그 결과적가중범의 기수·미수가 결정된다고 해야 하는 것이다. 이러한 해석은 성폭력범죄의 처벌과 피해자 보호에 관한 법률과의 관련에서 의문이 전혀 없는 것은 아니다. 동 법률 제9조는 특수강간의 미수범이 상해 또는 치상의 결과를 일으킨 때를 특수강간상해 또는 특수강간치상죄(기수)로 규정하고 있으므로 강도미수범이 치상의 결과를 일으킨 때를 강도치상죄의 미수범이라고 해석하는 것은 그 법리간의 균형이 맞지 않기 때문이다. 그러나 이러한 현상은 입법자의 의도가 성범죄자의 상해·치상은 엄벌하고 강도미수범의 치상은 그 양형을 고려하려는 의도를 가진 결과에 따른 부득이한 해석이라고 할 수밖에 없다.

또한 이러한 해석에 대하여는, 중한 결과에 대한 고의범과 과실범의 미수인정 기준이 통일적이지 못할뿐더러 재물의 취득여부는 강도치상·치사죄에 중요한 요소가 아니라는 점에서 부당하다는 비판이 가해진다.[9] 그러나 기준의 불일치는 법규의 해석상 부득이하며, 강도치상·치사죄의 기본범죄가 재산범죄라는 점을 고려할 때 재산의 취득여부를 무시할 요소라고 할 수는 없을 것이다.

9) 김/서, 총론, 478면; 배종대, 총론, 720면.

제15강 재산상 손해를 끼치지 않는 행위도 사기죄인가

1. 서언

사기죄는 재산을 보호하는 범죄이나, 그 구성요건에는 피해자에게 재산상 손해를 가한다는 요건은 규정되어 있지 않다. 그러므로 기망을 수단으로 타인의 재물을 교부받거나 재산상 이익을 취득하였으나 그에 대하여 정당한 대가를 지급함으로써 취득한 재산과 지급한 대가와의 사이에 차액이 없는 경우에도 사기죄를 인정할 것인가 하는 점이 논의된다. 학계에는 사기죄의 구성요건에 재산상 손해를 가한다는 요건이 규정되어 있지 않음을 근거로 사기죄의 성립에는 재산상 손해의 발생이 필요하지 않다는 견해와 재산상 손해의 발생은 '기술(記述)되지 아니한 구성요건'으로서 당연히 필요하다는 견해가 대립하고 있다.

이러한 논쟁은 사기죄의 보호법익인 재산을 어떤 의미의 재산으로 이해하는가에 관한 견해의 차이에서 비롯된다. 즉 사기죄의 보호법익인 재산을 전체로서의 재산으로 보는가, 아니면 처분된 당해 개별재산으로 보는가에 따라 재산상 손해의 발생이 필요한가의 여부에도 견해의 차이가 생기는 것이다. 그러나 사기죄는 재산범죄이므로 재산상 손해의 발생이 없는 경우에도 사기죄가 성립된다고 하는 것은 쉽게 납득될 수 있는 논리가 아니다. 그러므로 이러한 논의는 결국 재산상 손해라는 개념을 어떻게 이해하는가 하는 문제와도 관련이 있는 것으로 보인다.

2. 사안

갑은 대지와 그 대지위의 건물을 매매함에 있어 그 대지가 자연녹지 지역내에 있는 토지임에도 주거지역이라고 피해자 A를 기망하여 매매계약을 체결하고 계약금, 중도금으로 700만원을 교부받았다. 그런데 그 부동산의 매매가격은 그 당시의 거래실정에 비추어 정당한 가격이었다.

3. 학설

위 사안에서 갑의 행위가 사기죄가 되는가의 여부는 사기죄의 보호법익을 구체적으로 어떻게 보는가에 따라 달라질 것이나, 학계의 견해는 일치하지 않는다. 즉 재산이라고 하는 견해, 재산 이외에도 거래상의 진실성 또는 의사결정의 자유가 부차적 보호법익이라는 견해로 나뉘는 것이다. 재산이외에 거래상의 진실 또는 의사결정의 자유가 부차적인 보호법익이라고 인정하는 것은 피기망자와 재산상의 피해자가 불일치하는 경우에 독자적인 의미를 갖게 된다. 피기망자도 사기죄의 피해자로서 취급되어 친족상도례가 적용되거나 고소권이 인정될 수 있기 때문이다. 그런데 거래상의 진실이나[1] 경제적 의사결정의 자유를 침해한다는 점은 보호법익이라고 하기 보다는 기망행위의 태양에 관련되는 현상으로서 이해할 수도 있다. 그러나 그렇다고 하여 이를 굳이 보호법익에서 제외할 이유도 없다고 생각된다. 문제는 재산을 보호법익이라고 하는 데에는 일치하면서도 그 재산이 전체로서의 재산인가, 아니면 개별적인 재산인가에 관하여는 다툼이 있다는 점이다.

전체재산설은 기망에 의한 재산처분의 전후를 대비할 때 재산전체로 보아 감소가 있다면 그것이 재산상 손해이며, 상대방의 전체로서의 재산에 손해가 있을 때에 사기죄가 성립된다고 한다. 전체재산에 손해가 없는 때에도 사기죄의 성립을 인정하는 것은 사기죄를 재산죄가 아니라 처분의 자유를 보호하는 범죄로 취급하게 되는 것이어서 부당하다고 주장한다.[2] 개별재산설은 개별적인 재물 또는 재산상 이익이 침해되면 그것이 곧 재산상 손해이므로 정당한 대가가 지불되어 전체 재산에는 손해가 없더라도 사기죄가 성립된다고 주장한다.[3] 그러므로 위 판례의 사례에서도 사기죄의 성립여부에 관하여는 견해가 다르게 될 것이다. 즉 피해자는 기망을 당하여 처분행위를 한 것이므로 개별재산설이 사기죄를 인정할 것임은 물론이다. 그러나 전체재산설은 위의 사례에서 반드시 사기죄를 인정하지 않을 것인지는 단언할 수 없다.

---

1) 사실 거래상의 신의칙과 같은 것은 기망행위에 해당하는가를 판단함에 있어서 고려되는 사항이라고 해야 한다. 대법원도 그러한 입장이다(1999.2.12, 98도3549 등). 보호법익이 되는 그 거래의 진실성을 '개인적 신뢰'라고 한다면(임웅, 355면), 경제적 '의사결정의 자유'와 사실상 같은 의미가 아닐까?

2) 이재상, 327면.

3) 오영근, 397~398면.

전체재산설에 의하더라도 위 사례에서 매매대금이 정당한 시가였다는 이유만으로 사기죄가 성립되지 않는다고 단언할 수 없는 것은 재산상 손해 유무는 시장거래에서의 금전적 가치만으로 평가되는 것이 아니기 때문이다. 즉 재산의 가치는 객관적 평가자가 경제거래의 관점에서 평가하는 것이지만, 재산에 대한 개인의 개별적·구체적 관계, 필요성·효용, 사회적·경제적 목적 등을 고려하는 객관적·개별적 방법에 의하여 평가된다.[4] 따라서 전체재산설도 객관적으로 정당한 대가가 지급되었다는 이유만으로는 반드시 사기죄가 성립하지 않는다고 하는 것은 아닌 것이다. 위 사례에서도 매수인이 그 건물의 대지가 자연녹지인 사실을 알았더라면 매수하지 아니 하였으리라는 사정이 있었다면 매수로 인한 재산상 손해의 발생을 인정할 수 있는 것이므로 전체재산설에 의하여도 사기죄가 성립된다고 할 것이다. 결국 재산상 손해가 있느냐의 여부는 재산상 손해의 개념 또는 손해유무 판단의 방법과 관련되는 것이다.[5]

4. 대법원의 판단

대법원은 보호법익에 관하여 개별재산설의 입장을 취한다. 위 사안에 관하여도, "사기죄는 타인을 기망하여 그로인한 하자있는 의사에 기하여 재물의 교부를 받거나 재산상의 이익을 취득함으로써 성립되는 범죄로서 그 본질은 기망행위에 의한 재물이나 재산

4) 김성돈, 334면; 김/서, 439면; 박상기, 323면; 배종대, 473면; 이재상, 347면; 임웅, 376면.

5) 이재상, 347면.

상 이익의 취득에 있는 것이고 상대방에게 현실적으로 재산상 손해가 발생함을 요건으로 하지 아니하는 것이므로 기망수단을 써서 상대방을 착오에 빠뜨리고 재물의 교부를 받아 편취하면 그 재물의 가치에 상당한 대가를 제공하여 피기망자에게 재산상의 손해를 주지 아니하였다 해도 사기죄의 성립에는 영향이 없다"는 이유로 피고인이 피해자에게 팔기로 한 부동산의 매매가격은 그 당시의 거래실정에 비추어 정당한 가격이더라도 사기죄가 인정된다고 판단하였다.[6)]

5. 검토

상대방에게 재산상 손해가 없더라도 재물 또는 재산상 이익의 취득만으로 곧 사기죄가 성립된다는 견해는 일본의 통설·판례이기도 하다. 그러나 사기죄는 재산범죄이므로 상대방에게 재산상 손해를 가하지 않는 행위를 사기죄라고 하는 것은 상식적으로 납득하기 어렵다. 재산상 손해를 가하지 않는 행위를 사기죄라고 하는 것은 사기죄를 재산범죄가 아니라 처분의 자유를 침해하는 범죄로 취급하는 것이 된다는 점에서 부당하다고 생각된다. 다만 개별재산설이 재물의 처분 또는 재산상 이익의 처분 그 자체를 재산상 손해라고 보는 견해라면 그 의미에서는 그 자체로서 사기죄가 성립된다는 주장의 타당성을 수긍할 수도 있다.

생각하건대, 취득하려는 타인의 재산에 대한 취득자의 개인적·구체적 관계 등을 고려하여도 그 대가의 정당성이 인정되는 경우

---

6) 대법원 1985.11.26, 85도490; 같은 취지, 1998.11.10, 98도2526.

에는 그 취득을 위하여 굳이 기망수단을 사용할 필요는 없을 것이다. 재산처분자의 입장에서도 그러한 경우에는 기망에 의한 착오로 인하여 처분한 것이라고 할 이유가 없다. 결국 시장거래가격에 의한 이익과 손해가 없는 경우에 타인의 재산을 취득하기 위해 기망수단을 사용하는 이유는 곧 주관적인 사정을 고려하면 이득과 손해가 발생하기 때문이고, 재산처분자의 입장에서도 기망당하지 않았더라면 재산을 처분하지 않았으리라고 인정되는 경우에는 '보유하고자 하는 재산의 착오에 의한 처분'이 곧 손해로 귀결되는 것이다. 그러한 관점에서 본다면, 개별재산설이 '기망에 의한' 재산처분을 사기죄라고 하는 것은 곧 '재산상 손해가 있으므로' 사기죄를 인정하는 것과 같다고 생각할 수 있다. 이처럼 이해하는 것이 타당하다면, 전체재산설과 개별재산설이 본질적으로 다른 견해라고 할 필요는 없을 것이다.

그런데 위 사안에 대한 대법원 판결에서도 보듯이, 개별재산설은 정당한 가격을 지불하더라도 재산상 손해가 인정된다는 사실을 구체적으로 명시하지 않는다. 즉 대지와 건물을 기망에 의하여 매수하였으므로 사기죄가 인정된다는 것일 뿐, 매수인이 그 대지가 자연녹지내에 위치하고 있다는 사실을 알았더라면 매수하지 않았을 것이라는 사정이 존재한다는 점을 구체적으로 문제삼지 않는 것이다. 그러나 이처럼 재물의 '처분 그 자체'로서 재산상 손해가 인정된다는 형식논리로 만족하는 것은 구체적 사건에서 사기죄를 인정하는 이유가 실질적으로 타당하다는 사실을 납득시키기에 적절하지 않다. 그러므로 재산상 손해의 존재를 명확히 하는 전체재산설이 보다 타당하다고 생각한다.

실제로 개별재산설의 형식논리는 불합리한 결과를 초래하기도 한다. 예컨대, 미성년자에게는 담배를 팔지 않는 담배가게에서 미성년자가 나이를 속여 담배를 매수한 경우에도 사기죄를 인정해야 하는 불합리를 피할 수 없게 되는 것이다. 그러나 담배가게 주인이 결코 미성년자에게 담배를 팔지 않는 사람이라고 하더라도 그것은 국가의 청소년보호라는 정책목표와 관련된 개인적 관심사에 불과하다. 경제적으로 일반화된 거래목적은 담배대금의 취득이고, 가게 주인은 그 대금을 취득했으므로 사기죄는 성립되지 않는다고 해야 한다. 이와 같이 사기죄가 성립하는가의 여부는 재산처분자가 거래에 의하여 달성하려고 한 사회적 · 경제적 목적과 관련하여 실질적으로 재산상 손해의 유무를 밝혀 판단해야 할 것이다.[7)]

---

7) 같은 취지, 안동준, 187면; 일본에서는 개별재산설을 취하면서도 재산과 손해를 형식적으로 인정하는 견해에 대하여 실질적 관점을 도입해야 한다는 소위 실질적 개별재산설이 유력하게 주장되고 있다(西田典之, 刑法各論, 弘文堂, 2005, 182면; 山口 厚, 刑法各論, 有斐閣, 2005, 263면; 今井猛嘉.외 3人, 刑法各論, 有斐閣, 2007, 168면 등).

第16강 과장광고의 허용한계는 어디까지인가

1. 서언

사기죄의 기망이란 널리 거래관계에서 지켜야 할 신의칙에 반하는 행위로서 사람으로 하여금 착오를 일으키게 하는 것을 말한다. 단순히 상대방을 착오에 빠뜨리는 것만으로는 부족하고, 재산상의 거래관계에 있어서 서로 지켜야 할 신의와 성실의 의무에 반하는 정도의 기망이어야 하는 것이다. 상거래에 있어서는 어느 정도의 과장·허위선전이 행해지는 것이 관행이므로 일반 상거래의 관행과 신의칙에 비추어 시인될 수 있는 정도이면 사기죄의 기망은 아니라고 해야 한다. 현대에는 광고의 홍수가 안방까지 밀려드는 형편이므로 특히 과장광고의 한계가 문제된다. 대법원은 거래상의 신의성실의 의무에 비추어 비난받을 정도의 방법으로 허위로 고지한 경우에는 과장·허위광고의 한계를 넘어 사기죄의 기망행위에 해당한다고 한다.[1] 문제는 '상거래의 관행과 신의칙에 비추어 시인될 수 있는 정도'인가, 아니면 '비난받을 정도'인가의 판단이다. 사기죄의 성립여부에 관한 판단에서 가장 어려운 것은 바로 그 사

1) 대법원 1983.8.23, 83도1447.

안의 기망이 사기죄의 기망에 해당하는가 하는 점일 것이다.

2. 사안

백화점의 입점하여 영업을 하는 갑은 신상품을 제조하여 판매하면서 마치 과거에도 이 상품을 판매해온 것처럼 정상가격과 할인가격의 가격표를 함께 붙여 매장에 진열함으로써 과거에 그보다 높은 가격으로 판매하던 것을 특정한 할인기간에 한하여 대폭 염가매각하는 것처럼 할인율을 표시하는 방법으로 과대 허위선전하는 소위 변칙세일을 한 사실로 인하여 사기죄로 기소되었다.

3. 학설

학설이 기망행위가 될 수 있는가에 관하여 우선적으로 논의하는 문제는 기망행위의 대상이 사실에 대한 것이 아니라 가치평가인 경우에도 기망이 되는가는 하는 점이다. 가치평가란 주관적이어서 객관적 진실과의 일치여부를 입증할 수 없기 때문이다. 우리 학설은 긍정설과 부정설이 대립하는 양상을 띠우지만, 실제에 있어서는 차이가 없어 보인다. 즉 부정설도 사실주장과 가치평가가 명확히 구별되지 않는다는 점을 인정하고, 구체적으로 기망여부를 증명할 수 있는 가치평가인 경우에는 기망행위가 된다는 사실을 시인하기 때문이다. 어떠한 입장에 있건, 위 사안은 구체적으로 증명할 수 있는 가격조건에 관한 사실을 속인 것이므로 기망행위가 될 수 있다는 점에는 의문의 여지가 없다.

문제는 그것이 상거래의 관행과 신의칙에 비추어 시인될 수 있는 정도인가 하는 점이다. 그 정도에 해당하는가는 거래의 상황, 상대방의 지식 · 성격 · 경험 · 직업 등 구체적 상황을 고려하여 일반인의 입장에서 객관적으로 판단해야 한다는 점에도 다른 의견이 없다. 그러나 구체적 사안에서 어떻게 판단하는가는 판단하는 사람의 주관에 따라 다를 수 있을 것이다.

4. 대법원의 판단

위 사안에 관하여 하급심법원은 변칙세일이라는 판매행태를 "대형백화점의 난립 및 상호매출경쟁, …소비자들의 할인판매 제품에 대한 선호심리 등으로 인하여 세일이 그 본래의 취지나 기능을 상실한 채 …연중세일의 형태로까지 세일이 변칙적으로 이용됨에 따라 판매기법의 하나로 확대되기에 이르렀다"고 진단했다. 그리고이러한 변칙세일의 유래, 그 확산과정과 내용, 그밖에 소비자들은 각자 상품의 가치와 판매가격을 사전에 충분히 교량하여 구매여부를 결정하고 있고, 이 사건 변칙세일로 인하여 소비자들이 사회상규상 용인될 수 없는 손해를 입었다고 인정할 수 있는 객관적인 자료가 없는 점 등을 감안하면, 위와 같은 변칙세일이 백화점에 요구되는 거래상의 신의와 성실의무에 위배된 것으로서 사기죄의 기망행위에 해당될 정도의 행위라고는 볼 수 없다"는 이유로 무죄를 선고했다.

그러나 대법원은 다음과 같은 이유로 원심을 파기하고 유죄를 선고했다. "사기죄의 요건으로서의 기망은 널리 재산상의 거래관계에 있어서 서로 지켜야할 신의와 성실의 의무를 저버리는 모든 적극적 및 소극적 행위로서 사람으로 하여금 착오를 일으키게 하는 것을 말하며 사기죄의 본질은 기망에 의한 재물이나 재산상 이익의 취득에 있고, 상대방에게 현실적으로 재산상손해가 발생함을 그 요건으로 하지 아니한다. 이 사건에 문제가 되고 있는 변칙세일은 진실규명이 가능한 구체적 사실인 가격조건에 관하여 기망이 이루어진 경우로서, 그 사술의 정도가 사회적으로 용인될 수 있는 상술의 정도를 넘은 것이다. 비록 변칙세일이 소비자들의 그릇된 소비심리에 편승한 것이라거나 소비자들도 나름대로 가격을 교량하여 물품을 구매하였을 것이라는 점은 기망행위의 성립에 아무런 영향이 없다. 원심은 소비자들이 단순히 할인판매라는 이유만으로 상품을 구입한 것은 아니므로 기망에 의한 착오상태에서 재산처분행위를 한 것은 아니라고 판시하고 있으나, 소비자들은 백화점측의 변칙세일에 기망당하여 구매행위를 한 것이라고 보아야 하고 이와 같이 변칙할인판매와 소비자들의 구매간의 인과관계가 인정되는 이상, 비록 소비자들이 단순히 할인판매라는 이유만으로 상품을 구입한 것은 아니라고 할지라도 사기죄의 성립에 아무런 영향이 없다."[2)]

5. 검토

(1) 기망행위인가

일반적으로 상품구매자는 그 상품의 품질이나 효능과 가격을 비

2) 대법원 1992.9.14, 91도2994.

교·교량한다. 결정적 구매동기는 품질이나 효능이므로 상품의 품질이나 효능이 허위임을 알았다면 비록 고지·광고된 품질에 비하여 저렴한 가격일지라도 구매하지는 않을 것이다. 그러므로 품질을 속이는 행위는 그 사술의 정도가 사회적으로 용인될 수 있는 상술의 정도를 넘는 기망행위라고 해야 한다. 그런 의미에서 대법원이 인공적으로 재배한 삼을 마치 자연산삼의 종자를 심산유곡에 뿌려 자연상태에서 성장시킨 산양산삼이라고 허위광고하여 판매한 사안,[3] 식품의 포장을 뜯고 재포장하면서 가공일이 당일로 기재된 바코드를 붙여 마치 당일 구입되어 신선한 상품인 양 진열한 사안,[4] 한우만을 취급한다는 취지의 상호를 사용하면서 광고선전판에도 그렇게 기재하고 수입쇠고기를 판매한 사안[5] 등에 있어서 과장· 허위광고의 한계를 넘어 사기죄의 기망행위에 해당한다고 판단한 것은 쉽게 수긍된다.

그런데 위 사안은 품질이나 가격을 속인 것이 아니라, 그 품질에 상응하는 가격이라고 생각하는 정상가격에 팔면서도 마치 할인가격으로 판매하는 것처럼 속인 것일 뿐이라는 점에서 그것이 사기죄의 기망행위라고 할 수 있는가에 의문이 생긴다. 하급심은 변칙세일을 사회적으로 용인될 수 있는 판매기법의 하나로 보아 사기죄의 기망행위가 아니라고 판단했으나, 대법원은 사회적으로 용인될 상술의 범위를 넘는 기망행위라고 판단했다.

그러나 사회적으로 용인되는 판매기법과 용인될 상술의 범위를 넘는 기망행위와의 구별은 그다지 명료한 것이 아니다. 예컨대, 아

---

3) 대법원 2002.2.5, 2001도5789.

4) 대법원 1996.2.13, 95도2121.

5) 대법원 1997.9.9, 97도1561.

파트를 분양받으려는 일반인들은 아파트의 가치를 평형의 수치에 따라 판단한다는 사정에 착안하여 평형의 수치를 과장하는 분양광고는 허용되는 판매기법인가 기망행위인가? 대법원은 "그 평형의 수치를 과장하여 광고한 것이 매매대금을 산정하기 위한 기준이 된 것은 아니고, 다만 아파트의 분양을 쉽게 하기 위한 것이라면 기망행위에 해당하지 않는다"고 한다.[6] 분양가격이 과장된 평형의 수치와는 무관하다고 하더라도 분양을 받는 입장에서는 평형의 수치에 비하여 분양가격이 싸다고 생각하고 분양받는 것임에도 그 평형수치의 과장은 실제 대금을 속인 것이 아닌 한 분양기법에 불과하다는 것이다. 변칙세일도 상품구매자로서는 정상가격보다 싸다고 생각하여 구매하였을지라도 실제 정상적인 가격을 속인 것이 아니라는 점에서 분양광고와 다를 바 없다. 그럼에도 변칙세일은 용인될 상술의 범위를 넘는다고 하는 것이 합리적인지에 대하여는 의문이 남는다.

(2) 인과관계가 있는가

사기죄가 성립하려면 기망에 의한 착오와 처분행위의 사이에 인과관계가 인정되어야 한다. 즉 기망에 의한 처분행위여야 하는 것이다. 변칙세일을 허용되는 판매기법이 아니라고 해도 사기죄가 성립되려면 구매자의 구매행위와의 사이에 인과관계가 인정되어야 한다. 대법원은 "비록 변칙세일이 소비자들의 그릇된 소비심리에 편승한 것이라거나 소비자들도 나름대로 가격을 교량하여 물품을 구매하였을 것이라는 점은 기망행위의 성립에 아무런 영향이

6) 대법원 1991.6.11, 91도788.

없다…소비자들은 백화점측의 변칙세일에 기망당하여 구매행위를 한 것이라고 보아야 하고, 이와 같이 변칙할인판매와 소비자들의 구매간의 인과관계가 인정되는 이상, 비록 소비자들이 단순히 할인판매라는 이유만으로 상품을 구입한 것은 아니라고 할지라도 사기죄의 성립에 아무런 영향이 없다"고 한다. 그런데 인과관계가 인정된다고 하는 이유가 문제이다. 구매자들이 그릇된 소비심리에 편승하였거나 나름대로 가격을 '교량하여 물품을 구매한다'는 사실을 인정한다면 '변칙세일에 기망당하여 구매했다'는 사실을 인정하는 것은 모순이라고 생각되기 때문이다.

생각하건대, '단순히 할인판매라는 이유만으로' 상품을 구입한 것은 아니라고 할지라도 할인판매라는 사실이 상품을 구입할 것인지의 여부를 고려하게 되는 '기회'로 작용할 수 있다는 사실은 부인할 수 없을 것이다. 위 판결은 그처럼 단순히 기회가 되는 경우에도 인과관계가 인정된다는 취지일지도 모른다. 그렇다면 이는 부당하다고 해야 한다. 처분행위와 연관되는 모든 조건을 그 처분행위와 인과관계가 인정되는 원인이라고 할 수는 없으며, 그 조건에 관한 착오가 처분행위의 원인이 된 경우에만 인과관계를 인정해야 하기 때문이다. 즉 피기망자가 그 착오가 없어도 처분행위를 했으리라고 인정되는 때에는 그 착오와 처분행위의 사이에 인과관계를 인정할 수 없다.[7] 할인판매라는 사실은 구매자가 당해 상품을 구

---

7) 대법원 1966.10.18, 66도806. 이 판결은 갑과 을이 병원을 개설함에 있어 돈을 투자한 운영실권자는 갑이고 을은 그 고용인에 불과함에도 병에 대하여 을이 실권자로서 단독운영하는 것처럼 가장하여 속이고 병과 동업계약을 체결하고 돈을 받은 사건에 관한 것이다. 대법원은 "동업계약에 있어 갑은 을의 보증을 하고 있어 병원운영의 실권리자가 갑이냐 을이냐는 동업계약의 효력과 실행에 별다른 영향이 있는 사실이 아님이 엿보이며, 병에게 운영권자에 관한 착오가 없었더라면 동업계약을 맺지 않았을 것이라는 합리적인 사정이 나타나 있지

입하는 기회로 작용한 것에 불과하고, 실제 구매를 결정한 동기는 '품질에 비해'가격이 싸다는 데에 있었던 경우에는 할인판매하는 것이 아니라고 생각했더라도 구매했을 것이다. 그렇다면 이러한 경우에는 변칙세일과 상품구매 사이에 인과관계를 인정할 수는 없다고 해야 할 것이다.

(3) 재산상 손해가 있는가

구매자에게 재산상 손해가 발생한 것인가의 관점에서도 위 판례는 수긍하기 어렵다. 품질에 상응하는 정당한 가격으로 판매된 것이므로 객관적인 재산상의 손해가 없음은 물론, 구매자자 할인판매라는 이유만으로 상품을 구입한 것이 아닌 경우에는 할인판매라고 기망한 것은 구매자에게 주관적 의미의 재산상 손해를 가하는 요인도 될 수 없기 때문이다. 이러한 경우에도 사기죄를 인정하는 것은 사기죄를 유통체계를 규제하는 통제수단으로 활용하는 것에 불과하다.

않음에도 원심이 피고인들의 기망행위와 병의 처분행위 사이에 인과관계를 인정한 것은 잘못이라 아니할 수 없다"고 판단했다. 일반적으로 병원운영의 동업계약을 체결함에 있어 상대방이 운영실권자인가 고용인인가는 대단히 중요한 요소라고 해야 할 것이다. 그럼에도 대법원은 이 사건의 경우에는 실질적으로 별 영향을 끼치지 않았다는 관점에서 인과관계를 인정하지 않은 것이다.

제17강 사기죄의 처분행위란 무엇인가

1. 서언

사기죄가 성립되려면 기망에 의한 착오로 인한 처분행위가 있을 것이 필요하다. 처분행위란 하자 있는 의사에 의하여 직접 재산상 손해를 일으키는 작위·부작위·수인(受忍)을 말한다. 처분행위는 피기망자의 착오와 기망자의 재산취득 사이의 인과관계를 구체적으로 확정해 주는 요소이다. 재물사기죄는 피기망자의 의사에 따른 처분행위에 의하여 재물을 교부받는 행위라는 점에서 처분행위에 의하지 않고 타인의 재물을 취득하는 소위 책략(策略)절도죄와 구별된다. 보석상에서 마치 귀금속을 구입할 것처럼 가장하고 금목걸이를 건네받은 후 화장실에 다녀오겠다는 핑계를 대고 도주한 경우에는 점포주인이 그 금목걸이의 점유를 범인에게 이전하는 처분행위를 한 것은 아니라고 할 것이므로 절도죄이다.[1] 한번 시승(試乘)하겠다고 거짓말하여 자동차 주인으로부터 열쇠를 넘겨받아 운전하여 도주한 경우에는 주인이 자신의 통제범위를 벗어난 사용을 허락한 것으로 평가할 수 있으므로 점유를 이전한 처분행위가

1) 대법원 1994.8.12, 94도1487.

있어 사기죄라고 해야 할 것이다.[2)]

이와 같이 사기죄가 성립하려면 처분행위가 필요하다는 점에 관하여는 견해의 다툼이 없으나, 그 처분행위가 무엇인가에 관하여는 다툼이 있다. 처분행위라고 하려면 자기의 행위로 재물이나 재산상 이익이 타인에게 이전된다는 사실을 인식하는 처분의사가 필요한가, 그리고 다른 추가적 행위가 없이 직접 재산감소를 야기시키는 소위 처분효과의 직접성이 인정되어야 하는가 하는 점이다. 이러한 문제에 관한 견해의 차이는 사기죄의 성립범위에 영향을 미친다. 처분행위는 피기망자에 의하여 이뤄지는 것이나, 반드시 재산상의 피해자와 일치할 필요는 없다. 처분행위자(피기망자)와 재산상의 피해자가 일치하지 않을 경우는 기망행위자, 피기망자, 재산상 피해자라는 3자 관계가 형성되므로 이를 삼각사기(三角詐欺)라고 부른다. 소송사기가 그 전형적인 사례이다. 소송사기의 처분행위자는 법원이다. 그런데 학설·판례는 허위의 본안소송을 제기하는 행위는 사기죄라고 하면서도, 허위의 채권을 근거로 한 가압류신청이나 가압류는 사기죄를 구성하지 않는다고 하는 것을 쉽게 납득할 수 없다.

그러므로 처분행위란 무엇인가, 그리고 법원의 가압류명령은 처분행위가 아닌가 하는 두 가지의 문제를 검토하기로 한다.

2. 등기서류 등의 교부는 부동산의 처분행위인가

(1) 사안

갑은 A의 OO 소재 토지를 대금 9,500만원에 매수하기로 계약을

2) 대법원 1968.5.21, 68도480 참조.

체결한 후 계약금 및 중도금으로 4,500만원을 지급하고 나머지 잔금을 지급하지 않은 상태에서 사실은 A로부터 부동산매도용인감증명서 및 등기의무자본인확인서면을 교부받더라도 이를 이용하여 위 부동산에 대한 형질변경 및 건축허가를 받는 데에 사용하지 아니하고 자신 명의로 소유권이전등기를 하는 데에 사용할 생각임에도 불구하고, A에게 '형질변경 및 건축허가를 받는 데에 부동산매도용인감증명서 및 확인서면이 반드시 필요하니 이를 나에게 건네주면 위 용도로만 사용하겠다'라고 거짓말하여, 이에 속은 A로부터 부동산매도용 인감증명서 및 등기의무자 본인확인서면을 교부받은 후 이를 이용하여 갑 외 4인 명의로 소유권이전등기를 경료하였다. 피고인 갑의 행위는 위 토지에 대한 사기죄를 구성하는가.

(2) 학설·판례

위 사안에서 피고인 갑의 행위가 사기죄를 구성하는가는 A가 부동산매도용 인감증명서 및 등기의무자 본인확인서면을 교부한 행위를 위 토지에 관한 처분행위로 볼 수 있는가 의 여부에 따라 판단될 것이다. 처분행위로 볼 수 있는가는 처분의사와 처분효과의 직접성이라는 두 가지의 요소가 필요한가의 관점에서 검토할 필요가 있다.

처분의사에 관하여 학계의 다수설은 그것이 필요하다고 한다.[3] 그러나 자신의 행위가 재산상의 처분행위라는 사실을 인식할 필요는 없으며 처분의 결과 객관적인 재산감소가 있으면 된다는 견해,[4] 사기취재의 경우에는 절도죄와의 구별을 위해 처분의사가 필

3) 김성돈, 333면; 배종대, 468면; 오영근, 412면; 임웅, 368면; 정/박, 371면.

4) 박상기, 312면; 이재상, 344면.

요하지만 사기이득의 경우에는 필요하지 않다는 절충적 견해[5] 등도 주장되고 있다. 이처럼 처분의사의 필요성에 관하여는 다투는 견해들도 처분효과의 직접성이 인정되어야 한다는 데에는 견해가 일치한다. 그러나 처분행위란 착오의 인과적 진행에 불과한 것이므로 처분의사는 처분행위의 성립여부를 판가름하는 요소가 아니며, 처분효과의 직접성도 필요하지 않다는 독특한 견해도 주장되고 있다. 즉 실질적으로 점유를 상실하여 재물에 대한 지배가능성이 없고, 기망자가 재물이나 재산상 이익의 귀속을 전단할 수 있을 때 이를 가능케 한 행위를 처분행위라고 하면 충분하다는 것이다.[6] 대법원은 '처분행위란 주관적으로 처분결과를 인식하고 객관적으로는 이러한 의사에 지배된 행위'라고 함으로써[7] 다수설과 같은 입장이다.

위 사안에 있어서 사기죄가 성립되는가의 여부에 관한 쟁점은 A가 인감증명서등을 교부한 행위를 매매계약을 체결한 토지에 관한 처분행위로 볼 수 있는가 하는 점이다. A는 그 토지를 피고인의 명의로 소유권이전등기를 하는 데에 사용하도록 자신의 인감증명서 등을 교부한 것이 아닌데도 피고인 갑이 임의로 이를 사용하여 이전등기를 마친 것이기 때문에 처분의사의 존재와 처분효과의 직접성이라는 두 관점에서 모두 문제되는 것이다.

학계의 일반적 견해는 사기죄의 성립을 부정할 것이다. 처분행위에 처분의사가 필요하다고 하는 입장에서는 피해자 A에게 그 토지의 소유권을 이전하려는 의사가 없으므로 처분행위를 인정할 수

5) 김/서, 431면.

6) 안동준, 184~185면. 동인, "사기죄상의 처분행위", 이재상교수화갑기념 형사판례의 연구Ⅰ, 2003, 805~806면.

7) 대법원 1987.10.26, 87도1042 등.

없다. 처분의사가 필요하지 않다는 입장에서도 토지소유권이 이전되는 데에는 A의 등기서류의 교부 외에도 등기절차를 밟는 것이 추가적으로 필요하여 처분효과의 직접성이 인정되지 않으므로 처분행위를 인정할 수 없는 것이다.[8] 다만 처분의사가 결정적 요소가 아니고 처분효과의 직접성도 필요하지 않다는 견해는 사기죄를 인정해야 한다고 주장한다. 사기죄의 처분의사란 착오에 기한 의사로서 애당초 하자 없는 처분의사란 있을 수 없는데 기망자가 행한 재산침해부분에 대하여 기망자의 진의에 합치하는 처분의사가 없다는 이유로 사기죄가 성립하지 않는다고 한 것은 부당하고, A의 등기서류교부는 용도의 착오로 인한 것인데 용도를 속은 금전대여를 처분행위라고 하여 사기죄를 인정하는 것과 다르게 취급해야 할 이유가 없으며, 또 그것을 교부받은 자는 언제든지 재산상의 이익을 실현할 수 있는 지위를 취득하게 되었다는 점에서 그 교부로 인하여 재산상 손해도 발생한 것으로 볼 수 있으므로 사기죄의 성립을 인정해야 한다는 것이다.[9]

대법원은 '진실한 용도를 속이고 위 서류들을 교부받아 소유권이전등기를 경료하였다 하여도 위 부동산에 관한 처분행위가 있다고 할 수 없다'고 하여 사기죄의 성립을 부정했다.[10] 토지의 일부만을 매수한 자가 그 부분만을 분할이전 하겠다고 거짓말하여 소유자로부터 인장을 교부받아 토지 전부에 관하여 이전등기를 마친 경우,[11] 진실한 용도를 속이고 피해자로부터 그 인감도장을 교부받아 소유권이전등기절차에 필요한 관계서류를 작성하여 그 명의

8) 박상기, 314면.
9) 안동준, 185면 및 동인의 위 논문, 819면.
10) 대법원 2001.7.13, 2001도1289.
11) 대법원 1982.3.9, 81도1732; 같은 취지 대법원, 1984.9.25, 84도1449.

로 소유권이전등기를 마친 경우[12] 등에도 마찬가지로 판단하였다.

(3) 검토

1) 처분의사 불요설

처분행위에 처분의사가 필요하지 않다는 입장에서는 기념서명을 하는 것이라고 속여 약속어음에 서명을 하게 한 경우에는 채무부담을 인식하지 않았음에도 처분행위를 인정하게 되고, 대금지불의사가 없이 무전취식한 후 다른 핑계로 외출허락을 받고 도주한 경우에도 주인의 외출허락은 채무면제의 의사표시는 아니지만 사기죄를 인정하게 된다. 그러나 재산을 처분한다는 주관적 의사가 없는 행위를 재산의 처분행위라고 하는 것은 착오와 처분행위의 인과관계를 확장함으로써 사기죄의 성립범위를 부당하게 넓히는 것이 된다. 또한 예컨대 위와 같은 약속어음의 서명을 처분행위라고 하는 것은 그 내용을 속이고 문서에 서명하게 하는 행위는 문서위조죄에 해당한다는 법리와[13] 모순된다. 나아가 이 견해는 사기죄의 성립에는 재산상 손해가 발생할 것이 필요하다는 입장이다.[14] 그런데 약속어음의 발행이 위조된 경우에는 그 발행이 무효로서 발행인에게 재산상 손해가 발생하는 것이 아님에도 위조자에게 사기죄의 성립을 인정하는 것이 논리적인지도 의문이다.

2) 효과의 직접성 불요설

처분의사란 결정적 요소가 아니고 처분효과의 직접성도 필요하

12) 대법원 1990.2.27, 89도335.

13) 대법원 2000.6.13, 2000도778. 이러한 법리가 타당하다는 사실은 처분의사 불요설도 수긍하고 있다(박상기, 524면).

14) 박상기, 322면.

지 않다는 견해도 쉽게 수긍되지 않는다. 이 견해가 용도를 속은 등기서류의 교부를 용도를 속은 금전대여와 마찬가지로 보아 처분행위라고 하거나, 그것을 교부받은 자는 언제든지 재산상의 이익을 실현할 수 있는 지위를 취득하게 되어 재산상 손해의 발생을 인정할 수 있으므로 처분행위로 볼 수 있다고 주장하는 것은 그 행위에 대한 처벌의 필요성에 부응할 수 있다는 점에서는 타당하다고 해야 할 것이다.[15] 그러나 우선 용도를 속은 금전대여와 용도를 속은 등기서류의 교부가 동기의 착오라는 점에서 같다는 사실만으로 동질의 행위라고 평가하는 것이 타당한지는 의문이다. 금전대여의 경우는 그 용도와는 무관하게 금전대여 자체가 금전소유권을 이전하는 행위임과는 달리, 등기서류의 교부는 그 자체가 부동산소유권을 이전하는 행위는 아니기 때문이다. 또 등기에 필요한 서류를 교부받음으로써 언제든지 재산상 이익을 실현할 수 있는 지위를 가지게 되었다는 사실만으로는 곧 당해 부동산의 소유권을 취득한 것이라고 할 수는 없다. 즉 등기서류의 수령과 당해 부동산소유권의 취득은 동일한 것이 아니므로 등기서류의 교부를 부동산의 처분행위로 보아 부동산 소유권을 취득한 사기죄로 처벌하는 것은 곤란할 것으로 생각한다.

3) 결어

처분행위라고 하려면 처분의사와 처분효과의 직접성이 필요하다고 하는 견해가 타당하다고 생각된다. 용도를 속은 등기서류의

---

15) 안동준 교수가 '이러한 행위를 사기죄가 아니라고 하면 부동산절도죄를 긍정해야 하는 것인가'를 자문(185면)하는 것은 바로 처벌의 필요성을 절감하기 때문일 것이다. 그러나 사기죄가 아니라고 하더라도 문서위조, 공정증서원본불실기재죄 등에 해당하는 것이므로 처벌의 공백은 생기지 않는다.

교부는 당해 부동산을 처분한다는 의사가 존재하지 않고, 그로 인하여 부동산 소유권이 직접적으로 이전되는 것도 아니므로 부동산 소유권의 취득이라는 관점에서는 사기죄가 성립되지 않는다고 해야 할 것이다.

그러나 위 사안이 사기죄에 해당할 여지가 전혀 없다고 단정하는 것이 타당한가는 의문이다. 언제든지 부동산소유권의 이전이라는 재산상 이익을 실현할 수 있는 지위는 곧 현재의 재산상 이익이라고 평가할 수 있기 때문이다. 등기서류를 교부받은 자는 그러한 지위를 취득하게 되고, 등기서류의 교부 자체에는 처분의사와 처분효과의 직접성도 인정된다. 그러므로 언제든지 소유권을 이전할 수 있는 재산상 이익의 취득이라는 관점에서는 사기죄가 성립될 여지도 있지 않을까 생각한다. 처분효과의 직접성도 필요하지 않다는 견해와는 부동산소유권에 대한 사기인가 그 소유권취득가능성이라는 재산상 이익에 대한 사기인가 하는 법률적 구성에 차이가 있는 셈이나, 실질적으로는 같은 결론이 된다고 할 수 있다.

3. 가압류 재판은 법원의 처분행위가 아닌가

(1) 개설

채권자가 채무를 이행하지 않는 채무자를 상대로 민사소송을 제기하여 승소판결을 받고 그 판결이 확정되더라도 피고가 스스로 채무를 이행하지 않으면 원고는 그 판결을 근거로 채무자의 재산으로부터 채권액을 회수하는 강제집행의 절차를 밟아야 한다. 그런데 채무자가 그의 재산을 처분하거나 은닉함으로써 채권자가 강제집행을 통하여도 만족할만한 재산이 없다면 채권자가 받은 승소 판결은 아무런 실효도 없는 것이 되고 만다. 그러므로 채권자는 미리 채무자의 재산을 현 상태로 유지되도록 하여 강제집행을 보전할 필요가 있다. 가압류란 금전채권이나 금전으로 환산할 수 있는 채권의 집행을 보전하기 위해 집행의 대상이 되는 채무자의 일반 재산을 현상 그대로 유지해두는 것을 목적으로 하는 집행보전절차를 말한다.

상대방에 대하여 금전채권이 없음에도 허위의 채권을 원인으로 하는 소를 제기하고 허위의 증거를 제출하여 법원을 기망함으로써 승소판결을 받고자 계획한 자는 미리 허위채권을 주장하며 그 채권의 집행보전이라는 명목의 가압류 절차를 진행할 수 있다. 가압류의 신청이 있으면 법원은 변론절차 없이 가압류명령을 할 수 있다.

가압류명령이 집행된 재산은 그 자유로운 처분이 법률상 또는 사실상 제한되며, 채무자가 가압류로부터 해방되기 위해서는 가압류신청자가 주장하는 채권액을 공탁해야만 하는 손해를 입게 된다. 따라서 허위의 채권에 기하여 가압류신청을 하는 행위도 소송사기로서 처벌해야 할 필요성은 충분하다고 할 것이다. 그런데 문제는 가압류의 신청은 피고에 대하여 직접적으로 채권의 변제를 청구하는 본안소송과 그 성질이 다르다는 점에서 사기죄의 실행에 착수한 것으로 볼 수 있는가 하는 점이다.

(2) 학설 · 판례

본안소송에서는 소장을 제출할 때에 사기죄의 실행에 착수한 것으로 인정되는 것이나, 허위의 채권을 근거로 하는 가압류는 본안소송절차가 아니라 강제집행의 보전절차에 불과한 것으로서 청구의 의사를 표시한 것으로 볼 수 없으므로 사기죄의 실행의 착수를 인정할 수 없다는 것이 학계의 일반적 견해이다.[16] 이와는 달리, 허위채권에 기한 가압류를 사기죄라고 하는 견해도 없지는 않다. 다만 그 논거나 내용의 타당성이 의심스럽거나,[17] 구체적인 논거를 제시함이 없이 다른 주제의 논문 가운데에 한 줄로 언급되어 있는 정도이다.[18]

판례도 "가압류는 강제집행의 보전방법에 불과하고 그 기초가 되는 허위의 채권에 의하여 실지로 청구의 의사표시를 한 것이라고 할 수 없으므로 소의 제기 없이 가압류신청을 한 것만으로는 사기죄의 실행에 착수한 것이라고 할 수 없다"고 하며,[19] 가압류를 실행한 경우에도 같은 취지로 판단한다.[20]

(3) 검토

1) 채권청구의 의사표시

사기죄의 실행의 착수는 '불법이득의 실현에 이르는 현실적 위험성'을 포함하는 행위를 개시한 때에 인정된다.[21] 그 현실적 위험

16) 이재상, 341면; 임웅, 371면; 안동준, 178면 등.

17) 정/박, 376면은 "소송사기는 소를 제기한 때에 실행의 착수가 있으므로 허위채권에 기하여 가압류를 한 때에 사기죄의 실행의 착수가 인정된다"고 한다. 그러나 가압류는 소의 제기가 아니므로 소의 제기가 실행의 착수라는 사실이 가압류가 사기죄에 해당한다고 할 이유가 될 수는 없다. 또 가압류를 한 때에 비로소 실행의 착수가 인정된다면 가압류의 신청은 실행의 착수가 아니라고 보는 것인지도 의문이다.

18) 안경옥, "소송행위의 가벌성", 형사판례연구(10), 2002, 252면.

19) 대법원 1982.10.26, 82도1529.

20) 대법원 1988.9.13, 88도55.

성은 '전체적 범행계획의 진행과정에서 이미 행한 행위가 어떤 의미를 갖는가'에 따라 판단된다. 가압류는 채무자가 재산을 은닉하는 등으로 강제집행을 곤란하게 하는 경우에 대비하여 그 재산을 보전할 필요가 있는 경우에 인정되는 것이므로 긴급성과 밀행성(密行性)이 요구된다. 그러므로 부동산에 대한 가압류신청은 채권의 존재를 소명하는 것만으로도 가능하고, 그 신청에 대한 재판은 채무자로 지정된 자의 변론도 없이 진행될 수 있어 가압류명령은 쉽게 이뤄질 수 있다. 그리고 가압류절차는 채무자의 이의에 의하여 곧바로 본안소송으로 연결되어 진다. 따라서 가압류신청은 허위채권을 인정받을 현실적 위험성이 있는 행위라고 할 가능성이 없지 않다.

그럼에도 학설 · 판례는 가압류신청이 채권청구의 의사표시가 아니라는 점만을 중시한다. 그러나 엄밀히 말하면 채무의 이행을 청구하는 소송의 제기도 법원에 대하여 '채권을 변제하라'는 의사를 표시하는 행위라는 이유에서 실행의 착수로 인정되는 것은 아니다. 소제기는 법원에 대하여 '피고는 원고에게 채무를 변제하라'는 취지의 판결을 해달라고 청구하는 것에 불과하다. 채권을 청구하는 원고의 의사는 그 소장의 부본(副本)이 피고로 지정된 채무자에게 송달됨으로써 비로소 전달될 뿐이다. 실질적인 의미에서 '채권을 청구하는 의사의 표시'라고 볼 것인가 하는 관점에서는 소제기와 가압류의 신청 사이에 본질적인 차이가 있는 것이 아니다. 가압류의 신청은 채권의 확실한 실현을 위하여 강제집행할 재산을 확보하려는 법절차이다. 그러므로 실질적으로는 채무자로 지정된 자에게 단순히 채권을 지급하라는 내용의 판결을 구하는 소제기보다

---

21) 대법원 2003.6.13, 2003도1279.

도 오히려 더 강력한 청구의사를 표시하는 것이 된다.

2) 법원의 처분행위

소송사기의 전형적인 예는 민사소송에 있어서 법원에 대하여 허위의 사실을 주장하거나 허위의 증거를 제출함으로써 법원을 기망하여 승소판결을 얻는 경우이다. 소송사기에서의 피기망자는 법원이고, 처분행위는 판결의 선고이며, 기망에 의하여 편취하는 재산상 이익은 승소판결 그 자체이다. 피해자가 원고에게 재물을 교부하거나 재산상 이익을 제공함으로써 재산상 피해를 입게 되는 것은 판결의 결과에 따른 사실상의 결과인 것이다. 허위의 주장과 증거로써 법원을 기망하여 유리한 재판을 편취한다는 소송사기의 형태는 보전절차인 가압류 재판에서도 마찬가지이다. 소송사기는 법원을 기망하여 유리한 판결을 얻는 사기행위이므로 소송에서 주장하는 권리가 존재하지 않는 사실을 알고 있으면서도 법원을 기망한다는 인식을 가지고 소를 제기하면 이로써 실행의 착수가 인정된다.[22] 그런데 학설·판례가 가압류신청은 일반적인 소송사기와 다르게 판단하는 것은 불합리하다고 생각한다.

가압류신청을 사기죄의 실행의 착수로 보지 않는 것은 그 가압류신청을 강제집행의 보전수단이라는 관점에서만 파악하기 때문이다. 그러나 가압류명령이라는 법원의 재판을 받기 위한 절차라는 독립적 관점에서 파악하는 것도 얼마든지 가능하다. 그렇게 파악하면, 본안소송에서의 처분행위가 법원의 재판인 '판결'인 것과 같이 가압류절차에서는 법원의 재판인 가압류명령이라는 '결정'이 곧 처분행위가 된다. 즉 허위채권을 근거로 한 가압류절차에서 가

22) 대법원 2006.11.10, 2006도5811 등.

압류신청은 가압류명령이라는 재산상 이익을 편취하기 위한 사기죄의 실행의 착수이고, 가압류명령이 있으면 기수이며, 가압류의 실행은 재산상 이익의 구체적 실현인 것이다.

3) 결어

가압류는 그 자체가 재산상 이익이다. 허위채권을 주장하며 가압류를 신청하거나 가압류명령을 받아 타인의 부동산에 가압류등기를 한 행위를 사기죄의 실행의 착수가 없다고 하는 것은 곧 부정한 절차로 재산상 이익을 취득하는 행위를 형법적으로 보호하는 것이 된다. 이는 이유 없는 손해를 당하고도 형법의 보호 밖으로 방치되는 피해자로 하여금 형법의 존재이유를 의심케 하는 요인으로 작용할 수 있다. 다른 한편, 대법원은 부동산에 행하여진 가압류등기가 비록 허위채권에 기한 것인 경우에도 부동산 소유자가 기망의 방법으로 그 등기를 말소되게 하여 원상회복한 경우에는 가압류의 해제를 받는 것도 재산상 이익이라는 이유로 사기죄를 인정한다.[23] 즉 부정한 절차적 수단에 의하여 침탈된 재산상 이익의 회복을 범죄로 처벌하는 것이다. 위와 같은 법해석은 도둑질은 범죄가 아니고 도둑당한 물건을 찾아오는 행위는 범죄라는 것과 같은 본말전도(本末顚倒)의 현상이 아니겠는가?

---

23) 대법원 2007.9.20, 2007도5507.

제18강
타인의 카드로 현금을 인출한 행위는 어떤 범죄가 되는가

1. 서언

신용카드는 단순한 플라스틱판이라는 관점에서는 그 자체의 물질적 가치가 경미하여 객관적 교환가치가 없다고 해야 할 것이다. 그러나 이를 이용하여 현금지급 없이 물품을 구입할 수 있는 자격을 나타내는 것으로 경제거래의 중요한 수단이 되며, 카드회원 아닌 자에 의한 악용가능성도 있으므로 신용카드가 형법상의 재물에 해당한다는 점에 대하여는 다툼이 없다. 그리고 신용카드의 거래는 신용카드회사로부터 카드를 발급받은 사람이 그 카드를 사용하여 카드가맹점에서 물품을 구입하면 그 카드사용자가 정당한 카드소지인인 한 카드회사가 그 대금을 가맹점에 결제하고 카드사용자에 대하여 물품구입대금을 대출해 준 금전채권을 가지며, 또 카드사용자가 현금자동지급기를 통해서 현금서비스를 받아가면 현금대출관계가 성립하게 된다. 이러한 카드의 사용은 카드회사로부터 일정한 한도 내에서 신용공여가 이루어지고, 그 신용공여의 범위 내에서는 카드사용이 카드 발급 당시에 미리 포괄적으로 허용되어 있기 때문에 가능하다. 그런데 이러한 신용카드를 둘러싼 범죄의 문제는 대단히 난삽하다.

우선 기망적 수단으로 신용카드를 발급받는 행위가 사기죄를 구성하는가에 관하여부터 견해가 일치하지 않는다. 카드를 사용하여 물품을 구입하거나 현금인출의 서비스를 받더라도 신용카드업자에게 결제할 의사와 능력이 없으면서 그것을 발급받는 행위는 사기죄에 해당한다고 하는 견해가 다수설이나,[1] 부정하는 견해도 있다.[2] 판례는 사기죄의 성립을 인정하는 취지이나,[3] 타인의 성명을 모용하여 발급받는 행위는 사기죄가 된다고 볼 수는 없다는 취지이다.[4]

타인의 카드를 절취·강취·편취·갈취하여 그 카드로 가맹점에서 물품을 구입하는 행위에 관하여는 여신전문금융업법의 신용카드부정사용죄만이 아니라 사기죄가 성립한다는 데에는 학설은 일치한다.[5] 판례도 마찬가지이다.[6] 그러나 대금을 결제할 의사 없이

---

1) 김/서, 448면; 박상기, 337면; 이재상, 367면; 임웅, 391면. 김영환, "현금자동지급기의 부정사용에 관한 형법적 문제점", 형사판례연구(6), 1998, 260면; 장영민, "자기명의의 신용카드 남용행위의 죄책", 고시연구 1997.6, 66면; 오영근, 422면은 본문에서는 사기죄는 손해발생이 필요하지 않다는 이유로 사기죄의 성립을 인정하면서, 각주에서는 카드발급에 있어 심사를 철저히 하지 않는 상황으로 보아 기망행위를 인정할 수 없다고 한다.

2) 배종대, 479면; 정/박, 388면.

3) 대법원 1996.4.9, 95도2466; 대법원 1996.5.28, 96도908.

4) 대법원 2006.7.27, 2006도3126.

5) 다만 가맹점이 피기망자라는 점은 분명하나, 피해자가 누구인가에 관하여는 견해가 매우 다양하다. ⓐ카드거래로 인하여 카드회사가 대금지급의 위험을 부담하게 되므로 카드회사가 피해자라는 견해(이재상, 369면), ⓑ가맹점에 귀책사유가 있어 카드회사로부터 대금을 지급받지 못하면 가맹점이 피해자이고, 귀책사유가 없으면 카드회사가 피해자라는 견해(오영근, 428면; 임웅, 392면), ⓒ도난신고등의 의무기간을 경과하여 카드명의인이 민사책임을 부담하게 되면 카드회원이 피해자이고, 의무기간 내에 신고하여 책임을 부담하지 않는 경

자기의 카드를 사용하여 카드가맹점에서 물건을 구입하는 행위에 관하여는 견해가 일치하지 않는다. 다수설은 사기죄를 인정하나,[7] 사기죄의 성립을 부정하는 견해도 있다.[8] 판례는 사기죄를 인정한다.[9] 현금자동지급기에서 현금을 인출하는 행위에 관하여는 더욱 복잡하다. 이처럼 카드의 발급과 사용에 관련된 행위에 관하여 학설·판례의 입장이 복잡다기한 현상은 현대의 경제거래에서 카드가 가지는 기능은 대단히 증대되었음에도, 카드에 관한 법리해석은 그 경제적 활용의 수준에 맞추어 발전·정비되지 못하였기 때문이라고 할 수밖에 없다.

2. 사안

갑은 OO우체국이 관리하는 현금자동지급기에 같은 날 A로부터 강취한 국민은행 현금카드를 집어넣고 A를 협박하여 알아낸 비밀번호를 입력하여 6회에 걸쳐 현금 420만원을 인출하였다.

우에는 카드회사가 피해자라는 견해(배종대, 486면; 정/박, 387면), ⓓ통상 카드회사가 피해자이나, 가맹점에 귀책사유가 있으면 가맹점이, 카드명의인에게 귀책사유가 있으면 카드명의인이 피해자라는 견해(김/서, 451면) 등이 있다.

6) 대법원 1996.7.12, 96도1181; 대법원 1997.1.21, 96도2715 등.

7) 김/서, 448면; 박상기, 337면; 이재상, 374면.

8) 김/서, 448면; 배종대, 480면; 오영근, 432면; 정/박, 386면; 김영환, "신용카드부정사용에 관한 형법해석론의 난점", 형사판례연구(3), 1995, 308면; 안경옥, "신용카드 부정취득·사용행위에 대한 형사법적 고찰", 형사법연구 제11권, 1999, 262면이하.

9) 대법원 1996.4.9, 95도2466 등.

3. 학설

타인의 카드로 현금자동인출기에서 현금을 인출하는 행위를 어떤 범죄라고 할 것인가에 관하여는 그 카드를 취득하게 된 경위를 묻지 않고, 다만 행위의 상대가 사람이 아닌 기계라는 사실에만 착안한다. 그리하여 그 상대가 기계이므로 사기·공갈·강도의 죄 등은 생각할 수 없다는 데에 일치하고, 다만 절도죄의 성립여부와 컴퓨터등 사용사기죄의 성립여부를 논한다.

절도죄의 성립여부에 관한 논쟁은 현금자동지급기 관리자의 의사를 어떻게 해석하는가를 쟁점으로 한다. 긍정설은 현금자동지급기에 비밀번호의 입력을 요구한 것은 관리자가 정당한 소지인에게만 현금을 내주려는 의사이기 때문이라고 보는 것이 사회통념에 부합하므로 불법취득한 카드를 이용한 현금인출은 관리자의 의사에 반하여 절도죄를 구성한다고 한다.[10] 부정설은 현금자동지급기 관리자의 의사는 카드의 정당한 소지인인가를 묻지 않고 카드와 비밀번호의 입력만 있으면 현금을 내준다는 의사인 것이므로 현금을 가져오는 행위는 관리자의 의사에 반하지 않으므로 절도죄도 성립되지 않는다고 한다.[11]

또 컴퓨터등 사용사기죄(제 347조의 2)의 성립여부가 논의되는 것은 신용카드와 비밀번호의 입력으로 현금자동지급기에서 현금을 인출하는 행위는 컴퓨터등 사용 사기죄의 구성요건인 '권한 없이 정보를 입력하는 행위'에 해당하지만, 또 다른 구성요건인 '재산상 이익을 취득'하는 행위에 해당하는가의 여부가 쟁점으로 되어 견

---

10) 박상기, 341면; 이재상, 372면.

11) 배종대, 492면; 임웅, 398면.

해가 일치하지 않기 때문이다. 다수설은 재산상 이익과 재물이라는 개념이 택일적 개념이 아니라 특별 · 일반의 관계라거나, 재산상 이익의 취득이 곧 재물의 취득은 아니나 재물의 취득은 재산상 이익의 취득이라고 할 수 있다는 등의 논거에서 컴퓨터등사용 사기죄의 성립을 긍정한다.[12)] 소수설은 형법이 재물과 재산상 이익이라는 개념을 구별하여 사용하고 있어 두 개념은 대립적이고 택일적이며, 컴퓨터등 사용 사기죄는 행위의 객체를 재산상 이익으로 명시하여 한정하고 있으므로 현금인출행위는 이에 해당하지 않는다고 한다.[13)]

4. 대법원의 판단

타인의 카드로 현금을 인출한 행위에 관하여 학설이 그 카드를 취득하게 된 경위를 묻지 않음에 비하여, 대법원은 취득한 수단과의 관련에서 판단한다는 점이 다르다고 할 수 있다.

절취한 카드인 경우에는 현금자동지급기 관리자의 의사에 반하여 현금을 자기의 지배로 옮기는 것이므로 절도죄가 성립된다고 한다.[14)]

편취하거나 갈취한 카드인 경우에는 비록 하자는 있으나 피해자의 승낙에 의하여 카드를 사용할 권한을 부여받은 것이고, 금융기관도 그의 계산으로 적법하게 예금을 지불할 수밖에 없으므로 현

---

12) 김/서, 451면; 배종대, 491면; 오영근, 435면; 정/박, 389면. 이재상, 373면과 임웅, 396면은 절도죄와 택일적 관계라고 한다.

13) 박상기, 338면.

14) 대법원 1995. 7. 28, 95도997.

금지급기 관리자의 의사에 반하여 그가 점유하고 있는 현금을 절취한 것이라 하여 이를 카드의 편취·갈취행위와 분리하여 따로 절도죄로 처단할 수는 없으며, 카드의 편취·갈취행위와 이를 이용하여 현금을 인출하는 행위는 단일하고 계속된 범의 아래에서 이루어진 일련의 행위로서 포괄하여 하나의 사기죄 또는 공갈죄를 구성한다고 한다.[15)]

그런데 강취한 카드를 사용한 경우에는 편취·갈취한 카드사용의 경우와 또 다르게 판단한다. 위 사안에 관하여 원심은 편취·갈취한 카드를 사용한 경우에 관한 판례의 법리와 마찬가지의 법리를 적용하여 카드의 강취와 별도로 절도죄가 성립되는 것은 아니라는 이유로 무죄를 선고하였으나, 대법원은 이를 파기하였다. 즉 "강도죄는 공갈죄와는 달리 피해자의 반항을 억압할 정도로 강력한 정도의 폭행·협박을 수단으로 재물을 탈취하여야 성립하는 것이므로, 피해자로부터 현금카드를 강취하였다고 인정되는 경우에는 피해자로부터 현금카드의 사용에 관한 승낙의 의사표시가 있었다고 볼 여지가 없다. 따라서 강취한 현금카드를 사용하여 현금자동지급기에서 예금을 인출한 행위는 피해자의 승낙에 기한 것이라고 할 수 없으므로, 현금자동지급기 관리자의 의사에 반하여 그의 지배를 배제하고 그 현금을 자기의 지배하에 옮겨 놓는 것이 되어서 강도죄와는 별도로 절도죄를 구성한다"는 것이다.[16)]

그리고 컴퓨터등 사용 사기죄에 관하여는 학계의 소수설과 같은 논거에서 그 성립을 부정한다.[17)] 다만 판례중에는 카드명의인으로

15) 대법원 1996.9.20, 95도1728; 대법원 2005.9.30, 2005도5869.

16) 대법원 2007.5.10, 2007도1375. 같은 취지, 대법원 2007.4.13, 2007도1377.

17) 대법원 2002.7.12, 2002도2134; 대법원 2003.5.13, 2003도1178.

부터 위임을 받은 금액을 초과하는 금액이 인출되도록 입력하여 그 초과된 금액의 현금을 인출한 경우에는 컴퓨터등 사용 사기죄가 성립한다고 한 것도 있다.[18] "인출된 현금에 대한 점유를 취득함으로써 이때에 … 위임받은 금액을 넘는 부분의 비율에 상당하는 재산상 이익을 취득한 것"이라는 것이 그 이유이다.

5. 검토

(1) 절취한 카드의 사용

일부 학설과 판례가 타인의 카드를 사용하여 현금자동인출기에서 현금을 인출하는 행위를 절도죄라고 인정하는 것은 그러한 현금인출은 '정당한 카드 소지인'에게만 현금을 내준다는 현금자동지급기 관리자의 의사에 반하여 현금을 자기의 지배하에 옮겼다는 점을 논거로 하는 것이나, 그것이 부당하다는 점은 제10강에서 '카드를 훔쳐도 반환하면 무죄인가' 하는 문제로서 절도죄와 관련하여 이미 지적한 바 있다. 현금자동지급기 관리자의 의사는 카드와 맞는 비밀번호를 입력하기만 하면 정당한 소지인인가를 묻지 않고 현금을 내준다는 의사라고 해야 하며, 절도죄는 성립되지 않는다고 하는 것이 타당한 이론이라고 해야 한다.

(2) 사기 · 공갈한 카드의 사용

판례는 사기 · 공갈한 카드로 현금을 인출한 사례에서 현금인출

18) 대법원 2006.3.24, 2005도3516.

행위를 카드에 대한 사기·공갈행위와 분리하지 않고 포괄하여 하나의 사기·공갈죄를 구성한다고 판단한다.

그러나 현금인출행위는 카드에 대한 사기·공갈의 범의를 실현하는 행위일 수는 있어도 카드명의인에 대한 사기·공갈행위 그 자체에 포섭되는 성질의 행위는 아니다. 카드의 사기·공갈행위는 카드 명의인을 상대로 하는 행위이고, 현금인출행위는 현금자동인출기라는 기계를 상대로 하는 행위이기 때문이다. 현금인출행위를 카드에 대한 사기·공갈행위에 포괄되는 범죄라고 하는 것은 피기망자·피공갈자가 없는 사기·공갈죄를 인정하는 논리를 포함한다는 의미에서 불합리하다.

또 사기·공갈한 카드의 사용에 있어서 현금자동인출기 관리자인 금융기관은 기망·외포된 바 없으나 그 현금지급이 카드 명의인의 기망·외포된 의사에 따른 것이라는 이유로 사기·공갈죄를 인정하는 것은 카드 명의인의 의사를 판단기준으로 삼는 것인데, 이것은 절취한 카드로 현금을 인출하는 행위에 관하여는 현금자동인출기 관리자의 의사에 반한다는 이유로 절도죄를 인정하는 것과는 그 판단의 기준을 서로 다르게 사용한다는 점에서도 부당하다.

(3) 강취한 카드의 사용

판례는 사취·갈취한 카드를 사용하는 경우와 같이 강취한 카드의 사용에 있어서는 카드강취와 포괄하여 1죄가 된다는 논리를 사용하지 않는다. 강취한 카드의 사용에 있어서는 카드 명의인이 카드 사용을 승낙하는 의사를 표시했다고 볼 여지가 없다는 것이 그 이유이다. 그러나 카드 명의인의 의사를 기준으로 판단한다면, 바로 그 명의인의 의사가 반항이 억압된 의사라는 사실을 근거로 강도죄를 인정하는 것이 논리적 일관성을 유지하는 것이 아닐까 생각된다.

(4) 컴퓨터등 사용 사기죄의 성립 여부

형법은 재물과 재산상 이익이라는 개념을 구별하여 규정하고 있다. 사기죄에 있어서도 재물죄와 이득죄를 따로 규정하면서도 컴퓨터등 사용 사기죄에 있어서는 그 객체를 재산상 이익으로 한정하고 있다. 그러므로 타인의 카드로 현금을 인출하는 행위는 컴퓨터등 사용 사기죄에 해당하지 않는다고 하는 것이 해석상 부득이하다. 입법론적으로 컴퓨터등사용사기죄의 구성요건에 재물도 포함시켜야 할 것이라는 점은 별개의 문제이다. 판례도 같은 입장이다.[19]

그런데 판례 중에는 카드명의인으로부터 위임을 받은 금액을 초과하는 금액이 인출되도록 입력하여 그 초과된 금액의 현금을 인출한 경우에는 컴퓨터등 사용 사기죄가 성립한다고 한 판례도 있다. 즉 "인출된 현금에 대한 점유를 취득함으로써 이때에 … 위임받은 금액을 넘는 부분의 비율에 상당하는 재산상 이익을 취득한 것"이라는 것이 그 이유이다. 그러나 그 타당성은 의문이다. 위임받은 범위를 초과한 금액을 영득할 의사가 있었다는 이유만으로 그 금액 해당의 금전이 재물성을 상실한다고 볼 이유가 있을까? 물론 인출한 현금 총액과 인출을 위임받은 금액을 넘는 부분은 일정의 비율로 계산될 수 있다. 그러나 비율로 계산된다는 사실은 특

19) 대법원 2002.7.12, 2002도2134; 대법원 2003.5.13, 2003도1178.

정 화폐로서의 개성이 무시된다는 특성을 반영할 뿐이다. 현금을 인출할 때 인출자는 그 인출금의 보관자가 되는 것으로서 위임받은 범위를 초과한 금액을 분리·보관하는 등으로 불법영득의사가 표현될 때에 이를 횡령한 것이라고 보거나, 타인의 사무처리자로서의 임무에 위배한 배임행위라고 해야 할 것이다. 횡령죄인가 배임죄인가는 두 죄의 구별에 관한 문제이다.

(5) 결어

위에서 본 바와 같이, 판례의 이론은 일관성이 없다. 일관성이 없다는 사실은 곧 그 견해의 타당성을 의심케 하는 요인이 된다. 판례가 절취·강취·사기·공갈한 카드를 사용하여 현금을 인출한 행위를 각 절도·절도·사기·공갈죄라고 하는 것은 그 카드를 사용한 현금인출행위에 대한 처벌필요성을 중시하는 취지이겠으나, 처벌의 필요성은 이미 카드의 절도·강도·사기·공갈죄를 인정함으로써 충족된다. 그러므로 현금인출행위는 불가벌적 사후행위로 평가하는 것이 좋지 않을까 생각한다.

제19강
불법원인위탁물의 영득은 횡령죄인가 무죄인가

1. 서언

민법 제746조 본문의 "불법의 원인으로 인하여 재산을 급여하거나 노무를 제공한 때에는 그 이익의 반환을 청구하지 못한다"는 규정은 공평과 신의칙의 관점에서 부당이득을 원인으로 한 반환청구만이 아니라 소유권에 기한 반환청구에도 협조하지 않는다는 의미로 해석되고, 그 결과의 반사적 효과로서 수급자는 그 급여의 소유권을 취득하게 된다는 법리는 제9강 '불법원인급여는 급여자의 재산으로서 보호받지 못하는가'에서 적은 바와 같다. 그런데 이는 사회적 타당성이 없는 행위를 한 자에 대한 제재(制裁)를 위하여 실체적 정의를 희생시키는 것이므로 그 적용범위는 제한적이어야 한다. 그 방향은 두 가지일 수 있다. 동 조문 단서의 취지에 따라 불법성 비교의 이론을 활용하여 반환청구를 허용하지 않는 것이 오히려 구체적 정의의 관점에 배치되는 경우에는 동조 본문을 적용하지 않는 것과 소위 '급여'의 의미를 엄격히 해석하는 것이다.

동조 본문이 적용되는 불법원인급여의 범위는 급여물에 대한 수급자의 횡령죄가 성립되는가의 여부에 결정적 영향을 미친다. 그런데 앞에서 적은 바와 같이, 외견상 불법원인급여처럼 보이는 경우에도 수급자의 불법성이 더 크다는 사실을 이유로 민법 제746조 본문을 적용하지 않는 불법성 비교의 이론은 학설·판례에 의하여 형사분야에도 수용됨으로써 그러한 경우에는 수급자의 횡령죄를 인정하고 있으나, 민법상의 급여의 의미를 엄격히 해석해야 한다는 요청은 형사분야에 그대로 적용되고 있지 않은 것으로 보인다. 즉 본래 민법상 급여란 급여자 자신의 의사에 따라 재산상 이익을 '종국적으로' 출연하는 행위를 의미하므로 재산상 이익의 공여가 종국적인 것이 아니라 종속적인 것에 불과하여 급여 본래의 목적을 달성하려면 다시 수령자 쪽의 법률적 주장을 기다려야 하는 것은 급여가 아니라고 하는 것이 학설·판례이다.[1] 그렇다면 소유권 이전의 합의가 없이 점유만을 이전하는 불법원인의 위탁의 경우에도 이를 불법원인급여로 해석하여 민법 제746조를 적용함으로써 수탁자의 횡령죄를 부정해야 할 것인가는 의문임에도 이에 관한 논의는 충분하지 않다고 생각된다.

2. 사안

갑은 OO동 새마을 연립주택의 조합장으로서, 주민들이 새마을 연립주택 조합을 결성하고 자금을 각출하여 토지를 매입하고 건설회사와 건축에 관한 도급계약을 체결한 후 위 연립 주택공사를 하

---

1) 곽윤직, 채권각론, 박영사, 1996, 640면 참조. 대법원 1994.12.22, 93다55234; 대법원 1995.8.11, 94다54108.

여 오던 중, 갑의 집에서 OO구청 도시정비국장에게 공여한다는 명목으로 조합공금에서 인출한 금 1,000,000원 중 금 500,000원을 갑의 생활비등에 임의 소비한 외에 위 OO구청 녹지과 직원들에게 공여한다는 명목으로 조합공금에서 인출한 금 500,000원 중 금 230,000원을 소비함으로써 횡령죄로 기소되었다.

3. 학설

위 사안에 관하여는 피고인 갑이 조합공금을 보관중 소비한 것으로 보는가, 아니면 조합으로부터 공무원에게 뇌물로 전달하라고 위탁한 돈을 교부받아 이를 소비한 것으로 보는가 하는 것이 선결문제이다. 보관중인 공금을 임의소비한 것이라고 보면 횡령죄를 인정하는 데에 별 의문이 없을 것이다. 그러나 뇌물로 전달하도록 위탁받은 돈을 소비한 것으로 보면, 이를 불법원인급여라고 할 것인가의 여부에 따라 횡령죄의 성립여부에 관한 견해가 다르게 된다.

학계의 지배적 견해는 불법원인급여와 불법원인위탁을 구별하지 않는다. 그런데 그 논거에 관하여는 민법 제746조의 급여는 반드시 소유권이전을 전제로 하는 것이 아니라고 하거나,[2] 판례도 재산출연의 종국성으로 급여와 위탁을 구별하는 입장이 아니라고 하는[3] 정도로서, 그 이상의 특별한 논거는 보이지 않는다.

소수의 견해는 소유권이전의 합의가 없는 단순한 위탁은 재산의

2) 이재상, 395면.

3) 장영민, "불법원인급여와 횡령죄", 형사판례연구 (8), 273면~274면.

종국적 출연이 아니라는 논거에서 불법원인급여와 구별해야 한다고 주장한다. 그런데 이러한 구별설의 입장에서도 그 위탁물의 영득이 횡령죄인가에 관하여는 견해가 일치하지 않는다. 보호할 가치가 있는 신뢰관계가 있으므로 횡령죄가 성립된다는 견해,[4] 보호할 가치가 없는 신뢰관계의 파괴에 불과하여 횡령죄가 성립되지 않는다는 견해,[5] 결과반가치와 행위반가치를 종합 고찰할 때 횡령죄로서 불법이 가장 낮은 단계인 불능미수를 인정하는 것이 합리적 불법귀속이라는 견해[6] 등으로 나누어져 있다. 이처럼 견해가 일치하지 않는 이유는 학계가 횡령죄의 본질을 위탁관계에서의 신뢰관계의 파괴라고 하기 때문이다.

4. 대법원의 판단

위 사안에 관하여 제1심판결은 피고인의 행위를 조합의 공금을 관리하는 조합의 대표가 임의로 그 공금을 인출·소비한 공소사실을 전형적인 횡령행위로 보아 유죄를 인정하였다. 그런데 변호인은 이에 대하여 '뇌물을 공여한다는 명목으로 조합으로부터 돈을 지급받아' 소비하였다 하더라도 이 돈은 그 사용목적에 비추어 볼 때 이른바 불법원인급여물에 해당되어 그 소유권이 피고인에게 귀속되므로 피고인의 행위는 횡령행위라고 할 수 없다고 주장하여 항소하였다. 이에 항소심은 변호인의 주장과 같이, 사건의 내용을 피고인이 '조합으로부터 불법원인으로 위탁된 돈'을 보관중 임의소

4) 김/김, 498면.
5) 강동범, "소위 불법원인급여과 횡령죄의 성부", 형사판례연구 (1), 194면.
6) 김/서, 357면.

비한 내용으로 인정하고 불법원인급여의 법리를 적용함으로써 원심을 파기하고 무죄를 선고하였다.

대법원도 "조합장인 피고인이 조합으로부터 공무원에게 뇌물로 전달하여 달라고 금원을 교부받은 것은 불법원인으로 인하여 지급받은 것으로서 이를 뇌물로 전달하지 않고 타에 소비하였다고 해서 타인의 재물을 보관중 횡령하였다고 볼 수는 없다"고 하여 항소심판결을 지지하였다.[7] 그리하여 이 대법원 판결은 불법원인위탁에도 불법원인급여의 법리가 적용되는가의 여부에 관한 대표적 사례로서 거론되기에 이르렀고, 학계는 이 판결을 근거로 대법원은 불법원인위탁과 불법원인급여를 구별하지 않는 입장을 취한다고 해석한다.

5. 검토

(1) 구별할 근거와 필요가 있는가

불법원인급여와 불법원인위탁을 구별하지 않는 학설의 논거들은 적절하지 않다. 민법 제746조의 급여는 반드시 소유권이전을 전제로 하는 것이 아니라고 하는 것은 소유권을 이전하지 않는 위탁의 경우에도 동 조문을 적용할 것인가 하는 질문에 대한 답변이 아닌 일종의 순환논리이다. 또 '판례도 재산출연의 종국성이 급여와 위탁의 구별기준이 아니라고 하는 입장'이라고 하는 견해가 말하는 판례란 대법원 1995.8.11 선고 94다54108 판결을 가리키는 것인데, 이는 의심할 여지가 없는 그 판결의 명문(明文)에 정면으로

7) 대법원 1988.9.20, 86도628.

반하는 것으로서 매우 의아스러운 주장이다.[8)]

오히려 소유권이전의 합의가 없는 점유이전은 이를 불법원인위탁이라고 하여 불법원인급여와 구별할 근거는 충분하다.

첫째, 불법원인급여 제도의 취지는 한번 소유권을 이전하였으면서도 그 원인의 무효를 이유로 반환을 청구하는 것은 공평과 신의

---

8) 이 판결은 "민법 제746조에서 불법의 원인으로 인하여 급여함으로써 그 반환을 청구하지 못하는 이익은 종국적인 것을 말하고, 도박자금으로 금원을 대여함으로 인하여 발생한 채권을 담보하기 위한 근저당권설정등기가 경료되었을 뿐인 경우와 같이 수령자가 그 이익을 향수하려면 경매신청을 하는 등 별도의 조치를 취하여야 하는 것은 이에 해당하지 않는다고 할 것"이라는 점을 명백히 하고 있다. 그럼에도 장영민 교수는 앞의 논문에서 "도박채무를 담보하기 위하여 저당권을 설정한 후 이를 실행하기 위하여 소유권이전을 청구한 경우 대법원은 소유권이전에 협력하지 않음을 명언하였다…이 경우 소유권이전등기를 인정한다면, 그것은 국가가 불법한 권리관계의 이행에 적극적으로 협력하는 결과가 되기 때문이다. 따라서 이익의 종국성을 기준으로 (급여와 위탁을) 구분하는 것은 타당하지 않다…부동산의 경우 종국성이 문제되는 것은 권리이전방식의 특수성에서 오는 특수한 결과이며, 동산의 경우 점유이전이 있는 이상 이는 종국적인 것이라고 보아야 한다"고 주장하고 있다. 이 논문의 근본적 오해는 이 판결을 저당권자의 소유권이전청구를 기각한 판결로 이해하는 데에서 비롯된 것으로 보인다. 이 판결은 소유자의 저당권말소청구를 인용한 판결이다. 그리고 저당권설정은 권리의 이전이 아니라 권리설정이다. 그 저당권이 불법원인급여인가 아닌가를 판단하는 것은 부동산의 권리이전방식과는 전혀 무관한 일이다. 동산의 경우에도 유질계약은 금지되는 것이므로 질권설정의 목적을 달성하기 위해서는 저당권과 같이 경매 등 별도의 조치가 필요하므로 불법원인에 기한 질권설정은 불법원인급여가 아니다. 저당권설정등기를 급여가 아니라고 하는 근본적 이유는 국가가 불법원인의 저당권을 실행하도록 협조할 수 없기 때문만은 아니다. 만일 그 저당권설정을 불법원인급여로 보아 민법 제746조를 적용하면 저당권설정자는 저당권말소를 청구할 수 없고 저당권자는 저당권말소에 응하지 않아도 좋다는 결과가 된다. 이것은 저당권설정자와 저당권자의 권리관계를 불확정 상태에 방치하는 것이다. 그러므로 학설·판례는 '저당권설정과 같이 법률행위 본래의 목적을 달성하려면 (재산의 종국적 출연이 아닌 까닭에) 수령자의 새로운 법률적 주장이 필요한 경우'에는 민법 제746조의 급여가 아니라고 하는 이론적 근거에서 법률관계의 안정을 도모하는 데에 일치하는 것이다.

칙에 반한다는 데에 있다. 그런데 물건의 전달을 위탁받았을 뿐 애당초 소유권을 취득한다는 의사로 점유를 취득한 것이 아닌 경우에는 수탁자에게 소유권을 인정해야 할 사정이 없으므로 그에게 소유권을 인정하는 것이 오히려 공평과 신의칙에 반한다. 특히 불법원인위탁에서의 위탁자와 수탁자의 불법성을 비교할 때 더욱 그러하다. 원인의 불법성은 위탁자와 수탁자 모두에게 동일하게 인정된다. 그리고 그 불법성 때문에 그들 내부에는 은밀하고 특별한 신뢰관계가 존재한다. 그러므로 수탁자의 수탁물영득은 수탁행위의 불법성에 신뢰위배라는 비윤리성이 추가된다. 그렇다면 민법 제746조 단서의 취지에 따라 불법성을 비교하는 이론을[9] 유추하더라도 수탁자의 소유권을 인정하는 것은 공평과 신의칙에 반하여 부당하다.

둘째, 불법원인위탁의 경우에도 민법 제746조가 적용되어 수탁자가 그 위탁물의 소유권을 취득한다고 해석하는 것은 위 조문의 내용에도 부합하지 않는다. 이 조문은 '재산을 급여하거나 노무를 제공한 때에는 그 이익의 반환을 청구하지 못한다'고 규정하고 있다. 그런데 위탁이란 소유권을 이전하지 않고 다만 점유만 이전하는 행위이다. 그러므로 수탁자가 반환할 의무가 없는 그 '이익'이란 소유권이 아니라 점유에 불과하기 때문이다.

불법원인급부와 불법원인위탁을 구별할 필요는 불법원인위탁에는 민법 제746조를 적용하지 않음으로써 수탁자의 위탁물영득을 횡령죄로 처벌하는 것이 타당하다는 형사정책적 요청에 있다. 비록 불법하게 조성된 물건이라도 그에 대한 범죄행위는 범죄로서 처벌하고자 하는 것이 형법의 정신이라고 해야 할 것이다.[10] 수탁

---

9) 대법원 1993.12.10, 93다12947; 대법원 1997.10.24, 95다49530.

자의 횡령죄를 인정하는 것은 사법적 정의의 실현에 도움이 된다. 뇌물이 제3자를 통하여 전달된 뇌물수수사건에는 물적 증거가 없는 것이 일반적이므로 전달자의 진술이 결정적 증거가 된다. 그런데 그 심부름꾼이 그 뇌물을 전달하지 않고 자신이 소비했다고 허위진술 한다면 수뢰죄의 성립을 입증하는 것은 사실상 거의 불가능하게 된다. 그러나 그 소비가 횡령죄로서 형사처벌의 대상이 된다면 그러한 불이익을 감수하면서 허위주장 하는 것이 쉽지만은 않을 것이다.[11]

그런데 구별설을 취하면서도 보호할 신뢰관계가 없다는 것을 이유로 횡령죄를 부정하는 견해가 있다. 그러나 이러한 견해도 무효·취소되는 위탁계약에 있어서도 횡령죄를 인정하는 데에는 아무런 의문도 제기하지 않는다. 불법원인위탁의 경우는 위탁계약이 무효인 대표적 사례에 불과하다. 그럼에도 이 경우만을 특별히 취급할 이유는 없다. 요컨대, 불법원인위탁의 경우에는 민법 제746조가 적용되지 않아 그 위탁물의 소유권이 수탁자에게 귀속되지 않는 것으로 인정하는 입장에서는 수탁자의 영득은 횡령죄를 구성한

---

10) 임웅, 444~445면. 임교수는 불법원인급여에 대하여 횡령죄를 인정해야 한다는 입장이지만, 바로 불법원인위탁의 사례를 예로 들어 횡령죄를 인정해야 할 형사정책적 필요성을 강조하고 있다.

11) 구별불요설의 입장에서는 '수탁자의 횡령죄를 인정하는 것은 뇌물전달죄를 저지르든가 위탁자에게 돌려주든가 양자택일의 상황에 놓는 것이 되므로 수탁자 자신의 소비를 범죄로 인정하지 않는 제3의 길을 마련하는 것보다 형사정책적으로 더 유리하다고 할 수 없다'고 하는 견해도 있다(장영민, 앞의 논문). 이 견해는 수뢰죄의 처벌이라는 사후적 관점이 아니라 예방의 관점에서 파악하는 것이다. 그러나 비밀이 보장되는 인간관계를 전제로 하는 뇌물심부름의 성격상 '제3의 길'을 인정함으로써 얼마나 수뢰죄 예방의 성과를 거둘 수 있을 것인지도 심히 의문일 뿐 아니라, 이는 범죄에 대한 범죄적 행위는 범죄가 아니라는 이론인 것이어서 수긍하기 어렵다.

다고 해야 한다.

(2) 횡령죄는 신뢰파괴죄인가

불법원인급여와 불법원인위탁을 구별하는 입장에서도 횡령죄를 신뢰파괴죄라고 보는 대전제로 인하여 수탁자의 횡령을 인정할 수 있는가에 관하여 견해가 일치하지 않는다는 사실은 앞에서 적은 바 와 같다. 그러나 횡령죄의 본질이 신뢰위배라는 점에 대하여는 의문을 갖지 않을 수 없다. 범죄의 본질론은 그 범죄의 성립범위를 결정하는 것인데, 횡령죄는 신뢰위배의 경우에만 성립되는 범죄가 아니기 때문이다.

횡령죄가 인정되는 대표적 관계인 포괄적·지속적 위탁관계에서는 특별한 신뢰가 존재한다. 이러한 경우의 횡령죄는 신뢰파괴죄임이 분명하다. 점유이탈물횡령죄와의 관련에서 보더라도 (위탁물) 횡령죄는 신뢰파괴죄라고 하는 것이 타당하다. 그러나 모든 횡령죄를 신뢰파괴죄라고 할 이유는 없다. 1회적으로 물건을 빌리고 빌려받는 거래인 위탁관계의 당사자 사이에는 '빌린 물건은 반환된다'는 신뢰관계만 존재하는 것이고, 이러한 신뢰관계는 모든 거래당사자에 존재하는 일반적 신뢰관계에 불과하다. 즉 이러한 신뢰관계는 사기죄의 당사자인 범인과 피해자 사이에도 존재하는 것이다. 그러므로 이러한 신뢰관계를 특히 강조하여 횡령죄의 본질이라고 할 이유는 없다. 요컨대, 횡령죄는 타인의 재물에 대한 '보관관계'가 인정되면 성립될 수 있는 것이다.

특히 학설·판례는 위탁관계가 피해자와 범인 사이에 직접적으로 존재해야 하는 것이 아니라 제3자에 의한 위탁도 가능하고, 위탁관계가 법률상 무효되거나 취소되더라도 이미 계약에 의해 인도

된 재물에 대하여는 '사실상의' 위탁관계가 존재하며, 화물상환증의 발행자와 소지자 사이에도 '객관적인' 위탁관계가 존재한다고 하여 횡령죄를 인정하는 데에 일치한다. 그런데 이러한 경우에 횡령죄의 피해자와 범인 사이에 신뢰관계가 존재한다고 하는 것은 횡령죄의 본질을 신뢰위배라고 하기 위한 무리한 주장이다. 신뢰관계란 당사자 사이의 내부적·주관적인 심리관계이다. 그런데 제3자에 의한 위탁관계에서의 횡령죄의 피해자는 위탁과정에 개입되지 않으므로 범인과의 사이에 신뢰관계가 생성될 계기 그 자체가 없고, 계약이 무효·취소된 사실상의 위탁관계에는 오히려 불신이 존재하며, 법률의 규정에 의한 위탁관계에서도 개인적인 관계에 '객관적인' 신뢰관계를 인정하는 것은 언어의 유희이다.[12)]

(3) 대법원의 입장은 무엇인가

1) 불구별설로 이해하는 근거

학계는 위 사례에 관한 대법원 1988.9.20 선고 86도628 판결을 근거로 대법원은 불법원인위탁과 불법원인급여를 구별하지 않는 입장을 취한다고 이해한다. 이 판결이 형식상 불법원인위탁의 사안에 불법원인급여의 법리를 적용한 것은 분명하다. 그런데 피고인이 영득한 돈은 실제로 '조합으로부터 공무원에게 뇌물로 전달하도록 위탁된' 돈이라고 할 수 없다는 점이 문제이다. 단체인 조합은 피고인에게 돈을 '지급(위탁)하는 행위'를 할 수가 없기 때문이다. 조합이 조합공금을 뇌물로 사용하기로 결의하더라도 그 용도

12) 예컨대, 화물상환증이 유통되는 것은 법률과 제도에 대한 신뢰를 기초로 하는 것일 뿐, 그것이 전전유통되어 최종적으로 소지하게 되는 자와 그 발행인 사이에는 신뢰관계가 존재할 여지가 없다.

에 사용될 돈을 실제로 인출·보관하는 주체는 조합장인 피고인이다. 그러므로 이 사안은 일반적인 공금횡령의 사안이고, 이를 불법원인위탁금의 소비로 인정한 것은 오판이라고 해야 한다. 그렇다면 대법원판결은 유죄여야 할 사건을 무죄라고 한 항소심판결을 지지하는 오류를 범한 것으로서, 이러한 판결의 법리해석을 대법원의 정당한 일반적 법해석으로 이해하는 것은 타당하지 않다고 해야 할 것이다.[13)]

2) 구별설로 이해할 근거

대법원 2008.10.9 선고 2007도2511 판결에 의하면, 대법원은 구별

13) 대법원 1999.6.11 선고 99도275 판결도 마찬가지이다. 이 판결은 사건의 내용을 '배임증재의 목적으로 전달하기 위해 교부받은 돈'을 소비한 내용으로 인정하고 불법원인급여의 법리를 적용하였으므로 불법원인위탁의 사안에 불법원인급여의 법리를 적용한 것으로 보인다. 그러나 사실은 불법원인급여의 사안에 불법원인급여의 법리를 적용한 것에 지나지 않는다. 이 사건의 원심은, '피해자는 자신의 업체가 다른 업체와 계약을 체결할 업체로 선정될 것을 희망하던 중, 그렇게 선정되도록 조력해준 사람이 있어 그에게 계약체결업체로 선정하는 데에 조력해준 데에 감사하는 뜻으로 현금을 전달시키기 위해 피고인에게 현금이 든 007가방을 맡겼던 사실, 그 후…(그 선정이 무위로 끝나자)…피고인이 피해자에게 반환하려 했으나…차후 이 돈을 사용하여 다시 (정상적인 계약체결업체로서) 선정되게 해달라고 부탁하면서 계속 보관하고 있으라고 하여 피고인이 보관하고 있던 중 개인적으로 소비한 사실 등'을 인정했다. 그리고 그 돈은 '뇌물공여 또는 배임증재의 목적으로 전달하기 위해 교부받은 돈'이라고 판단하여 불법원인급여의 법리를 적용한 것인데, 대법원도 이 원심판결을 유지한 것이다. 살피건대, 원래 피고인이 그 돈을 특정한 사람에게 전달하도록 위탁받아 보관하는 입장에 있었던 것은 사실이다. 그러나 업체선정계약에 실패한 후에는 '이 돈을 사용하여 계약체결할 업체로 선정되도록 노력해달라'는 것이었으므로 그 취지는 피고인으로 하여금 그 돈을 적절히 사용하도록 재량을 부여한 것으로 보는 것이 합리적이다. 말하자면, 피고인은 그 돈을 007가방에 넣은 그대로 누구에게 단순히 전달하기 위해 보관하는 입장이 아니게 되었으므로 당초의 위탁은 급여로 변질되었다고 할 수 있다. 그렇다면 이 판결은 불법원인급여의 사안에 그 법리를 적용한 것에 불과하며, 불법원인위탁에 관한 판결은 아니라고 해야 한다.

설을 취한다고 이해할 가능성이 있다. 이 판결은 병원에서 의약품 선정·구매 업무를 담당하는 약국장인 피고인이 병원을 대신하여 제약회사로부터 의약품 제공의 대가로 약품 매출액의 5% 내지 20%에 해당하는 금원을 기부금 명목으로 교부받아 이를 위 병원에 입금하던 중 그 일부를 임의로 소비한 사실로 횡령죄로 기소된 사안에 관한 것이다. 원심은 불법원인급여의 법리를 적용하여 무죄를 선고했다. 그런데 대법원은 "법률행위의 동기가 반사회질서적인 경우에도 불법원인급여에 해당될 수 있지만, 피고인이 병원을 대신하여 제약회사들로부터 의약품을 공급받는 대가로 그 의약품 매출액에 비례하여 기부금 명목의 금원을 제공받은 다음 병원을 위하여 보관하여 왔던 것뿐이라면, 다른 특별한 사정이 없는 한 이를 두고 선량한 풍속 기타 사회질서에 반하는 행위로서 불법원인급여에 해당한다고 보기는 어려우므로 횡령죄가 된다"고 판단하여 원심을 파기하였다. 그런데 이 대법원판결 이유는 그 표현의 뉘앙스가 미묘하여 그 취지를 단정하기에 약간의 어려움이 있다. 즉 제약회사가 돈을 제공하는 원인에 불법성이 없어 불법원인급여에 해당하지 않는다는 취지인지, 아니면 피고인은 단순한 보관자의 지위에 있으므로 불법원인급여에 해당하지 않는다는 취지인지 명확하지 않은 느낌이 있는 것이다.

살피건대, 약사법 제47조 제2항과 제94조의 2는 의약품의 품목허가를 받은 자 등이 의약품의 채택 등 판매촉진을 목적으로 의료인이나 의료기관 개설자 또는 의료기관 종사자에게 경제적 이익을 제공하는 것을 범죄로 규정하고, 의료법 제23조의 2와 제88조의 2는 의료인 등이 의약품의 품목허가를 받은 자 등으로부터 그러한 이익을 제공받는 것을 범죄로 규정하고 있다. 이러한 규정내용은 의료기관 그 자체가 위와 같은 부정한 경제적 이익을 취득하는 주체인 경우에는 범죄가 되지 않는다고 해석될 수밖에 없다. 이 사건에 있어서도 소위 기부금 명목의 돈이 병원에 제공된 것이므로 범죄가 성립되지는 않는다는 점에서 그 제공원인의 불법성에 의문이 제기될 수 있다. 실제로 위 판결은 기부금 명목의 돈이 병원에 제공된 것이라는 사실을 근거로 원인의 불법성을 부정한 것일지도 모른다.

그러나 기부금 명목의 돈을 제공하는 동기가 반사회질서적임에도, 그것을 제공받는 주체가 병원 소속의 의료인 개개인이 아니라 병원이므로 범죄가 되지는 않는다는 이유만으로 그 원인에 불법성이 없다고 하는 것이 타당한지는 심히 의문이다. 그런데 굳이 그것이 타당한가의 여부를 논하는 것은 사실상 필요하지 않다고 생각된다. 이 사건의 기부금 명목의 돈이 피고인으로 하여금 취득하도록 제공한 것이라면 그 돈이 불법원인급여에 해당함은 의문의 여지가 없다는 점에서 결국 그 돈이 불법원인급여가 되지 않는 원인은 그 돈이 위탁물이라는 데에 있다고 해야 하기 때문이다. 다시 말하면, 이 판결은 병원에 전달하도록 피고인에게 제공된 기부금 명목의 돈은 피고인에 대하여는 급여가 아닌 위탁이므로 그 원인의 불법이 있다고 하여도 불법원인급여가 아니라 불법원인위탁이고, 불법원인위탁에는 불법원인급여의 법리가 적용되지 않는다는 취지의 판결로 이해하는 것이 합리적일 것이다.

제20강 부동산 명의수탁자의 수탁물 처분행위는 횡령죄인가

1. 서언

종래 부동산의 명의신탁은 대외적으로 소유권을 수탁자에게 이전하지만 대내적으로는 소유권이 이전되지 않는 효력을 갖는 것이어서 명의신탁을 받은 수탁자가 그 부동산을 임의처분하는 행위는 횡령죄를 구성한다고 해 왔다. 그런데 부동산 명의신탁이 부동산 투기와 탈세를 조장하는 등의 수단으로 악용되는 폐단이 심해지자 이를 막기 위하여 1995년 부동산 실권리자명의 등기에 관한 법률(이하 '법률'이라고 칭함)이 제정되었다. 동 법률 제3조는 부동산 명의신탁을 금지하고 있으며, 제4조 제1항은 명의신탁이 무효임을 규정하고, 동조 제2항은 그 본문에서 명의신탁약정에 따라 행하여진 등기에 의한 물권변동도 원칙적으로 무효임을 규정하면서 그 단서에서 일정한 경우에 예외를 인정하는 내용을 규정하고 있다. 따라서 명의신탁을 받은 부동산을 처분하는 행위가 횡령죄에 해당하는가 하는 문제는 이 법률이 명의신탁과 그에 의한 등기가 원칙적으로 무효라고 규정한 사실과의 관련을 통하여 재검토하지 않으면 안 되게 되었다.

금지되는 명의신탁의 유형은 세 가지로 나누어 볼 수 있다. ① 부동산을 소유한 등기명의인이 명의수탁자에게 이전등기하는 2자간의 명의신탁, ② 부동산을 매수하려는 자가 자신이 직접 부동산 매도인과 매수계약을 체결하되, 이전등기는 매도인의 협조를 얻어 자신에 대한 등기를 생략하고 명의신탁약정을 한 수탁자의 명의로 곧바로 이전등기하는 3자간의 중간생략등기형 명의신탁, ③ 신탁자가 수탁자와 명의신탁약정을 함과 아울러 수탁자로 하여금 부동산을 매수하도록 위임을 함으로써 수탁자가 매매계약의 일방 당사자가 되어 매수계약을 체결하고 자신 명의로 이전등기하는 3자간의 매수위임형 계약명의신탁 등이다. 이러한 명의신탁약정은 위 법률에 따라 모두 무효이고, 그 약정에 따른 소유권이전등기도 ③의 유형중 매도인이 명의신탁의 약정이 있다는 사실을 알지 못하는 경우를 제외하고 모두 무효이다. 그런 까닭에 등기명의를 수탁받은 자가 당해 부동산을 임의처분하는 경우에 이를 횡령죄라고 할 것인가에 관하여는 명의수탁자를 타인의 재물을 보관하는 자로서 인정할 수 있는가, 있다면 누구를 피해자라고 해야 하는가 하는 점 등과 관련하여 학계는 혼란한 양상을 보이고 있다.

2. 사안

A는 서울 소재 이 사건 아파트를 분양받으려고 하였으나 당시 서울지역 3년 이상 거주라는 수분양자격을 갖추지 못하여 매도인의 권유로 그 자격요건을 구비한 타인 명의로 계약을 체결하기로

하고, 위와 같은 자격요건을 갖춘 갑에게 매도인과의 분양계약 체결을 부탁하여 갑이 이를 수락함으로써 매도인과 갑 사이에 이 사건 아파트에 관한 분양계약이 체결되었다. A가 그 분양계약 체결에 따른 분양대금을 지급함으로써 갑 명의로 이 사건 아파트에 관한 소유권보존등기가 경료되었다. 그런데 갑은 이 사건 아파트를 임의로 B에게 매각하였으므로 횡령죄로 기소되었다.

3. 학설

위 사안에서 피고인 갑 명의의 등기가 어떤 유형의 명의신탁에 의한 것인가는 아파트 분양계약의 당사자를 누구라고 할 것인가에 의하여 결정된다. 계약의 당사자를 A라고 하면 그 명의신탁은 중간생략등기형 명의신탁이고, 그 당사자를 피고인 갑이라고 하면 매도인이 악의인 매수위임형 명의신탁이 된다.

(1) 중간생략등기형 명의신탁의 경우

이 경우에는 위 법률 제4조에 의하여 명의신탁약정이 무효임은 물론, 그 약정에 기한 이전등기도 무효이다. 따라서 부동산의 소유권은 여전히 매도인에게 남는다. 그러므로 학계의 지배적 견해는 명의수탁자의 임의처분은 횡령죄가 된다는 데에 일치한다. 그런데 매도인과 명의수탁자 사이에 횡령죄의 보관관계의 기초가 되는 위탁관계나 신뢰관계를 인정할 수 없다는 이유로 횡령죄의 성립을 부정하면서, 다만 명의신탁자에 대한 배신행위로서 배임죄가 될 뿐이라는 견해도 주장되고 있다.[1)]

횡령죄를 인정하는 입장에서도 그 피해자가 누구인가에 관하여는 다툼이 있다. 다수설은 횡령죄는 형식적인 소유권을 보호하기 위한 범죄이므로 형법상 피해자는 횡령당한 부동산의 소유자인 매도인이라고 한다. 매도인은 이미 매매대금을 받았다는 점에서는 피해가 없으나, 재산상의 피해가 최종적으로 누구에게 돌아가느냐 하는 문제는 민사법의 영역에 속한다는 것이다.[2] 그러나 소수설은 명의신탁자가 피해자라고 주장한다. 명의신탁자는 수탁자에게 매도인을 대위하여 무효인 수탁자 명의의 등기말소를 청구하고, 동시에 매도인과의 매매계약은 유효하므로 매도인에게 그 계약에 따른 소유권이전등기를 청구하여 부동산을 반환받을 수 있는 지위에 있으므로 명의수탁자가 처분한 경우에는 명의신탁자가 실질적 피해자가 된다는 것이다.[3]

(2) 매수위임형 명의신탁의 경우

1) 매도인이 선의인 경우

매수위임형 명의신탁에서 신탁자는 매매계약에 관여하지 않고 명의수탁자가 계약의 전면에 나서 그 당사자가 되는 것이므로 매도인은 명의신탁의 약정이 있다는 사실을 알지 못하는 것이 일반적이다. 이 경우에도 명의신탁약정은 무효이지만, 위 법률 제4조 제2항 단서에 의하여 소유권이전등기는 유효하다. 그러므로 명의수탁자는 전소유자인 매도인뿐만 아니라 명의신탁자에 대한 관계에서도 유효하게 당해 부동산의 소유권을 취득하며, 따라서 명의

---

1) 김/서, 371면.

2) 박상기, 379면; 이재상, 400면; 임웅, 432면; 정/박, 446면.

3) 배종대, 532면.

수탁자는 단순한 보관자의 지위에 있는 것이 아니어서 횡령죄란 생각할 수 없다는 데에 학설은 일치한다. 명의신탁약정의 위반으로 부당이득반환의무만을 지는 것은 별개의 문제이다.

그런데 명의신탁자에 대한 배임죄가 성립된다는 견해가 있다.[4)] 이 견해는 명의수탁자 명의의 등기가 명의신탁자의 부동산 매입에 관한 위임에 의하여 마쳐진 것이라는 사실을 중시함으로써 비록 명의신탁이 무효라고 하더라도 위임이라는 신임관계는 부정되지 않는다는 것이 그 이유이다.

2) 매도인이 악의인 경우

중간생략등기형 명의신탁에서는 계약 당사자와 등기명의인이 일치하지 않으므로 매도인은 자연히 명의신탁 사실을 알게 된다. 매수위임형 명의신탁에 있어서는 매도인이 명의신탁사실을 알지 못하는 것이 일반적이나, 위 판례의 사안에서와 같은 경위로 명의신탁 사실을 알게 될 수도 있다. 이러한 경우에는 기본적인 법률관계가 중간생략등기 명의신탁의 경우와 동일하다고 하여 명의신탁자 에 대한 횡령죄가 성립된다고 주장하는 견해가 있다.[5)] 그러나 매도인의 소유권을 침해하는 범죄이므로 매도인에 대한 횡령죄가 성립한다고 하는 견해도 주장된다.[6)] 다수설은 신탁약정이 무효이더라도 명의수탁자와 명의신탁자와의 사이에 사실상의 신임관계는 여전히 존재한다는 이유로 명의신탁자에 대한 배임죄가 성립된다고 주장한다.[7)]

4) 배종대, 534면; 이재상, 402면; 임웅, 433면; 정/박, 448면.
5) 김성돈, 401면.
6) 박상기, 380면; 임웅, 432면.

4. 대법원의 판단

(1) 중간생략등기형 명의신탁의 경우

판례는 명의신탁자에 대한 횡령죄가 성립된다는 입장이다.[8] 피해자를 명의신탁자로 보는 이유에 관하여는 상세한 언급이 없으나, 매도인은 피해가 없음에 비하여 명의신탁자는 매도인과의 사이에서 실질적인 법률관계를 형성하고 있어 매도인을 대위하는 등으로 당해 부동산에 대하여 법률상 권리를 주장할 수도 있으므로 실질적 피해자라고 하는 취지로 짐작된다.[9]

위 사안에 관하여도, 제2심인 서울서부지법 2010.7.27. 선고 2010노194 판결은 甲이 매수하여 피고인에게 명의신탁한 중간생략등기형 명의신탁의 사안임을 전제로 피고인에게 갑에 대한 횡령죄를 인정하였다.[10]

(2) 매수위임형 명의신탁의 경우

1) 매도인이 명의신탁 사실을 알지 못하는 선의의 경우

명의수탁자는 전소유자인 매도인뿐만 아니라 명의신탁자에 대한 관계에서도 유효하게 당해 부동산의 소유권을 취득하므로 횡령죄가 성립될 수 없다고 하는 것은 학계의 견해와 마찬가지이다.[11]

---

7) 김/서, 371면; 배종대, 533~534면; 손동권, 431면; 이재상, 402면; 정/박, 447면; 장영민, "명의신탁된 부동산영득행위의 죄책", 고시계 1997.12, 39면.

8) 대법원 2001.11.27, 2000도3463; 대법원 2002.2.22, 2001도6209; 대법원 2008.4.10, 2008도1033 등.

9) 대법원 2002.2.22, 2001도6209 판결의 원심법원인 창원지법 2001.10.23, 2000노1292의 취지 참조.

10) 대법원 2012.12.13., 대법원 2010도10515 참조.

또한 명의신탁자와 명의수탁자 간의 명의신탁약정이 무효인 이상, 특별한 사정이 없는 한 명의신탁약정과 함께 이루어진 부동산 매입의 위임 약정 역시 무효이므로 명의수탁자를 명의신탁자의 재산을 보전·관리하는 지위에 있는 자에 해당한다고 볼 수 없어 명의수탁자는 타인의 사무를 처리하는 자의 지위에 있지 아니하다는 이유에서 배임죄의 성립도 부정한다.[12]

2) 매도인이 명의신탁 사실을 알게 된 악의의 경우

대법원은 위 사안을 매도인이 악의인 매수위임형 명의신탁의 유형으로 판단하였다. 부동산매매계약에 있어서 매수인이 된 사람이 비록 제3자와의 약정에 기하여 계약자 명의를 제공한 것이라고 하더라도 다른 특별한 사정이 없는 한 그와 같은 명의대여의 약정은 그들 사이의 내부적인 관계에 불과하고 자신의 명의로 위 계약을 체결한 사람이 매매당사자가 된다는 것이 그 이유이다.[13] 그리고 "이 사건 아파트의 소유권은 매도인이 그대로 보유하고, 이 사건 아파트 분양계약의 당사자가 아닌 甲으로서는 달리 이 사건 아파트 자체를 취득할 법적 가능성이 없는 것이어서, 결국 피고인이 甲에 대한 관계에서 '이 사건 아파트를 보관하는 자'의 지위에 있다고 볼 수 없다"는 이유에서 횡령죄를 인정하지 않았다.[14]

또한 판례는 명의수탁자가 명의신탁자에 대하여 매매대금 등을 부당이득으로 반환할 의무를 부담한다고 하더라도 이를 두고 배임죄에서 '타인의 사무를 처리하는 자'의 지위에 있다고 보기도 어렵

---

11) 대법원 2000.3.24, 98도4347; 대법원 2009.9.10, 2009도4501.

12) 대법원 2001.9.25, 2001도2722; 대법원 2004.4.27, 2003도6994.

13) 대법원 2003.9.5, 2001다32120.

14) 대법원 2012.12.13, 2010도10515.

다고 하여 배임죄의 성립도 부정할 뿐 아니라, 매도인에 대한 관계에서도 횡령죄나 배임죄의 성립을 부정한다. 즉 명의수탁자는 매도인에 대하여 소유권이전등기말소의무를 부담하게 되나, 위 소유권이전등기는 처음부터 원인무효여서 명의수탁자는 매도인이 소유권에 기한 방해배제청구로 말소를 구하는 것에 대하여 상대방으로서 응할 처지에 있음에 불과하고, 그가 제3자와 한 처분행위가 위 법률 제4조 제3항에 따라 유효하게 될 가능성이 있다고 하더라도 이는 거래 상대방인 제3자를 보호하기 위하여 명의신탁 약정의 무효에 대한 예외를 설정한 취지일 뿐 매도인과 명의수탁자 사이에 위 처분행위를 유효하게 만드는 어떠한 신임관계가 존재함을 전제한 것이라고는 볼 수 없으므로, 말소등기의무의 존재나 명의수탁자에 의한 유효한 처분가능성을 들어 명의수탁자가 매도인에 대한 관계에서 횡령죄에서 '타인의 재물을 보관하는 자' 또는 배임죄에서 '타인의 사무를 처리하는 자'의 지위에 있다고 볼 수도 없다는 것이다.[15]

5. 검토

(1) 중간생략등기형 명의신탁의 경우, 횡령죄의 피해자는 누구인가

횡령죄의 성립이 인정되는 이유는 명의수탁자가 처분하는 부동산이 '보관중인 타인의 재물'이기 때문이다. 그런데 그 부동산은 매도인의 소유이다. 그런데 판례가 그 범죄의 피해인 소유권과는 무관한 신탁자를 피해자라고 하는 것은 이해하기 어렵다.

15) 대법원 2012.11.29, 2011도7361.

(2) 매도인이 악의인 매수위임형 명의신탁의 경우, 횡령죄는 성립되지 않는가

매도인이 명의신탁사실을 아는 매수위임형 명의신탁은 매도인이 그 사실을 안다는 점에서 중간생략형 명의신탁과 같다. 그러나 그 법률관계의 성격이 동일하다고 하여 명의신탁자에 대한 횡령죄를 인정하는 견해는 찬성할 수 없다. 중간생략등기형의 경우에 명의신탁자는 계약의 당사자로서 매도인과 매매계약을 체결하고, 매매계약 그 자체는 유효하므로 명의신탁자는 매도인에게 그 계약에 따른 소유권이전등기를 청구할 수 있는 지위에 있다. 그런데 매수위임형의 경우는 명의신탁자가 계약의 전면에 나타나지 않아 매도인과 아무런 법률관계를 맺지 않으므로 매도인에게 등기이행을 청구하는 등의 아무런 권리도 없다. 그러므로 매도인이 악의인 매수위임형 명의신탁에 있어서 명의신탁자는 중간생략등기형 명의신탁에 있어서의 명의신탁자와는 달리, 당해 부동산의 소유권을 취득할 가능성이 없으며 명의신탁자에 대한 횡령죄를 인정할 근거도 없다고 해야 할 것이다. 판례가 중간생략등기형 명의신탁에 있어서는 명의신탁자에 대한 횡령죄를 인정하면서도 매도인이 악의인 매수위임형 명의신탁에 있어서는 명의신탁자에 대한 횡령죄를 부정하는 것도 두 경우의 법률관계에 성격상의 차이가 있음을 근거로 하는 것이다.

그러나 판례가 매도인과의 관계에서도 횡령죄를 인정하지 않은 것이 타당한가는 의문이 아닐 수 없다. 판례는 매도인이 악의인 매수위임형 명의신탁에서 매도인과 명의수탁자 사이에 '처분행위를 유효하게 만드는 어떠한 신임관계가 존재하지 않는다'고 하는 이유로 횡령죄의 성립을 부정하는 것이나, 중간생략등기형 명의신탁에서도 그 신탁약정과 등기는 무효이므로 명의신탁자와 수탁자의 사이에 '처분행위를 유효하게 만드는 신임관계'란 존재한다고 할 수 없다. 그럼에도 판례는 중간생략등기형 명의신탁에서는 신탁자에 대한 횡령죄를 인정하므로 매도인이 악의인 계약위임형 명의신탁의 경우에는 처분행위를 유효하게 하는 신임관계의 부재를 이유로 횡령죄의 성립을 부정하는 것이 수긍되지 않는 것이다. 생각하건대, 판례가 중간생략등기형의 경우에 명의신탁자에 대한 횡령죄를 인정하는 것은 명의수탁자가 수탁물을 '유효하게 처분할 수 있는 지위'에 있기 때문이 아니라, 다만 횡령죄에서의 '타인의 재물을 보관하는 자'로서의 지위에 있기 때문이라고 해야 할 것이다. 그런데 판례는 매도인이 악의인 매수위임형의 명의수탁자에게는 그러한 지위가 인정되지 않는다는 취지이다. 그러나 수탁자가 점유하는 그 부동산이 매도인의 소유임은 틀림없다. 그것이 횡령죄의 보관관계가 아니라면 어떤 관계라고 하는 것인지 이해할 수 없다.

다만 매도인에 대한 횡령죄를 인정하는 데에는 매도인에게 사실상 피해가 없다는 것이 문제된다. 그러나 민사적으로 사실상 피해가 없다고 하더라도 매도인의 소유권 그 자체가 침해되는 것은 사실이므로 형법적인 관점에서 횡령죄를 인정하는 것을 특히 부당하다고 할 이유가 없다. 당사자들의 의사에 비추어 매도인을 피해자라고 하는 것이 적절하지 않은 것은 사실이나, 이것은 명의신탁을 금지하는 법률에서 기인하는 불가피한 결과라고 해야 할 것이다.

횡령죄를 인정해야 할 실제적 필요도 있다. 명의수탁자의 임의처분행위를 배임죄라고 하는 것은 다음에 지적하는 바와 같이 부당하므로 횡령죄도 인정하지 않는 것은 결국 무죄라고 하는 것이 된다. 이것은 중간생략등기형 명의신탁에서의 수탁자와 비교할 때 지나치게 불균형하다.

(3) 명의수탁자의 처분행위가 배임죄에도 해당할 수 있는가

일부 학설은 중간생략등기형 명의신탁의 경우나 매수위임형 명의신탁의 경우에 명의신탁자에 대한 배임죄를 인정한다. 이것은 신뢰위배라는 요소를 중시하는 것이다. 그러나 배임죄가 성립되려면 명의수탁자가 명의신탁자를 위하여 신탁 부동산을 관리하면서 신탁자의 허락 없이는 이를 처분하여서는 안 되는 의무를 부담하는 등으로 신탁자의 재산을 보전·관리하는 지위에 있을 것이 필요하다. 즉 명의수탁자가 명의신탁자의 당해 부동산에 관한 사무를 처리하는 자에 해당한다고 볼 수 있어야 한다. 그런데 명의신탁자는 그 부동산에 관하여 아무런 권리를 갖지 못한 자이므로 명의수탁자에게 그러한 지위를 인정하는 것은 불가능하다. 그렇다면 명의신탁자에 대한 배임죄를 인정하는 것은 이론상 부당하다고 해야 할 것이다.

제21강
위탁금전의 소비는 횡령죄인가 배임죄인가

1. 서언

형법 제355조 제1항의 횡령죄는 "타인의 재물을 보관하는 자가 그 재물을 횡령하거나 그 반환을 거부"하는 범죄이고, 동조 제2항의 배임죄는 "타인의 사무를 처리하는 자가 그 임무에 위배하는 행위로써 재산상의 이익을 취득하거나 제3자로 하여금 취득하게 하여 본인에게 손해를 가한 때"에 성립되는 범죄이다. 따라서 타인의 사무를 처리하는 자가 그 사무처리와 관련하여 보관하게 된 그 타인의 재물을 처분함으로써 그 타인에게 재산상 손해를 가한 경우에는 두 범죄가 모두 성립할 것처럼 보인다. 이러한 상황은 주로 위탁금전을 소비한 사안에서 발생되고, 이러한 경우에 횡령죄인가 배임죄인가 하는 문제가 대두된다.

그런데 대법원은 '횡령죄와 배임죄는 다 같이 신임관계를 기본으로 하고 있는 같은 죄질의 재산범죄로서 동일한 범죄사실에 대하여 단지 법률적용만을 달리하는 경우에 해당한다'고 한다.[1] 그런 까닭에 어느 구체적 사안에 횡령죄를 적용하는가 배임죄를 적용하

1) 대법원 1999.11.26, 99도2651; 대법원 1990.11.27, 90도1335.

는가는 기소하는 검사 또는 재판하는 판사의 자의적 선택에 맡겨져 있는 실정이다.[2] 학계의 일반적 견해도 '횡령죄와 배임죄는 모두 신뢰위반을 본질로 하는 범죄로서 다만 행위의 객체가 재물인가 재산상 이익인가에 따라 구별되는 특별·일반의 관계에 있다'고 하며, 그 이상의 논의는 무익한 것으로 취급한다. 이러한 태도는 두 죄의 구별이 실무상으로도 무익하다고 여기는 탓일지도 모른다.

그러나 두 죄의 구별은 이론의 측면보다는 실무에 있어서 오히려 중요하다. 횡령죄나 배임죄의 어느 것으로도 처벌할 수 있는 경우에는 두 죄의 법정형이 같으므로 그 구별에 별다른 의미가 없다고 할 수 있다. 그러나 두 죄는 구성요건이 다르므로 어떤 죄로 입건되었는가에 따라서 유죄가 되거나 무죄가 되는 결정적 차이가 생길 수 있다.[3] 그렇지 않더라도 최소한 범죄를 입증하는 것과 관련하여 공소를 제기하는 입장에서는 횡령이라고 하는 것이 편리하고, 소추당하는 측에서 보면 배임이라고 하는 것이 유리하다. 또한 관련법규의 적용에도 중요한 차이를 초래한다.[4] 동종의 행위가

---

2) 예컨대, 대법원 2006.11.10, 2004도5167 판결만 보더라도 그룹회장이 수회에 걸쳐 모기업의 자금을 계열회사에 대여한 행위들이 그 성격이 동일함에도 불구하고 어느 것은 횡령죄로, 어느 것은 배임죄로 처벌되고 있다.

3) 예컨대, 회사의 대표가 다른 사람으로부터 채무변제독촉을 받고 있는 직원에게 담보도 없이 부당대출한 사안에 있어서 대법원은 영업목적에는 위반하였으나 회사의 대부행위로서의 효력이 있으므로 불법영득이 인정되지 아니한다는 이유로 무죄를 선고했다(대법원 1984.11.13, 84도2112). 그러나 대부행위로서의 효력이 있다는 사실 그 자체만으로는 무죄의 이유로 충분하지 않다. 횡령죄로서는 무죄라고 하더라도 타인의 사무를 처리하는 자로서 채권회수에 위험이 있는 부당대출을 하는 행위이므로 배임죄로서 유죄일 가능성도 충분한 것이다.

4) 예컨대, 시가 10억원인 재물의 처분을 위임받아 구매자의 이익을 도모하여 그보다 염가인 9억원에 처분한 경우, 그 재물을 자기 물건처럼 처분한 것이라고 하여 불법영득의사를 실현한 횡령죄라고 하면 이득액이 5억원 이상인 횡령·

반복된 경우에는 동일 범죄로서 포괄1죄인가 두 죄의 경합범인가의 차이가 생기므로 형벌의 상한선에도 영향을 미친다. 그럼에도 두 죄의 구별과 관계에 관하여 무관심한 종래의 이론과 실무는 너무나 무책임하다고 하지 않을 수 없으며, 마땅히 시정되어야 할 것이다.

2. 사안

갑은 주민들이 서울 서대문구 연희동 소재 골프연습장 부지에 아파트를 건설하기 위하여 결성한 조합의 조합장이다. 갑은 그 조합원들로부터 위 건설비용으로 받은 돈을 조합원들의 동의를 받지 아니하고 위 건설부지로 결정된 곳도 아니며 건축허가의 가능성도 거의 없는 서울 관악구 신림동 산 108번지 등 5필지의 공원용지를 매수하는 자금으로 사용하였다. 피고인 갑의 행위는 횡령죄인가 배임죄인가.

3. 학설

학계의 일반적 견해는 보관중인 타인의 재물을 불법영득하는 범

배임의 죄를 범한 자를 가중처벌하는 규정인 특정경제범죄 가중처벌 등에 관한 법률 제3조가 적용된다. 그러나 구매자로 하여금 차액 1억원의 이익을 취득하게 하고 위임자에게 동액의 재산상 손해를 가한 배임죄라고 하면 이 특별법이 적용되지 않게 된다. 또 횡령죄라고 하면 횡령한 그 재물은 장물이 되므로 이를 취득한 자에 대하여는 장물죄가 적용되지만, 배임죄라고 하면 행위의 객체는 재물이더라도 배임죄로 인하여 취득한 것은 재물이 아니라 재산상 이익이므로 장물죄가 적용되지 않는다.

죄가 횡령죄이고, 타인의 사무를 처리하는 자가 그 임무에 위배하여 재산상 이익을 취득하고 본인에게 재산상 손해를 가하는 범죄가 배임죄이므로 두 죄의 구별도 행위의 객체에 의하여 구별된다고 한다. 즉 행위의 객체가 재물이면 횡령죄이고, 그것이 재산상 이익이면 배임죄라는 것이다. 그러므로 위탁금전에 관하여도 그 금전의 타인성에 의하여 횡령죄와 배임죄를 구별한다. 즉 그 금전 소유권이 위탁자에게 유보되어 있으면 횡령죄가 성립되고, 보관자 자신의 소유로 이전되었으면 배임죄가 성립할 수 있다는 것이다.

그런데 금전의 타인성을 결정하는 문제는 그다지 간단하지 않다. 거래의 안전을 중시하는 민사법의 영역에서는 고도의 유통성과 대체성을 가진다는 금전의 특성을 고려하여 점유와 함께 그 소유권도 이전된다고 하는 것이 원칙적 법리이나, 거래의 안전보다는 정적(靜的) 안전을 중시해야 하는 형사법의 영역 있어서도 그렇게 해석해야 할 것인지가 문제되기 때문이다. 물론 금전도 특정물로서 위탁된 경우에는 그 점유는 이전되었으나 그 소유권은 위탁자가 유보하고 있음이 명백하여 금전의 타인성이 인정되므로 수탁자의 임의소비가 횡령죄를 구성한다는 데에는 아무런 의문이 없다. 소비임치의 경우에도 임치받은 자에게 소유권을 이전하는 것이므로 금전의 타인성이 부정되어 횡령죄가 성립되지 않는다는 점은 마찬가지이다. 그러나 수탁자에게 자유로운 처분이 금지되고 위탁자를 위해 보관·처분할 의무가 있는 일반적인 위탁의 경우에는 그 금전을 누구의 소유라고 해야 하는지가 명백하지 않은 것이다.

학계는 사용목적과 용도가 제한되지 않은 채 위탁된 금전은 그 소유권이 수탁자에게 이전된다고 함으로써 그 금전의 소비행위가 배임죄에 해당된다는 데에는 일치한다. 다만 사용목적과 용도가 제한되어 위탁된 경우에 관하여 견해가 대립한다. 횡령죄설은 그 사용목적과 용도가 한정된 위탁금전은 그 목적과 용도에 사용될 때까지 소유권이 위탁자에게 유보된다고 보아야 하므로 용도제한에 위반한 소비는 횡령죄가 된다고 주장한다.[5] 배임죄설은 그 용도에 제한이 있다고 하여도 수탁자는 그 위탁의 취지에 따라야 할 의무를 부담함에 그칠 뿐 이로 인하여 위탁자의 소유권이 유보되는 것은 아니므로 언제나 배임죄를 구성한다고 주장한다.[6] 위 사안에 있어서는 조합 자금의 용도가 한정되어 있으므로 횡령죄설은 피고인의 행위를 횡령죄라고 할 것이고, 배임죄설은 용도가 한정되었다는 사실과 무관하게 배임죄라고 할 것이다.

그런데 배임죄설이나 횡령죄설의 원칙적 이론을 일부 수정하는 견해도 주장되고 있다. 회사나 단체 등이 소유하는 금전을 조직내부의 사무분담에 따라 관리·보전하는 경우에는 금전의 타인성이 강하게 나타난다는 등의 이유에서 용도의 제한이 없는 경우에도 횡령죄를 인정하거나,[7] 타인의 고용인으로서 단독점유가 인정되는 자의 경우는 위탁과 구별하여 '타인 소유의 금전을 점유하는 자'의 행위라고 해야 하므로 그의 용도외의 사용은 횡령죄가 인정될 경우가 있다고 하는 것이다.[8] 이 입장에서는 위 사안을 횡령죄라고 할 것이다.

---

5) 김/서, 359면; 박상기, 376면; 정/박, 434면.

6) 김종원, 228면; 배종대 528면: 오영근, 474면; 유기천, 276면; 이재상 403~404면; 임웅, 447면.

7) 김/서, 363면. 배종대, 526면.

8) 임웅, 447면.

4. 대법원의 판단

위 사안에 관하여 대법원은, "조합 등의 단체에 있어서 그 자금의 용도가 엄격하게 제한되어 있는 경우에는 그 용도 외의 사용은 그것이 조합을 위한 것이라고 하더라도 그 사용행위 자체로서 불법영득의 의사를 실현한 것이 되어" 횡령죄가 성립된다고 판단하였다.[9] 이와 같이 판례는 일반적으로 사용목적과 용도가 한정된 위탁금전의 소비를 횡령죄로 인정할 때에는 횡령죄설의 논리를 사용한다.[10]

5. 검토

(1) 두 죄의 구별과 관계

1) 두 죄는 본질이 같은가

학설 · 판례는 두 죄의 본질이 신뢰위배로서 공통적이라고 하나,

---

9) 대법원 1992.10.27, 92도1915.

10) 대법원 2002.5.10, 2001도1779; 대법원 2000.3.14, 99도4923; 대법원 1999.7.9, 98도4088 등. 이러한 판례들을 근거로 학계는 대법원이 횡령죄설의 입장을 취한다고 평가하는 것이 일반적이다. 그러나 용도가 한정되지 않은 수탁금전을 개인적으로 임의소비하는 것이 분명한 경우만이 아니라, 그렇게 평가되는 경우에도 횡령죄를 인정하거나 횡령죄의 문제로서 판단하여 무죄를 인정한다. 예컨대, 대법원 2000.12.27, 2000도4005; 대법원 1983.9.13, 82도75; 대법원 1980.5.27, 80도132; 대법원 1955.6.28, 4287 형상 151 등. 대법원 1984.11.13, 84도2112와 대법원 1990.5.8, 90도599는 횡령죄로서 무죄를 선고한 것이다. 또한 용도가 한정된 금전의 소비에 관하여도 배임죄를 인정하거나 배임죄로서 판단하여 무죄를 인정하는 경우도 있다. 대법원 1990.7.24, 90도1042; 대법원 1983.7.26, 83도819; 대법원 1974.5.14, 73도3208. 그러므로 대법원이 횡령죄설의 입장이라고 단정하는 것은 곤란하다.

이는 잘못된 판단이다. 위탁자에 대한 신뢰위배가 아닌 사안에서도 횡령죄를 인정하는 이상 횡령죄의 본질을 신뢰위배라고 하는 것은 무의미한 일이고,[11] 우리 배임죄의 본질을 신뢰위반이라고 하는 견해가 타당한가도 재고할 여지가 충분하므로[12] 두 죄의 본질이 같다고 단정할 수는 없다.

2) 두 죄는 행위의 객체로 구별되는가

두 죄가 행위의 객체로 구별된다는 학계의 일반적 견해는 진실을 전혀 외면한 것이어서 도저히 이해할 수 없다. 횡령죄의 객체는 재물에 한정되므로 행위의 객체가 재산상 이익인 때에는 성립될 수 없으나, 배임죄의 객체에는 제한이 없어 재물과 재산상 이익 모두를 그 객체로 하여 성립될 수 있다. 행위의 객체가 재물인가 재산상 이익인가에 의하여 두 죄를 구별할 수 있다는 주장은 재산상 이익에 대하여는 횡령죄가 성립할 수 없다는 의미에서만 타당할 수 있다. 행위의 객체가 재물인 경우에 횡령죄가 성립되는 것은 물론이나, 배임죄도 성립될 수 있다. 그런 까닭에 행위의 객체가 재물인 경우에 두 죄의 구별이 문제되는 것이다. 그럼에도 행위의 객체에 의하여 두 죄를 구별한다는 것은 사실상 그 구별을 포기하는 것에 불과하다.

3) 두 죄는 특별 · 일반의 관계인가

학계는 두 죄가 본질이 같으면서 행위의 객체만을 달리 하는 범죄라고 함으로써 두 죄의 관계도 특별 · 일반의 관계에 있다고 한

---

11) 앞의 "불법원인위탁물의 영득은 횡령죄인가 무죄인가"의 검토부분인 "횡령죄는 신뢰파괴죄인가" 참조.

12) 배임죄 부분에서 검토하기로 한다.

다. 특별관계는 어느 구성요건이 일반관계인 구성요건의 요소를 모두 포함하는 외에 더 나아가 다른 요소를 포함하고 있는 관계를 말한다. 그런데 횡령죄와 배임죄는 구성요건이 서로 달라 중복되는 것이 아니므로 횡령죄의 구성요건에 해당한다고 하여 항상 배임죄의 구성요건을 충족하는 것은 아니다. 두 죄는 행위의 객체만을 달리하는 것이 아니다. 주체를 보더라도, 횡령죄의 주체인 타인의 재물을 보관하는 자는 배임죄의 주체인 타인의 사무를 처리하는 자와 그 범위가 다르다. 또한 횡령행위는 불법영득이나 배임행위는 자신 또는 제3자가 재산상 이익을 취득하고 피해자에게 재산상 손해를 가하는 행위이다. 따라서 두 죄가 동시에 성립할 수는 없으니, 특별법과 일반법의 관계에 있다고 하는 견해는 수긍하기 어렵다. 두 죄는 상호 독립적인 범죄로서 특정한 범위에서만 외관상 두 죄가 모두 성립될 수 있을 것처럼 보일 뿐인 것이다.

(2) 금전의 타인성으로 문제가 해결되는가

위탁금전에 관한 횡령죄설과 배임죄설은 횡령죄와 배임죄가 행위의 객체가 재물인가의 여부에 의하여 구별된다는 사실을 전제로 하여 위탁금전의 경우에도 그 금전을 위탁자 소유의 재물이라고 볼 수 있는가 하는 관점에서 논쟁하는 것이다. 그러나 이러한 논쟁은 그 전제부터 잘못된 것이다. 즉 금전의 타인성이 인정된다고 하여 반드시 횡령죄만 성립되는 것은 아니므로 그것만으로는 위탁금전의 소비가 횡령죄인가 배임죄인가를 구별하는 데에 충분하지 않은 것이다.

실제로도 이 논쟁에는 한계가 드러나고 있다. 횡령죄설이나 배임죄설은 모두 용도의 제한이 없는 위탁은 소유권을 이전하는 것이라고 함으로써 언제나 횡령죄가 성립될 수 없다고 주장하나, 사용목적과 용도에 제한이 없는 위탁금전은 언제나 그 소유권이 수탁자에게 이전된다고 하면 사실상 부당한 결과가 생기는 경우가 있다. 단체의 대표나 금전출납사무 담당자가 단체의 자금을 보관 중 자신이 소비하는 행위는 일반적으로 '공금횡령'이라고 부른다는 것은 엄연한 사실이다. 이를 횡령죄가 아니라고 함은 부당하다. 또 고용주의 지시에 따라 행동하는 가정부(家政婦)가 보관중인 고용주의 돈을 임의소비한 경우는 그가 고용주의 지시를 받아 행동할 뿐 독립적인 사무를 처리하는 자가 아니어서 타인의 사무처리자라고 인정되지 않으므로 배임죄는 성립할 수 없다. 따라서 가정부의 임의소비를 횡령죄가 아니라고 하면 무죄가 되어 부당하다.

또 횡령죄설은 용도의 제한을 소유권유보의 의미라고 주장하나, 용도를 제한하는 위탁의 경우에도 금전의 처분 그 자체는 허용하는 것이므로 그 주장은 비논리적이다. 대법원은 용도가 엄격하게 제한된 위탁금전을 용도 외에 사용하는 행위는 '그 사용행위 자체로서 불법영득의 의사를 실현'한 것이 되어 횡령죄가 성립한다고 한다. 그러나 절차위배 또는 권한남용일 뿐인 용도위배를 자기의 소유인 것처럼 처분하는 불법영득의사의 발현이라고 단정해야 할 합리적인 근거가 없다.[13] 특히 위 사안에서와 같이 "조합을 위한 것이라고 하더라도" 그 사용행위 자체로서 불법영득의 의사를 실현한 것이라고 하는 등, '위탁자를 위한 횡령죄'를 인정하는 것은,

13) 용도위배를 불법영득의사의 발현이라고 하는 것은 일본에서 사용하는 논리이기도 하다. 일본의 횡령죄는 배임죄보다 법정형이 높으므로 수탁금전을 용도에 반하여 사용하는 행위를 횡령죄로 처벌하기 위한 논리인 것이다. 그러나 우리 형법에서는 두 죄의 법정형이 같으므로 굳이 이러한 논리를 세워 횡령죄라고 할 이유가 없으며 배임죄로 처벌하면 충분하다.

횡령죄란 위탁의 취지에 반하는 처분행위로써 이득을 취하는 이욕범죄라는 사실과 모순된다. 대법원 스스로도 일반적으로는 위탁자를 위한 처분은 불법영득이 아님을 인정하고 있다.[14)]

(3) 결어

그러므로 구별의 기준은 새로 마련해야 한다. 금전위탁의 사례에서는 금전위탁의 특수성을 고려할 필요가 있다. 즉 횡령죄의 객체인 재물이라는 개념은 가치로서의 금액을 포함하게 되었으므로[15)] 보관금전의 타인성이 인정되는가의 여부에 의하여 횡령죄의 성립여부가 결정된다는 사고에서 탈피해야 한다. 다시 말하면, 위탁자를 위하여 보관하거나 사용할 수 있을 뿐 자유로운 처분이 금지되는 금전위탁에 있어서는 그 수탁자가 자유롭게 처분할 수 없는 그 금전 또는 그와 대체할 수 있는 동일한 가치의 금전을 현실적으로 확보해야 한다는 사실이 중요하며, 형법은 그러한 상태를 횡령죄로서 보호하는 것이라고 해야 한다. 결국 수탁자가 확보할 금전은 특정물이 아닌 일정의 금액이므로 형법의 영역에서 금전소유권의 개념은 '금액(가치)소유권'의 관념으로 대체되어야 한다. 그리고 위탁의 성격상 금액소유권은 이전되지 않는다. 금전수탁자의 의무는 '위탁의 취지에 따라 일정한 금액을 보관·관리할 의무'이고, 위탁금전의 임의소비는 그러한 의무의 위배이다.[16)] 그 의무에

---

14) 대법원 1982.3.9, 81도3009; 대법원 1983.11.8, 82도800; 대법원 2000.2.8, 99도3982 등.

15) 예컨대, 타인의 금전을 예금형태로 보관하던 중 그 일부를 인출하여 소비하는 행위는 특정의 금전이라는 재물이 아니라 일정한 금액으로서의 가치에 대한 범죄이지만 횡령죄를 인정하는 데에 아무런 이의가 없다.

16) 그렇게 해석해야만 수탁받은 금전을 다른 것으로 대체하거나 자신의 금전과

위배하는 보관금액의 소비는 횡령죄에 해당할 수도 있고 배임죄에 해당할 수도 있다. 두 죄의 구별은 결국 구성요건해당성 판단의 문제에 귀착된다.

생각하건대, 위 사안에서 피고인 갑은 그 토지매수가 '조합을 위한' 행위였다고 변명한 것으로 보인다. 그러나 피고인 갑이 건축허가의 가능성도 거의 없는 공원용지를 매수한 배경에는 범죄적 이유가 있음이 틀림없다. 정당한 토지가격을 부풀려 매수함으로써 그 차액을 스스로 취득하거나 팔리지 않는 토지를 매수함으로써 토지소유자의 편익을 도모한 것이 아니라면 그러한 토지를 매수할 이유가 없기 때문이다. 그러므로 피고인 갑이 유죄로 인정되어야 하는 데에는 충분히 수긍할 수 있다. 다만 횡령죄가 아니라, 피고인 갑 자신이 이득하거나 토지소유자로 하여금 이익을 취득하게 하고 조합에 동액의 재산상 손해를 가한 배임죄로서 유죄여야 하는 것이다.

혼합하여 보관하는 것이 허용된다는 사실을 쉽게 이해할 수 있게 된다. 일시유용도 확실한 보충수단이 미리 마련되어 있는 상황에서의 일시사용은 소비하여 범행이 성립된 후 사후에 피해를 보상하는 것과는 다르게 취급되어야 한다. 별도의 금전이나 예금이 있어 '필요한 시기에 다른 금전으로 대체시킬 수 있거나'(대법원 1984.11.13, 84도1199; 대법원 1987.5.26, 86도1946; 대법원 1990.1.23, 89도904; 대법원 1995.10.12, 94도2076 등) '필요경비로서 일정한 절차를 거치면 그 지출이 허용될 수 있는' 경우(대법원 2002.2.5, 2001도5439; 대법원 1995.2.10, 94도2911; 대법원 1989.10.10, 87도1901 등)에는 일시 유용하더라도 일정한 금액의 보관을 유지할 의무에 위반한 것이 아니어서 횡령죄가 성립되지 않는다는 점등이 쉽게 수긍된다.

제22강
횡령죄와 배임죄의 구별기준은 무엇인가

1. 서언

학계의 일반적 견해는 횡령죄인가 배임죄인가는 행위의 객체에 의하여 구별할 수 있다고 하므로 두 죄를 구별하는 기준에 관하여는 그 이상의 논의를 하지도 않는다. 그러나 두 죄의 구별은 행위의 객체가 재물인 경우에 문제되는 것이므로 이러한 학계의 태도는 사실상 두 죄의 구별을 포기하는 것일 뿐 아니라, 후학을 오도하는 과오까지를 범하는 무책임한 태도라고 하지 않을 수 없다. 다만 일부에서 권한의 초월인가 권한의 남용인가 또는 누구의 명의나 계산으로 한 처분인가에 의하여 구별하려는 견해가 주장되고 있으나, 이러한 견해들도 기본적으로는 행위의 객체에 의하여 구별하는 입장을 벗어나지 못함으로 인하여 그대로 수용하는 데에는 의문이 제기된다.

판례도 두 죄의 구별에 관한 일반적 기준을 명시하지는 않고 있다. 그러나 행위의 객체가 재물인 경우에도 배임죄를 인정하는 것으로 보아 행위의 객체가 재물인가 재산상 이익인가에 의하여 구별하는 것이 아님은 분명하다고 할 수 있으며, 행위의 객체인 재물의 처분행위가 불법영득의사의 발현인가의 여부에 의하여 횡령죄의 성립여부를 판단하는 경향을 보인다. 판례는 용도를 제한하여 위탁된 금전을 그 용도에 위반하여 처분하는 행위나 처분자 자신의 소유로 취득하는 것이 아니라 제3자로 하여금 취득하게 하는 처분행위 등을 불법영득이라고 한다. 그러나 그것들이 모두 불법영득의사의 발현이라고 할 수 있는지에 대하여는 많은 검토가 필요하며, 결국 어떤 경우에 불법영득의사가 발현된 것으로 볼 것인가 하는 점이 관건인 것이다.

그러므로 두 죄의 구별을 위한 일반적·추상적 기준을 마련할 필요가 절실하다고 생각한다.

2. 사안

갑은 주주 대부분이 이북5도의 도민회·군민회 등의 단체 또는 개인인 은행의 은행장으로서 그 은행의 예산 중 업무추진비를 인출하여 비자금을 조성하고 그 중 일부를 이북5도의 전·현임 도지사 등에게 판공비 또는 명절 무렵의 인사 명목으로, 위 은행의 임원과 실 국장들에게 명절 무렵의 수고비 명목으로 각 지출하였다.

그런데 이 은행의 예산관리규정에는 그 업무추진비를 사용할 용도가 정해져 있고, 이북5도의 전 현직 도지사나 은행의 임원 등에게 판공비 또는 명절 무렵의 수고비 명목으로 그 추진비를 지급할 아무런 근거가 없다. 피고인 갑의 행위가 유죄라면 횡령죄인가, 배임죄인가.

3. 학설

(1) 행위의 객체

학계의 일반적 견해는 행위의 객체가 재물인가 재산상 이익인가에 의하여 횡령죄인가 배임죄인가를 구별하는 입장이라는 점은 이미 적었다. 또한 이 입장에서는 위탁금전에 관하여도 그 금전소유권의 귀속을 쟁점으로 하여 횡령죄설과 배임죄설이 다투어지고 있음은 앞에서 적은 바와 같으며, 위 사안에서도 마찬가지의 결론이 될 것이다.

(2) 행위의 태양

횡령죄의 본질에 관하여 월권행위설을 취하는 입장에서는 위탁물에 대한 일반적·추상적 권한을 초월(일탈)하는 처분이 있으면 횡령죄이고, 권한의 범위 내에서 구체적 권한을 남용하는 처분이 있으면 배임죄라고 주장한다.[1)]

그러나 '권한의 남용'과 '권한의 초월'을 실제적으로 구별하는 데에는 어려움이 있다는 것이 문제이다. 그 '권한'의 의미가 명백하지 않아 '권한의 남용'은 '권한의 초월'을 포함하는 개념일 수 있기 때문이다. 위 사례에서도 은행장은 은행의 업무추진비를 용도 외에 사용하기는 하였으나, 업무추진비를 사용할 일반적·추상적 권한이 있다는 점에서는 권한의 남용에 불과하므로 배임죄라고 할 수 있다. 그러나 은행장이라고 하더라도 은행의 규정에 정해진 용도에 위배하여 사용할 권한은 없다고 하는 관점에서는 당해 업무추진비의 사용은 권한의 초월이므로 횡령죄라고 할 수 있는 것이다.

---

1) 정/박, 418면. 이 견해는 일본의 소수설이기도 하다.

그뿐 아니라, 이 견해도 기본적으로는 행위의 객체가 재물인가 재산상 이익인가에 의하여 두 죄를 구별하는 입장에서 위탁금전의 사용에 관하여는 그 금전의 용도에 제한이 있는가에 의하여 용도 제한이 있으면 횡령이라고 하는 횡령죄설을 취한다는 것도[2] 문제된다. 즉 용도 외의 사용이 횡령이라면, 횡령이란 권한의 초월을 의미한다는 것이므로 용도의 위반은 언제나 권한의 초월이라고 하는 논리여야 하기 때문이다. 그렇다면 권한의 초월과 권한의 남용은 더욱 그 구별이 어렵게 될 것이다.

(3) 행위의 형식

처분자 자기의 명의나 계산으로 처분하면 횡령죄이고, 위탁자 본인의 명의나 계산으로 처분하면 배임죄라는 견해도 주장된다.[3]

그런데 우선 그 '계산'이라는 기준의 의미가 문제이다. 이 견해는 처분의 절차나 수단에 관련되는 개념으로 사용하는 것이 아니라, 경제적 이익 또는 효과의 귀속이라는 의미라고 하므로[4] 그 취지를 이해하기 어렵다. 생각하건대, 경제적 효과로서의 재산상 손해는 언제나 위탁자 본인에게 귀속되고, 재산상 이익은 그 처분목적물의 취득자에게 귀속된다. 경제적 이익과 경제적 효과는 동일한 개념이 아니다. 위 사안을 보더라도 그러하다. 피고인 갑이 지출한 자금은 은행의 자금이므로 그 지출은 은행에 자금감소라는 경제적 효과를 초래한다. 경제적 이익은 이북5도의 전·현직 도지사나 은

2) 정/박, 434면.
3) 안동준, 239면. 이 견해는 일본의 다수설·판례이다.
4) 일본에서도 경제적 효과의 귀속이라는 의미로 사용하는 견해가 없지는 않다 (예컨대, 山口 厚, 刑法各論, 有斐閣, 2005, 327면).

행의 임원 등에게 귀속된다. 이러한 경우 이 견해는 어떤 사실을 횡령과 배임의 판단기준으로 삼는다는 취지인지를 이해하기 어려운 것이다.[5] 그러므로 '계산'이라는 기준을 사용하려면, 처분행위가 소유권자만이 할 수 있는 처분행위로서 영득의사의 발현이라고 평가할 수 있는 경우 또는 먼저 자기의 것으로 만들어 처분함으로써 처분행위 이전에 이미 영득행위가 있었다고 추정할 수 있는 경우인가의 여부와 관련되는 의미로 사용해야 할 것이다.[6]

또한 이 견해도 위탁금전의 사용에 있어서는 그 금전이 위탁자 소유의 재물이 아니라는 이유로 언제나 배임죄라는 견해를 취한다는 것이[7] 문제이다. 즉 횡령죄와 배임죄의 구별문제는 위탁금전

---

5) 처분자의 명의와 경제적 효과의 귀속자가 일치하지 않을 때 무엇을 기준으로 판단하는가도 의문이다. 위 판례의 사안에서 피고인이 은행의 자금을 은행의 명의로 제3자들에게 교부하였다면 처분자의 명의와 경제적 손해의 귀속자가 일치한다. 그러나 피고인 자신의 명의로 교부한 경우에는 일치하지 않는다.

6) 일본에서도 자기의 계산이란 영득행위의 존재를 추인케 하는 계기라는 의미로 사용한다는 것이 일반적인 견해이다. 신용조합의 지점장이 지점의 예금실적을 높이기 위해 예금자에게 조합의 명의로 예금사례금을 지불하거나 융자를 받을 자격이 없는 자에게 고리의 융자를 한 사안에 있어서, 변호인은 조합의 계산으로 행한 것이므로 배임죄에 해당함은 별론으로 횡령죄는 아니라고 주장하였다. 그러나 최고재판소는 이를 배척하고 (전표조작 등의 방법으로) 조합자금을 피고인이 자유롭게 처분할 수 있는 상태에 두어 처분한 것이므로 피고인의 계산으로 행한 것이라고 보아야 한다고 함으로써 업무상횡령죄를 인정하였다(最判昭33.10.10 刑集12卷14号3246면). 이 판례가 말하는 자기의 계산의 의미에 관하여, 횡령의 본질이 권한일탈이라고 하는 입장에서는 권한을 일탈하여'소유권자만이 할 수 있는'처분을 하는 것을 의미한 것이라고 해석한다. 횡령의 본질이 불법영득이라고 하는 입장에서는'먼저 영득하여 자기의 것으로 만들어'처분하는 것은 불법영득이며, 위 판례가 피고인이 조합자금을'자유롭게 처분할 수 있는 상태'로 만들어 처분하였다고 하여 자기의 계산으로 행한 처분이라고 하는 것도 바로 그러한 취지라고 이해한다(前田雅英, 刑法各論講義, 東京大學出版會, 1999, 283면 및 佐左木史朗 編, 判例經濟刑法大系, 제3卷, 日本評論社, 2000, 77~78면 등 참조).

7) 안동준, 221면.

을 소비하는 경우에 일반적으로 발생하는 것이어서 특히 구별기준이 필요한 것임에도, 이 경우에는 언제나 배임죄라고 하면 '누구의 명의와 계산인가' 하는 구별기준은 사실상 별 의미가 없는 결과가 된다.

4. 대법원의 판단

위 사안에서 피고인 갑의 변호인은 피고인 갑의 행위가 은행을 위한 것으로서 예산항목의 유용에 불과하여 업무상횡령죄를 구성하지 아니한다고 주장하였다. 그러나 대법원은 이를 받아들이지 아니하였다. 즉 "업무상횡령죄에 있어서의 불법영득의 의사라 함은 자기 또는 제3자의 이익을 꾀할 목적으로 업무상의 임무에 위배하여 보관하는 타인의 재물을 자기의 소유인 것과 같이 사실상 또는 법률상 처분하는 의사를 말하는 것으로서, …예산관리규정상…위 업무추진비에서 이북5도의 전 현직 도지사 등에게 판공비 등을 지급한다거나 은행의 임원 또는 간부 직원에게 명절무렵의 수고비 명목의 돈을 지급할 수 있는 아무런 근거도 발견할 수 없어 결국 위 돈은 위 피고인이 업무추진비의 본래 용도와는 관계없이 자기의 개인적인 목적으로 지출한 것이라고 판단되므로, 원심이 위 피고인의 행위가 업무상횡령죄에 해당한다고 판단한 조치는 정당하다"고 판단한 것이다.[8] 요컨대, 제3자로 하여금 영득하게 하는 처분행위도 처분행위자의 불법영득이며, 지정된 용도외의 지출은 불법영득이 된다는 것이다.

8) 대법원 1994.9.9, 94도619.

5. 검토

(1) 구별의 기준

행위의 객체에 의하여 두 죄를 구별할 수는 없다. 권한의 초월인가 권한의 남용인가에 의하여 구별하려는 견해는 기본적으로는 행위의 객체에 의하여 구별하는 것을 포기하지 않음으로 인하여 그 적용에 어려움이 있을 뿐 아니라, 그 기준 자체에도 문제가 있다. 또한 누구의 명의나 계산의 처분행위인가에 의하여 구별하려는 견해도 마찬가지이다. 그러므로 구별의 기준을 새로 마련해야 할 필요는 매우 절실하다고 해야 한다.

두 죄의 구별은 결국 구성요건해당성 판단의 문제라는 사실과의 관련에서 해결해야 할 것이다. 횡령이란 타인의 재물을 '가로 채어(橫) 자기의 것으로 삼는(領)' 행위, 속된 말로 자신의 '호주머니에 넣는' 행위이다. 배임(背任)이란 타인의 사무를 처리하는 자로서의 임무에 위배하는 행위이다. 그러므로 자신의 명의로 처분하면 목적물을 자기의 소유인 양 처분하는 것이므로 불법영득의사의 발현으로서 횡령, 위탁자 본인의 명의로 처분하면 '위탁자의 사무를 처리하는 행위'이므로 배임행위라고 할 수 있다. 즉 누구의 명의인가를 기준으로 하는 것이다.[9] 그렇게 하면, 위탁금전의 사용에 관하여도 횡령죄설과 배임죄설의 논쟁은 불필요하게 될 것이다.

구체적으로 살피건대, 타인의 재물을 처분하는 구체적 행위의

---

9) 일본에서와 같이 '누구의 계산인가'라는 기준은 필요하지 않다. 그 '계산'이라는 기준은 경제적 의미로 사용되는 것이 아니라, 불법영득을 인정할 방편으로 사용하는 것에 불과하기 때문이다. 즉 '처분자의 계산으로 행한 처분이므로 불법영득이 된다'고 하더라도 그것은 '불법영득이므로 처분자의 계산으로 인정된다'는 판단을 전제로 하는 것이어서 일종의 순환논리라고 생각된다.

형태는 ① 사실행위에 의하여 영득하는 경우 또는 자기 명의로 처분하여 자기가 취득하는 경우, ② 자기의 명의로 처분하여 제3자로 하여금 취득하게 하는 경우, ③ 위탁자의 명의로 처분하여 자기가 취득하는 경우, ④ 위탁자의 명의로 처분하여 제3자로 하여금 취득하게 하는 경우 등으로 나누어 볼 수 있다. 이러한 행위 중에서 ①은 처분자 자신의 불법영득임에 아무런 의문이 없다. ②도 처분자 자신이 먼저 불법영득하여 불법영득한 그 재물을 처분하는 행위로 평가되어야 하므로 처분자의 불법영득이다. 문제는 '위탁자의 명의'로 처분하여 자기가 취득하거나 제3자로 하여금 취득하게 하는 ③④의 처분행위이다. ③의 경우는 행위의 객체인 재물을 자기의 호주머니에 넣는다고 할 요소가 있으므로 그 판단이 어렵다. 그러나 이 경우에도 처분행위의 객체는 재물이지만, 그 처분으로 인하여 재물의 소유권이 변동된다는 사실은 그로 인한 재산상 이익과 손해의 발생이라는 판단에 매몰(埋沒)되어 독자성을 상실한다고 보면 충분하다. 처분행위의 형태가 배임죄의 구성요건을 충족함에도 굳이 횡령죄로 인정하는 것은 배임죄를 독자적인 범죄가 아니라 횡령죄의 보충적 범죄로 전락시킨다는 점에서도 부당하다. ④의 경우는 소위 제3자의 영득의 문제로서 불법영득이라고 하는 것이 부당하다는 점에 관하여 다음에 별도로 검토한다.

(2) 불법영득의 범위

1) 용도제한의 위배는 불법영득의사의 발현인가

횡령죄설은 용도가 제한된 위탁금전은 그 소유권이 위탁자에게 유보되므로 그 영득은 횡령죄가 된다고 주장하고, 판례도 그러한 위탁금전을 제한된 용도 외로 사용하는 행위는 곧 불법영득의사의 발현이라고 한다. 그러나 그렇게 단정해야 할 합리적 근거가 없다는 점은 이미 앞에서 지적하였다. 특히 용도 외의 지출이더라도 위탁자 본인을 위한 지출이 있을 수 있으며, 그러한 지출은 불법영득의사의 발현이라고 할 수 없다는 사실은 두 말할 필요도 없다.

위 사안에서 대법원이 피고인의 '개인적인 목적으로' 지출한 것이라는 이유를 들어 횡령죄를 인정한 것도 (개인적 목적의 지출이라는 판단 자체가 타당한 것인가는 별론으로) 용도 외의 지출이라는 사실만으로는 불법영득이라고 인정할 수 없다는 점을 사실상 시인하는 취지를 포함하는 것이라고 해석할 수 있다.

2) 제3자의 영득도 횡령행위인가

학설·판례는 횡령죄에 있어서의 불법영득의 의사란 보관하는 타인의 재물을 자기 또는 제3자의 이익을 꾀할 목적으로 자기의 소유인 것과 같이 사실상 또는 법률상 처분하는 의사라고 하는 데에 일치한다. '자기의 소유인 것과 같이' 처분하는 것은 실질적으로 누구의 이익을 도모한 것인가를 불문하고 불법영득의사의 발현이라고 해야 한다는 데에는 이의가 있을 수 없다. 문제는 어떠한 처분행위를 자기의 소유인 것같이 처분하는 행위라고 할 것인가 하는 점이라고 해야 할 것이다. 실제로는 처분목적물을 제3자로 하여금 취득하게 하는 처분행위가 문제된다. 이러한 처분행위도 자기의 명의로 처분하는 경우에는 일단 자기가 영득하여 제3자에게 교부하는 것으로 해석되므로 이를 처분자의 불법영득이라고 하는 데에는 별다른 의문이 있을 수 없다. 다만 위탁자 본인 명의의 처분행위에 의하여 이뤄진 경우에 한하여 (편의상 제3자의 영득이라고 표현한다) 이를 처분자의 불법영득이라고 할 수 있는가가 문제되는 것이다.

학계는 절도죄의 부분에서 제3자의 영득이 처분자의 불법영득인가의 여부를 논하고 있다. 일반적 견해는 제3자의 영득도 불법영득이라고 하나, 그 논거는 충분하지 않다.[10] 어떤 행위를 범죄라고 할 것인가의 해석은 구성요건을 근거로 해야 한다. 살피건대, 강도·사기·공갈·배임죄 등의 범죄구성요건은 목적물인 재물 또는 재산상 이익을 범인 자신이 취득하는 경우와 제3자로 하여금 취득하게 하는 경우를 각 명시하고 있다. 그것은 제3자로 하여금 취득하게 하는 것은 범인 자신의 취득과는 구별되는 별개의 사실이라는 것을 의미한다. 그런데 횡령죄는 배임죄와 같은 조문에 규정되어 있음에도 그 구성요건에 제3자의 영득이 규정되어 있지 않다. 이러한 규정의 형태로 보아, 입법자가 횡령죄의 구성요건에 제3자의 영득을 규정하지 않은 것은 단순한 실수가 아니라 의도적인 것이라고 해야 한다.

요컨대, 횡령죄의 구성요건에 제3자의 영득이 규정되지 않은 것은 처분목적물을 제3자로 하여금 취득하게 하는 처분행위는 횡령행위가 아니라고 하는 의도에 기인한 것이라고 해석해야 한다. 다만 제3자의 영득도 처분자 자기의 명의로 행해진 처분의 경우에는

---

10) 불법영득에 제3자로 하여금 취득하게 하는 경우를 제외할 이유가 없다거나(김/서, 297면), 점유를 배제당한 권리자의 입장에서 보면 절취자가 어떠한 목적을 가지고 절취하였는가는 무의미하다거나(박상기, 260면. 임웅, 307면), 어느 누구도 먼저 재물을 자기가 영득하지 않고서는 제3자에게 영득시킬 수 없다(손동권, 288면)는 등의 논거에서 제3자의 영득을 불법영득에 포함시킨다. 그러나 이러한 논거들은 모두 제3자의 영득을 불법영득이라고 해야 할 적극적 이유가 되기에는 부족하다. 특히 마지막 논거는 일종의 순환논리이거나 의문의 여지가 없어 논의할 필요도 없는 일부 사례에 관한 것에 불과하다. 그러므로 제3자의 영득을 행위자의 불법영득이라고 하기 위해서는 더 설득력 있는 이유를 제시해야 한다.

그 처분 이전에 처분자의 불법영득이 있었다고 해석해야 하므로 그 경우에만 횡령죄가 되는 것은 다른 문제이다. 위탁자 본인 명의의 처분행위에 의한 제3자 영득의 사안을 횡령죄라고 해야 할 필요성이 있다면 횡령죄의 구성요건을 개정해야 한다.[11)]

위탁자 본인의 이름으로 제3자로 하여금 목적물을 취득하게 하는 행위를 불법영득에서 제외함으로써 배임죄를 적용하는 것은 구체적 사안의 해결에 설득력을 갖게 하는 실익도 있다. 위 사안에 관한 대법원판결을 보더라도 그러하다. 판시취지로 미루어 보건대, 판공비 또는 인사명목의 돈 등은 은행의 명의로 지출되었고, 피고인 갑은 은행을 위해 지출한 것이었다고 변명한 것으로 짐작된다. 이러한 피고인 갑의 변명을 심리하는 것은 곧 은행장으로서의 임무에 위배하지 않고 정당하게 그 사무를 처리한 것인지의 여부를 심리하는 것이 되므로 배임죄로 판단하는 것이 오히려 자연스럽다. 그럼에도 대법원은 굳이 횡령죄로 판단함으로써 그 타당성에 의문이 제기되는 것이다. 즉 제3자에게 은행의 업무추진비를 지출할 예산관리규정상의 근거가 없다는 점만을 이유로 '본래 용도와는 관계없이 개인적 목적으로 지출한 것으로 판단된다'고 하여 횡령죄를 인정하였으나, 개인적 목적의 지출이라고 단정한 실질적 근거가 있는지는 의문이기 때문이다.[12)] 이러한 사례에서 배임죄로

11) 독일형법도 원래는 '자기의 영득'만을 규정하던 것을 1998년에 '제3자의 영득'을 포함하는 내용으로 개정하였다. 우리형법의 해석에 있어서도 종래에는 불법영득에 제3자의 영득을 포함하지 않는 것으로 해석하는 견해가 우세했으나 '지금은 사정이 바뀌었다'는 현상(김/서, 301면)이 독일형법의 개정과 관련이 없을까 하는 생각이 든다.

12) 피고인이 이북5도의 전·현직 도지사 등에게 판공비 등을 지급한 것은 그 은행의 주주 대부분이 이북5도의 도민회·군민회 등의 단체 또는 개인이라는 사정을 고려하여 은행의 사회적 평판을 높이려고 한 것이 주된 동기일 수 있다. 그

판단하는 것은 일반적으로 그 범의와 임무위배의 여부 등에 관한 심리를 보다 심층적으로 행하게 함으로써 실체적 진실발견을 통한 피고인의 정당한 권리보호에도 기여할 것이다.

렇지 않다면 하필 '이북5도의' 전·현직 도지사 등에게만 지출할 이유가 없기 때문이다. 또 은행의 간부 직원에게 명절 무렵의 수고비 명목의 돈을 지급하는 것도 일반적으로는 직장의 사기를 높여 업무효율성을 증대하려는 것이 그 주된 동기일 것이다. 실제로 은행을 위한 지출이었다면 무죄임이 물론이다.

제23강
부동산이중매매는 배임죄인가

1. 서언

부동산매매에 있어서 매매대금이 완불되더라도 소유권이전등기가 마쳐지기 이전에는 그 부동산의 소유권은 이전되지 않으므로 매도인은 이를 제3자에게 다시 매도하여 그에게 등기를 이전하는 것이 얼마든지 가능하다. 그러나 일반적으로 형법에서 논하는 부동산 이중매도는 1차 매수인과 매도계약을 체결하고 중도금까지 받은 상황에서 그 부동산을 다시 2차로 매도하여 그에게 소유권이전등기를 마치는 경우만을 가리킨다. 1차매수인에 대하여 채무불이행의 책임을 지는 것은 별론으로, 부동산 매도인이 누구에게 등기를 이전하는가는 민사상 그의 자유이며 이중매도는 그의 자유로운 권리의 행사이다. 그러나 이중매도는 1차매수인의 계약완결에 대한 신뢰를 배반하는 행위이다. 계약금만 수수(授受)된 상황이라면 계약당사자는 계약을 해약할 자유가 있으나, 중도금이 수수되면 그러한 자유가 없으므로 그 단계에서의 매수인의 계약완결에 대한 기대는 더욱 커진다. 그러므로 이러한 기대를 배반하는 행위는 범죄로서 처벌해야 할 사회적 요구에 직면하게 된다.

그런데 이중매도인이 애당초부터 1차매수인에게는 소유권을 이전할 의사가 없이 그로부터 매매대금을 받았다는 사실이 인정되면 사기죄에 해당할 것이나, 그 사실을 입증하는 것이 어려우므로 사실상 사기죄로는 처벌할 수 없다. 또 민법은 물권변동에 관하여 형식주의를 취하고 있으므로 부동산매매에 있어서 당사자 사이에 소유권이전의사의 합치가 있더라도 소유권이전등기가 있기 전에는 매도인은 여전히 부동산소유자이고 1차매수인의 재물을 보관하는 자가 아니므로 2차로 매도하더라도 횡령죄가 성립되지 않음은 물론이다. 그러므로 1차매수인에 대한 등기의무의 불이행을 임무위배행위라고 함으로써 배임죄로 처벌할 수 없는가 하는 문제가 고려된다.

그런데 배임죄는 타인의 사무를 처리하는 자가 주체가 되는 범죄이므로 부동산이중매도를 배임죄로서 처벌하기 위해서는 이중매도인이 타인의 사무를 처리하는 자의 지위에 있다고 인정할 수 있어야 한다. 학설·판례는 등기협력의무라는 개념을 매개로 타인의 사무처리자로서의 지위를 인정한다. 즉 우리 부동산등기법이 매도인과 매수인이 함께 등기소에 출석하여 등기를 신청하는 공동신청주의를 규정하고 있음을 근거로 하여 학설·판례는 매도인의 그러한 절차상의 의무를 등기협력의무라고 부르고, 이를 타인의 사무라고 함으로써 이중매도를 배임죄라고 하는 것이다. 그러나 그러한 등기절차와 관련된 의무는 본질적으로 매도인의 계약상 채무를 이행하는 '자기의 사무'라는 점에서 이를 타인(매수인)의 사무라고 하는 것이 타당한가에 관하여 근본적인 의문이 제기된다.

2. 사안

갑은 그 소유 부동산을 제1차로 OO주식회사와 노OO 및 김OO

등 3인에게 매도하고 계약금과 중도금 일부를 지급받았다가, 위 공동매수인중 노OO 및 김OO의 해제요청을 받고 위 회사 대표에게 해제의 의사표시를 한 후 제2차로 위 부동산을 윤OO에게 매도하여 계약금과 중도금을 지급받았다.

3. 학설

학계의 지배적 견해는 부동산매도인이 1차매수인으로부터 중도금을 지불받은 상태에서 이중매도하는 행위는 배임죄가 된다고 한다. 부동산매도인이 1차매수인으로부터 중도금을 지급받으면 일방적으로 해약할 수 없는 법률적 구속을 받게 되어 매수인의 소유권취득에 협력할 신의칙에 의한 신임관계가 발생하므로 매수인의 사무를 처리하는 자의 지위에 서게 되는 것이고,[1] 부동산매도인이 매수인의 소유권취득에 협력할 의무인 등기협력의무는 매수인의 재산보호·관리를 본질적 내용으로 하는 것이므로 타인의 사무에 해당한다는 것이다.[2]

그러나 소수의 견해는 잔금까지 지급받았을 때 비로소 배임죄가 성립된다고 한다. 즉 중도금의 지불단계에서 신임위배를 근거로 배임죄를 인정할 수는 없으나, 대금이 완불되고 등기서류가 교부되어 사회관념상 소유권을 이전하는 의사가 당사자간에 표명되었다고 인정될 때에는 소유권자의 처분권능이 매수인과의 관계에서 구속을 받게 되고, 이제는 목적물에 관한 재산상 사무는 매수인과

1) 김/서, 491면; 박상기, 408면; 이재상, 433면; 임웅, 477면.

2) 박상기, 408면; 배종대, 557면; 임웅, 477면.

의 공동사무가 되므로 타인의 사무가 된다는 것이다.[3)]

4, 대법원의 판단

민법은 물권변동에 관하여 소위 형식주의를 취하게 되었으나, 종래의 오랜 의사주의의 관행으로 인하여 대금이 완불된 후에도 등기절차의 이행이 소홀하였으므로 이중매도의 위험은 매우 농후하였다. 이러한 상황에서 민법이 시행되어 얼마 되지 않은 시점인 1963.8.31 서울고등법원 형사상고부가 '양도인의 등기에 협력할 임무는 자기의 사무임과 동시에 주로 타인인 양수인의 소유권취득을 위하여 부담하는 의무이므로 양도인은 타인의 사무를 처리하는 자에 해당한다'고 함으로써 이중매도에 배임죄를 적용하였다.[4)]

그 후 대법원도 '부동산 양도인의 등기에 협력할 임무는 자기의 사무임과 동시에 주로 타인인 양수인의 소유권취득을 위하여 부담하는 의무이므로 양도인은 타인의 사무를 처리하는 자에 해당하고',[5)] '등기협력 없이는 매수인 앞으로의 소유권이전을 완성할 수 없으므로 그 성질을 중시하여 등기의무를 주로 매수인의 소유권취득을 위해 부담하는 타인의 사무에 속한다고 본다'[6)]는 논리를 사용해 왔다. 그리고 '매도인이 계약금만을 지불받은 상태에서는 계약을 해제할 수 있으므로 타인의 사무를 처리하는 지위에 있지 않아 배임죄가 성립되지 않으나',[7)] '중도금까지 수령한 이상 임의

---

3) 김종원, 238면, 오영근, 516면도 같은 취지로 보인다.
4) 대법원 1963.8.31, 63도110.
5) 대법원 1975.12.23, 74도2215.
6) 대법원 1985.11.26, 85도1493.

로 해약할 권리가 없으므로 잔금수령과 동시에 소유권이전등기를 이행할 의무가 발생하여 매수인의 사무를 처리하는 지위에 서게 된다'고 하게 되었다.[8] 그리하여 부동산이중매도를 배임죄라고 하는 판례법리는 반세기를 넘도록 지배해 왔고, 위 사안에 관하여 배임죄를 인정한 것도 물론이다.[9]

5. 검토

(1) 학설

1) 배임죄의 신뢰관계가 있는가

어떤 행위를 배임죄라고 할 수 있는가의 여부는 배임죄의 본질론에 관련되는 문제이다. 배임죄의 본질에 관하여는 역사적으로 배신설과 권한남용설이 대립하여 왔다. 배신설은 배임죄가 '신뢰관계나 성실의무를 위배하여 타인의 재산을 침해하는 행위'를 처벌하는 범죄라는 견해이다. 그러므로 신뢰관계 또는 성실의무가 인정되는 관계에서는 배임죄의 주체가 될 수 있다. 그러나 배임죄를 인정하는 한계선이 불명확하여 자칫 모든 민사상의 채무불이행을 신뢰관계의 위배라는 이유로 배임죄로서 처벌하게 될 위험이 크다는 것이 근본적 약점이다. 권한남용설은 '타인의 재산을 처분할 수 있는 권한을 남용하여 타인의 재산을 침해하는 행위'를 처벌하는 범죄라는 견해이다. 그러므로 배임죄의 주체 범위가 명확하다. 그

---

7) 대법원 1984.5.15, 84도315.
8) 대법원 1984.8.21, 84도691; 대법원 1988.12.13, 88도750 등.
9) 대법원 1983.10.11, 83도2057.

러나 바로 그 때문에 처벌함이 마땅한 적지 않은 행위들을 처벌할 수 없게 된다는 것이 약점으로 지적된다.

우리 학계가 부동산이중매도를 배임죄라고 하는 것은 배임죄의 본질에 관하여 배신설을 취하기 때문에 가능하다. 그런데 배신설을 취하는 경우에는 단순히 채무불이행에 그치는 경우와 배임죄의 임무위배행위를 구별짓는 한계를 명확히 해야 하므로 배임죄의 신뢰는 일반적인 거래당사자 사이의 신뢰와는 다른 특별한 신뢰여야 한다는 사실에 특히 유의해야 한다. 그런데 부동산 매매의 당사자 사이에 존재하는 신뢰란 '계약이 지켜질 것으로 믿는 기대'로서, 이는 다른 모든 계약의 당사자 사이에도 존재하는 일반적 기대와 다르지 않다는 점이 문제이다. 비록 중도금이 수수된 단계일지라도 마찬가지이다. 중도금을 받으면 해약할 수 없도록 한 민법규정도 계약이행에 착수한 자의 경제적 손실을 방지하기 위한 것일 뿐,[10] 특별한 신뢰관계가 형성되어 그것을 보호하려는 취지는 아니다. 결국 이러한 신뢰관계의 위배를 이유로 배임죄를 인정하는 것은 다른 모든 계약의 불이행도 배임죄라는 것이 되어 부당하다.

2) 등기협력의무가 논거일 수 있는가

등기협력의무를 타인의 사무라고 하여 그 위배를 근거로 배임죄를 인정하는 것도 본래 불가능한 논리이다. 등기에 협력할 의무를 타인의 사무라고 할 수 있는가도 문제이지만, 등기협력의무는 중도금을 지불받은 단계에서는 '존재하지도 않으므로'[11] 그 의무가

---

10) 대법원 1993.1.19, 92다31323 참조.

11) 배종대, 558면은 '중도금을 지불받으면 해약할 수 없으므로 중도금을 수령한 이후에는 매수인의 등기에 협력할 의무가 있다'고 함으로써 마치 중도금을 지불받으면 등기협력의무가 발생한다는 취지로 오인될 위험이 농후한 주장을 펴

타인의 사무인가를 논할 이유조차 없다. 등기협력의무는 대금을 완불받을 때에 비로소 발생한다. 다수설은 '장래에' 발생할 수 있는 등기협력의무를 근거로 중도금을 받은 자에게 타인의 사무를 처리하는 자로서의 지위를 인정하는 취지라고 이해할 수 있다. 그러나 그러한 의미의 등기협력의무는 매매계약 자체의 내용에 불과한 것이다. 그러므로 그러한 의무위반이 배임죄가 된다면 계약금 수령의 단계에서 배임죄의 성립을 인정해야 하는 것이므로 중도금 수령의 단계에서 비로소 배임죄를 인정하는 것은 논리의 일관성을 기하지 못한 것이라고 할 수 밖에 없다.

3) 소결어

중도금 수령의 단계에서 배임죄가 성립된다는 다수설의 논거는 도저히 합리적이라고 할 수 없다. 다만 대금을 완불받은 단계에서 배임죄가 성립한다는 견해는 어느 정도의 타당성이 있다. 대금이 완불되면 현실적으로 등기협력의무가 발생하기 때문이다. 그런데 이에 대하여는 배임죄의 성립범위를 지나치게 축소시킨다거나,[12] 배임죄에서의 신임관계가 물권적 합의(物權的 合意)가 있을 때 발생한다고 볼 근거가 없다[13]는 등의 비판이 가해지고 있다. 그러나 배임죄의 성립범위를 지나치게 축소시킨다는 비판은 오히려 그 범위를 확장하는 것이 부당하다는 점에서 그 비판 자체가 비판되어야 하므로 적반하장(賊反荷杖)의 오류가 있다. 그러므로 등기협력

고 있다. 만일 진실로 그러한 취지라면 잘못된 주장임은 두말할 필요가 없다. 임의로 해약할 수 없다는 사실을 강조하려는 의도일 것이나, 임의로 해약할 수 없다는 것과 등기협력의무가 있다는 것은 동일한 의미가 아니다.

12) 김/서, 490면.

13) 이재상, 433면.

의무를 근거로 배임죄를 인정하는 입장이라면, 바로 이 단계에서 인정하는 것이 타당하다. 이 단계에서는 최소한 매도인이 '처리할 사무'가 존재하게 되기 때문이다.

그러나 등기협력의무란 본래 계약상의 자기 채무를 이행할 의무인 것이므로 이를 '타인의 사무'라고 할 수는 없다고 해야 한다. 결국 매매계약의 당사자는 타인의 사무를 처리하는 자의 지위를 가질 수 없으므로 이중매도는 배임죄에 해당하지 않으며, 단순한 민사문제에 불과하다고 해야 한다.

(2) 대법원의 입장

1) 기존 판례의 취지

기존 판례가 부동산이중매도를 배임죄라고 하게 된 것은 이중매도인이 타인의 사무를 처리하는 자의 지위에 있다는 법이론에 기초한 것이 아니라 우리나라의 부동산매매거래의 특징과 일정한 연관을 가질 뿐이다. 우리나라의 부동산매매거래의 중도금 지불단계에서는 거의 모든 경우에 매수인이 매매대금의 상당 부분을 지급하는 것임에도 그가 온전하게 매매목적물을 취득한다는 법적 보장이 없다. 그러므로 매수인을 보호하기 위하여 매도인의 이중양도 자체가 아예 일어나지 않도록 금압(禁壓)하는 수단으로 배임죄를 활용하게 된 것이다. 즉 중도금의 지급 등으로 부동산매매의 계약관계가 일정한 정도로 진행된 경우에는 정책적으로 매도인에게 매수인의 재산을 보관·관리하는 '신임관계를 인정'하여 그가 타인의 사무를 처리하는 자에 해당한다고 '평가'해 온 것이다.[14]

---

14) 동산이중양도에 관한 대법원 2011.1.20, 2008도10479 전원합의체 판결에서의 반대의견 참조.

부동산이중매도를 배임죄라고 해 온 것은 법이론에 기초한 결과가 아니라 정책적 필요에 의한 것이라는 사실은 2차매수인으로부터 중도금을 받고 1차매수인에게 등기를 이전하는 경우는 배임죄가 아니라는 판례들에서도[15] 확인된다. 즉 이 판례들이 "부동산 이중매매의 경우 매도인은 각 매수인에게 동 부동산에 대한 소유권을 이전해줄 의무가 있는 것이며 그 의무에 우열이 있는 것이 아니나 (등기의무의 우열이 없고, 2차매수인에게 등기를 함으로써 1차매수인에게 등기이행이 불가능하더라도 그것은 민사상의 채무불이행에 불과한 것이지만), 배임죄의 성립에 관해서는 민법의 위 이론을 그대로 적용할 수 없는 것이고, 부동산이 매도되면 형법은 부동산을 매도한 자에게 매수인을 위한 업무로 매수인에게 소유권을 이전해줄 의무를 성실히 이행할 것을 명하는 동시에 그 임무에 위배하고 동 부동산을 다시 타인에게 매도하고 그에게 소유권을 이전하는 것은 이를 금하고 있는 것"이라고 하는 것은 바로 그러한 의미이다. 다시 말하면, 원래 등기협력의무의 위배는 단순한 민사상의 채무불이행에 그치는 것이므로 배임죄는 아니나, '1차매수인에게 이전등기를 해주지 않고 2차매수인에게 이전등기를 하는 경우만큼은' 특히 금압(禁壓)해야 할 사회적 필요가 있으므로 배임죄로 처벌한다는 취지이다.

2) 판례의 변화

그런데 근래에 이르러 대법원 전원합의체는 동산이중양도의 사안에 관한 판결에서 동산이중양도는 배임죄에 해당하지 않는다는

---

15) 대법원 1977.10.11, 77도1116; 대법원 1986.12.9, 86도1112; 대법원 1992.12.24, 92도1223; 대법원 2009.2.26, 2008도11722; 대법원 2010.4.29, 2009도14427 등.

점과 아울러, 부동산이중매매를 배임죄라고 해온 기존 판례를 반성하는 내용의 획기적인 입장변화를 보였다.[16)]

즉 위 전원합의체 판결의 다수의견은 "부동산 이중매매의 사안에 관한 기존의 판례에 대하여는 행위의 비난가능성이라는 측면에 치중하여 민사법의 기본원리와 배치되고 논리적으로도 일관성이 없는 법해석을 한 나머지, 기본적으로 자기의 사무에 불과한 계약상 채무의 이행을 등기협력의무와 같은 작위적 개념을 이용하여 타인의 사무로 변질시킴으로써 배임죄의 적용범위를 부당히 확대시킨 것이라는 비판적인 견해가 있다는 점도 주목할 필요가 있다"고 하거나,[17)] "기존 판례가 부동산이중매도를 배임죄라고 해 온 것은 법리적 오류이고 그 오류를 동산의 이중양도의 경우까지 답습할 수는 없다"는 보충의견을 밝힌 것이다. 다만 "(부동산이중매도를 배임죄라고 하는) 기존 판례에 대하여는 여러 가지 측면에서 비판의 여지가 있으나, 이에 관한 판례법리가 오랫동안 판례법으로 굳어진 마당에 이를 정면으로 부정하는 입장을 택하기 어려운 측면이 있다는 점을 고려하여 여기서는 그 당부에 관한 논의를 유보한다"고 한 점이 아쉽다.

(3) 결어

부동산이중매도를 배임죄라고 할 것인가의 여부에 관한 논쟁은 구성요건의 엄격한 해석을 통하여 법관의 자유재량을 축소하고 국

---

16) 대법원 2011.1.20, 2008도10479.

17) 이 다수의견의 보충의견은 기존판례의 이론적 부당성을 여러 가지의 측면에서 상세히 피력하고 있다. 그 내용은 필자가 2001년부터 각종 논문과 졸저 '재산범죄론의 이해'에서 주장한 견해를 수용하는 취지이다.

가형벌권에 대한 개인의 자유와 지위를 옹호하려는 개인주의적 자유주의의 사고와 개인의 지위보장 보다는 사회의 안녕질서를 방위하는 데에 중점을 두는 전체주의적 경향의 사고와의 대립이다.[18] 기존 판례가 그간 부동산이중매도를 배임죄라고 해 온 것은 이중매도를 금압해야 한다는 사회적 필요에서 이론상의 오류를 무릅쓰고 그렇게 해 온 것에 불과하다. 이러한 사실은 대법원 스스로 시인하는 터이다. 그럼에도 학계는 부동산이중매도가 배임죄라고 하는 것이 이론상 타당한 것인 양 애쓰는 현상을 이해하기 어렵다.

학계가 부동산이중매도에 대한 사회적 처벌의 필요성 또는 실질적 불법성에 비추어 배임죄를 인정하려는 것이라면 죄형법정주의와의 충돌이라는 쟁점을 해결해야 한다. 그보다 근본적인 관점에서 살피건대, 아직도 우리의 부동산거래에 관한 민사제도가 매수인의 보호에 미흡하여 이중매도를 방지할 사회적 요청이 절실하다면, 그것은 형사법이 아니라 민사법이 해결할 과제이므로 그 영역에서 해결책을 찾아야 할 것이다.

18) 위 동산이중양도에 관한 판결의 다수의견과 반대의견은 바로 이러한 쟁점에 관한 견해의 대립이다. 즉 다수의견은 그 보충의견에서 이러한 기존판례는 법이론상 과오이므로 그 과오를 동산이중양도에도 답습할 수 없다고 주장하였음에 반하여, 반대의견은 기존 판례의 태도는 얼마든지 수긍되는 것이라고 주장하였다.

제24강 협력의무가 타인의 사무인가

1. 서언

배임죄는 타인의 사무를 처리하는 자가 그 임무에 위배하는 범죄이다. 배임죄의 주체는 타인의 사무처리자로서 한정되어 있고, 단순한 민사상의 채무불이행과 배임죄는 바로 그 채무의 이행이 타인의 사무처리에 해당하는가의 여부에 의하여 구별된다. 배임죄에 있어서 죄형법정주의를 실현하는 일은 타인의 사무라는 개념을 명확히 하는 것으로부터 시작되는 것이다.

판례는 "타인의 사무를 처리하는 자라 함은 타인의 재산관리에 관한 사무를 대행하는 경우, 예컨대 위임 · 고용 등의 계약상 타인의 재산의 관리 보전의 임무를 부담하는데 본인을 위하여 일정한 권한을 행사하는 경우만이 아니라, 등기협력의무와 같이 매매 · 담보권설정 등 자기의 거래를 완성하기 위한 자기의 사무인 동시에 상대방의 재산보전에 협력할 의무가 있는 경우"라고 한다.[1] 그러나 위임 · 고용 등의 계약에 의하여 타인의 재산관리에 관한 사무를 '대행(代行)'하는 자의 의무와 매매와 같은 계약관계에서 '거래완

---

1) 대법원 1983.2.8, 81도3137.

성을 위한 의무'는 그 본질이 전혀 다르다. '타인의 사무'란 '본래 그 타인이 처리할 사무'를 말하는 것이므로 타인의 재산을 보전·관리하는 사무를 대행하는 것은 타인의 사무일 수 있다. 그런데 매매와 같은 계약관계에서 거래완성을 위하여 상대방으로 하여금 거래목적인 재산을 취득하도록 협력할 의무는 본래 자신의 사무인 것이지 상대방의 사무는 아니다. 그럼에도 학계는 아무런 비판없이 위와 같은 판례에 동조하고 있다.

위와 같이 학설·판례가 거래 당사자의 등기절차이행과 같은 '자신의 계약상 의무'를 '상대방의 재산보전에 협력할 의무'라고 하여 이를 타인의 사무라고 함으로써 그 의무의 위배를 배임죄라고 하는 것은 배임죄의 본질에 관하여 신뢰위배를 배임죄라고 하는 배신설을 취하기 때문에 가능하며, 대리권의 남용을 배임죄라고 하는 권한남용설에 의하면 불가능한 발상이다. 그런데 배신설을 취하더라도, 모든 신뢰위배가 배임죄는 아닌 것이므로 '협력할 의무'인 성질이 있다는 이유만으로 그 의무를 배임죄의 타인의 사무라고 하는 것은 필연적인 논리적 귀결이라고 하기는 어렵다. 그러므로 계약에 의하여 부담하는 자기의 사무인 협력의무가 왜 배임죄의 타인의 사무로 되는지에 관한 충분한 논거를 제시하는 일이야말로 배임죄의 운용에 있어 해결해야 할 최상의 과제라고 해야 할 것이다.

그러나 협력의무가 왜 배임죄의 타인의 사무가 되는가에 관하여 학설이 제시한 논거는 충분하다고 여겨지지 않는다. 근본적으로는 우리 배임죄가 배신설을 입법화한 것인가 하는 점이 우선 해결되어야 하는 것이지만, 학계가 배신설 일색(一色)인 현상은 권한남용설을 진지하고 충분하게 검토한 결과의 산물로 보이지 않는다는

것이 심각한 문제이다.2)

2. 사안

사안 1

주세법에 따르면 주류제조면허권은 이를 타에 양도할 수 없고 만일 이를 어기면 그 면허에 대한 취소처분의 사유가 되는 것으로 규제되고 있다. 그러나 양도인은 세무관서에 대하여 그 면허의 취소신청을 하고 동시에 양수인은 새로이 면허 신청(흔히 이를 보충면허 신청이라 부른다)을 하는 방법에 의하여 주류제조면허를 사실상 양도하는 사례가 허다하고, 세무관서는 보충면허신청인에게 결

2) 후술하는 바와 같이, 독일의 배임죄는 권한남용설에 입각한 권한남용구성요건을 기본적 구성요건으로 하고 있으며, 일본의 경우에도 권한남용설적 견해들이 유력하게 주장되고 있는 것이 엄연한 사실이다. 그런데 우리 형법교과서는 배신설을 취하면서 권한남용설에 대하여는 별다른 의미를 부여하지도 않는다. 어떤 교과서는 "오늘날 권한남용설을 취하는 학자는 없다"고 기술함으로써 권한남용설은 더 이상 고려할 가치가 없는 역사적 유물에 불과하다는 뉘앙스를 풍기기도 하는 실정이다. 더군다나 권한남용설이 말하는 '권한'이라고 하는 것은 주로 대리권을 말하는 것임에도 권한남용설이 '자신의 권한을 남용하는 것'도 배임죄라고 하는 학설인 것처럼 소개하는 견해마저 발견된다. 즉 '부동산 매도인은 매수인을 위하여 행사되어야 할 등기처분권을 가진 자의 지위에 있다고 볼 수 있으므로 권한남용설의 입장에서는 매도인이 제1매수인이 아닌 타인에게 등기를 이전하고자 하는 것은 등기처분권을 남용하여 제1매수인에게 재산상 손해를 입히게 되므로 배임죄가 성립한다고 할 수 있다'고 터무니없는 주장을 하는 것이다(권오걸, "동산의 이중매매와 배임죄", 비교형사법연구 제13권 제2호, 한국비교형사법학회, 2011.12, 411면 이하 참조). 이러한 사실은 놀랍다기보다는 차라리 권한남용설에 대한 무관심의 정도를 대변하는 것이어서 씁쓸하게 여겨진다.

격사유가 없는 한 양도인의 면허취소신청을 받아들이는 동시에 보충면허 신청인에게 면허를 해주는 것이 오랫동안의 관례이다. 그런데 주류제조면허를 가진 갑은 A와 소위 주류제조면허권에 관한 양도 계약을 체결하고 그 대가를 지급받았는데도 A에게 주류면허를 얻는 데에 필요한 서류를 교부하는 등의 협력을 하지 않고 B에게 그 면허가 이전될 수 있도록 이전절차에 필요한 구비서류 일체를 교부하였다.

사안 2

갑은 동산인 인쇄기를 A에게 양도하기로 하고 계약금 및 중도금을 수령하였음에도 이를 자신의 채권자 B에게 기존 채무 변제에 갈음하여 양도하였다.

3. 학설

학계는 위 [사안 1]의 주류면허권 이중양도를 1차양수인으로 하여금 보충면허를 얻을 수 있도록 협력해야 할 의무의 위배로서 배임죄라고 하는 판례에 대하여 아무런 이의를 제기하지 않는다. [사안 2]의 동산의 경우에도 1차매수인으로부터 중도금을 받고 목적물을 현실의 인도나 간이인도의 방법으로 인도하여 소유권을 이전하지 않은 상황에서 2차매도하여 그 매수인에게 인도한 이중양도도 1차매수인의 소유권취득에 협력할 의무의 위배이므로 배임죄에 해당한다고 주장한다.[3)]

3) 오영근, 519면은 1차매수인으로부터 잔금까지 받은 경우에 배임죄가 성립된다

또한 1순위저당권을 설정해주기로 약정하였으면서도 제3자에게 1순위저당권을 설정해주고 1순위를 약정한 자에게는 2순위저당권을 설정해준 소위 이중저당도 배임죄라고 한다. 이중저당에 있어서 저당권설정자는 1순위저당권 설정계약자의 저당권순위에 변경을 초래하지 아니할 의무에 위배하였을 뿐, 2순위저당권은 설정해줄 수 있는 것이므로 소유권이전이 불가능한 이중매매의 경우와는 그 의무위배의 성격이 같지 않다. 그럼에도 1순위저당권 설정등기에 협력할 의무가 타인의 사무라는 이유로 배임죄를 인정하는 것이다.[4]

4. 대법원의 판단

(1) 협력의무의 확장

종래 대법원은 등기협력의무가 상대방의 재산보전에 협력할 의무로서 타인의 사무에 해당한다는 논리를 다른 재산의 이중양도 유형의 많은 사례에도 확장·적용하여 차용금의 대물변제로 신축중인 아파트를 분양해주기로 약정하고서도 타인에게 분양한 행위,[5] 무허가건물의 이중양도[6] 등도 배임죄를 구성한다고 해 왔다.

위 [사안 1]의 주류제조면허 이중양도에 관하여도, "주류제조면허의 양도계약은 양도인이 면허취소신청을 함과 동시에 양수인이 면허신청을 하는 방법으로 일반적으로 널리 행하여지고 있으므로 이

고 한다.

4) 김/서, 490면; 박상기, 407면; 이재상, 431면; 임웅 481면; 정/박, 473면.

5) 대법원 1984.8.21, 84도691.

6) 대법원 2005.10.28, 2005도5713.

를 무효라 할 수 없으며, 양도인의 면허취소신청은 양수인의 면허신청의 실효성을 보강하고 그와 일체가 되어 그 목적한 바의 면허취득에 필수적인 중요한 요소가 되는 것이라고 할 것이므로 양도인의 양수인에 대한 위와 같은 협력의무의 이행은 자기 자신의 사무인 동시에 양수인이 면허신청을 하여 면허를 얻는 사무의 일부를 이룩하고 있는 양수인의 사무라고 할 것이며, 이 점에 있어서 단순한 대향적(對向的)인 의무의 이행과 그 성질을 달리한다. 그러므로 그 의무불이행은 배임죄가 성립한다"고 한다.[7)]

(2) 입장의 변화

그간 [사안 2]와 같은 동산의 이중양도에 관한 판례는 형성된 바 없었으나, 위와 같은 판례의 경향으로 미루어 짐작하건대 그 이중양도 역시 배임죄라고 할 것으로 예상되어 왔다. 학계가 동산이중양도를 배임죄라고 하는 것도 사실은 기존 판례의 경향에 힘입은 것이라고 할 수도 있을 것이다. 그런데 대법원은 동산의 이중매도에 관한 견해를 최초로 밝힘에 있어 타인의 사무 또는 협력의무의 개념과의 관련에서 배임죄가 성립되지 않는다고 하게 되었다.

즉 대법원 전원합의체는 "타인의 사무를 처리하는 자라고 하려면 당사자 관계의 본질적 내용이 단순한 채권관계상의 의무를 넘어서 그들 간의 신임관계에 기초하여 타인의 재산을 보호 내지 관리하는 데 있어야 하고, 그 사무가 타인의 사무가 아니고 자기의 사무라면 그 사무의 처리가 타인에게 이익이 되어 타인에 대하여 이를 처리할 의무를 부담하는 경우라도 그는 타인의 사무를 처리

---

7) 대법원 1979.11.27, 76도3962; 대법원 1984.5.9, 83도3084.

하는 자에 해당하지 아니한다"고 선언하고, 이어서 "동산의 매매와 같이 당사자 일방이 재산권을 상대방에게 이전할 것을 약정하고 상대방이 그 대금을 지급할 것을 약정함으로써 그 효력이 생기는 계약의 경우, 그 쌍방 당사자가 그 계약의 내용에 좇은 이행을 하여야 할 채무는 특별한 사정이 없는 한 '자기의 사무'에 해당한다. 동산의 매도인은 매수인에게 계약에 정한 바에 따라 그 목적물인 동산을 인도함으로써 계약의 이행을 완료하게 되고 그때 매수인은 매매목적물에 대한 권리를 취득하게 되는 것이므로, 매도인에게 자기의 사무인 동산인도채무 외에 별도로 매수인의 재산의 보호 내지 관리 행위에 협력할 의무가 있다고 할 수도 없다"고 하게 된 것이다.[8)]

5. 검토

(1) 소위 협력의무의 본질은 무엇인가

지배적 학설과 판례는 상대방으로 하여금 계약 목적인 재산을 취득하도록 협력할 의무를 타인의 사무라고 한다. 생각하건대, 판례가 주류제조면허의 이중양도를 배임죄라고 하는 것은 수긍할만한 근거가 있다. 이 경우에는 당사자의 내부관계에서는 양도계약의 체결에 의하여 사실상의 권리이전이라는 효력이 발생하고, 다만 양도인이 양수인으로 하여금 관할관청이나 제3자에 대한 관계에서 적법하게 권리를 행사할 수 있게 하는 차원에서 면허취소신청을 하는 등의 절차에 협력할 의무를 부담하는 것이다. 양도인의

8) 대법원 2011.1.20, 2008도10479.

그 협력의무는 양수인에게 귀속된 재산권을 보호·관리할 의무라고 평가할 수 있고, 이를 타인의 사무로 상정하는 것이 가능하다.[9]

그러나 동산의 이중양도는 이와 다르다. 이 경우는 아직 계약의 목적이 된 권리가 계약의 상대방에게 이전되기 전인 계약의 이행과정에서 계약상의 권리를 이전할 의무가 있을 뿐이다. 그럼에도 동산이중양도를 배임죄라고 하는 견해는 양도인의 동산인도의무도 부동산이중매도인의 등기협력의무와 같이 양수인의 재산보전에 협력할 의무라고 하여 이를 타인의 사무로 취급한다. 그러나 등기의무를 '협력의무'라고 하는 것은 부동산등기법이 매도인과 매수인이 공동으로 등기를 신청해야 하는 공동신청주의를 취하기 때문인 것인데, 동산인도의 경우에도 인도하여야 할 사람이 소유권의 이전을 위하여 인도를 '제공'하지 아니하면 인도는 일어날 수 없다고 하여 등기의무와 같은 '협력의무'의 성격을 가진다고 하는 견해는[10] 수긍하기 어렵다. 가령 동산인도의무를 협력의무라고 하더라도 그 인도의무는 양수인으로 하여금 그 동산소유권을 '취득하도록 협력'하는 사무에 불과한 것이므로 양수인에게 귀속된 재산을 '보전·관리'하는 사무라고 할 수는 없는 것이다.

본래 매매계약이나 저당권설정계약과 같은 대향(對向)관계에서의 일방당사자는 상대방의 재산을 관리하는 지위에 있는 것이 아

9) 지명채권의 양도에 있어서도 마찬가지이다. 양도인이 양수인에게 대항요건을 갖추어 주기 이전에도 당사자 사이에서는 계약의 목적인 채권이 이전된다. 그러므로 양도인은 그 채권을 스스로 수령하여 소멸시키지 않고 양수인의 재산으로서 보호해야 할 의무가 있다. 이러한 의무는 당사자 사이에서는 양수인이 취득한 재산보전의무라는 성격을 갖는다. 따라서 양도인은 그 범위에서 양수인의 사무를 처리하는 자의 지위에 있다고 하는 판례(대법원 1999. 4. 15, 97도666)를 이해할 수 있다.

10) 대법원 2011.1.20, 2008도10479 판결의 반대의견 참조.

니다. 계약에 의하여 상대방의 재산을 '보전·관리할 임무'를 부여받는 위임·고용 등과 같은 대내(對內)관계에서의 일방 당사자가 처리하는 사무만이 원칙적으로[11] 타인의 사무이다. 대향관계에서의 일방 당사자는 거래 상대방으로 하여금 계약의 목적물인 재산을 '취득하도록' 자신의 계약상 채무를 이행할 의무를 부담할 뿐이다. 이러한 의무를 '재산보전'에 협력할 의무라고 표현하는 것은 옳지 않다. 상대방에게 보전해 주어야 할 재산이 존재하지 않음에도 그의 재산을 보전할 의무가 있다고 표현하는 것은 어쩌면 '(계약의 목적인) 재산을 취득할 채권적 권리'를 곧 재산으로 보아 그 권리를 보전할 의무가 있다고 하는 취지일지 모른다. 그러나 그러한 권리는 모든 계약당사자가 갖는 계약상의 권리에 불과하며, 일방 당사자가 상대방의 그러한 권리를 '보전'해야 할 의무가 있다고 하더라도 그 의무란 곧 자기의 채무를 이행할 의무를 가리키는 것에 불과하다.

학계도 '타인의 사무'라는 개념을 정의함에 있어서는 대내관계에서의 사무여야 한다는 사실을 인정한다.[12] 그러면서도 구체적 사

---

11) 고용관계에서도 직무분배와 관련하여 구체적으로 처리하는 사무가 아니라면 타인의 사무처리자라는 지위를 인정할 수 없다. 회사직원이라고 하더라도 회사의 '모든 사무'를 처리하는 지위에 있는 것이 아니기 때문이다. 그러므로 예컨대, 회사의 사원으로서 회사의 영업비밀을 사외에 유출시키지 않을 것을 서약한 자가 그 서약에 위배하여 비밀을 유출했다는 이유로 그의 행위를 배임죄로 인정한 판례(대법원 1999.3.12, 98도4704)가 그 보안서약의 위배만을 이유로 배임죄를 인정한 것이라면 부당하다. 고용계약을 체결함에 있어 행한 보안서약의 위배는 일반적인 성실의무의 위배일 뿐이다. 그러한 의무불이행을 배임죄라고 하는 것은 모든 계약위반을 배임죄라고 하는 것과 같다. 직무분배에 의하여 자신이 직접 보관·관리하는 것이 아니라 타인이 보관·관리하는 비밀을 무단으로 취득하는 것은 불법적인 행위이다. 불법적으로 취득한 것은 피해자를 위해 보관할 의무가 있다고는 할 수 없다는 의미에서도 그의 지위를 회사의 비밀보전에 관한 사무를 처리하는 지위라고 하는 것은 부당할 것이다.

안에서는 대향관계에서의 자기의 채무를 소위 '협력의무'라는 용어로 포장하여 타인의 사무라고 인정하는 현상은 참으로 이해할 수 없다. 타인의 재산취득을 위해 부담하는 계약상의 권리이전의무를 굳이 '협력의무'라고 표현하는 것은 그렇게 함으로써 자기의 사무와 구별되는 것처럼 취급하려는 의도일지도 모른다. 그러나 그 '협력'이란 단어 자체가 타인을 위한 '자기의 일'을 의미하는 것이므로 협력의무라고 표현하더라도 이를 타인의 사무라고 하는 데에는 아무런 도움도 되지 않는다고 해야 한다. 단순한 민사상 채무와 구별되는 배임죄에서의 타인의 사무라고 하려면 무엇인가 다른 이유가 있어야 한다.

판례는 등기협력의무는 그 등기협력이 없이는 매수인 앞으로의 소유권이전을 완성할 수 없기 때문에 '그러한 성질을 중시하여' 매수인의 소유권취득을 위해 부담하는 타인의 사무에 속한다고 보는 것이고,[13] 주류제조면허권 양도인의 면허취소신청은 양수인의 '면허취득에 필수적인 중요한 요소이므로' 양도인의 협력의무의 이행은 양수인이 면허신청을 하여 면허를 얻는 사무의 일부를 이룩하고 있는 양수인의 사무[14]라고 하는 데에서 보듯이 그 의무의 중요성으로 인하여 타인의 사무가 된다는 취지이다. 그러나 의무이행의 중요성만으로 인하여 타인의 사무가 된다면, 모든 채무의 이행은 채권자에게 '본질적으로 중요'한 것이므로 모든 채무자가 채권자의 사무를 처리하는 자의 지위에 있어 배임죄의 주체가 된다는 부당한 결론이 된다.

---

12) 강구진, 372면; 김종원, 237면. 배종대, 551면; 이재상, 420면; 임웅, 466면 등.

13) 대법원 1985.11.26, 85도1493.

14) 대법원 1979.11.27, 76도3962.

(2) '타인을 위한 사무'는 타인의 사무인가

협력의무는 타인을 위한 사무이다. 타인의 사무는 타인을 위한 사무와 구별된다. 타인의 사무는 타인을 위한 사무이다. 그러나 타인을 위한 사무라고 하여 곧 타인의 사무인 것은 아니다. 타인을 위한 사무에는 '타인을 위한 자기의 사무'와 '타인을 위한 타인의 사무'가 포함된다. 등기협력은 부동산매수인을 위한 사무이긴 하나, 잔금을 완불받은 부동산매도인 자신의 사무일 뿐이다. 타인의 사무를 처리하는 자라고 하려면 당사자 관계의 본질적 내용이 단순한 채권관계상의 의무를 넘어서 그들 간의 신임관계에 기초하여 타인의 재산을 보호 내지 관리하는 데 있어야 한다. 그 사무가 타인의 사무가 아니고 자기의 사무라면 그 사무의 처리가 타인에게 이익이 되어 타인에 대하여 이를 처리할 의무를 부담하는 경우라도 그는 타인의 사무를 처리하는 자에 해당하지 아니한다.[15)]

그러나 학계는 타인의 사무라는 개념의 사용에 무관심하다. 즉 "타인의 사무가 전형적·본질적 내용을 이루는 한 …타인의 사무", "등기협력은 매도인에게 본질적으로 중요하기 때문에 타인의 사무",[16)] 또는 "타인을 위한 사무가 본질적 내용을 이룰 때에는 타인의 사무"라고 하는 것이다.[17)] 이러한 태도는 타인의 사무라는 개념의 해석을 포기하는 것과 다르지 않다. "배임죄의 타인의 사무란 타인을 위한 사무일 수 밖에 없다"[18)]고 하는 것은 그러한 경향을 단적으로 표현한 것이라고 할 수 있다. 그러나 구성요건의 개념을

---

15) 대법원 2011.1.20, 2008도10479.

16) 김/서, 483면.

17) 이재상, 422면.

18) 안동준, 249면.

무시하는 처벌규정의 해석은 죄형법정주의에 반한다는 의미에서 심각한 문제라고 하지 않을 수 없다.

6. 부언

(1) 왜 배신설인가

배임죄는 독일에서 생겨난 근대적 범죄로서 전통적으로 배신설로 이해되었다. 그런데 1871년의 독일형법 제266조 제1항이 배임죄의 주체에 관하여 1,3호에 후견인·재산관리인·토지측량인 등을 규정하고 2호에 대리인을 규정하게 되자, 빈딩(K. Binding)은 형법이 일반적으로 본인과의 사이에 특별한 신임관계가 없는 대리인을 배임죄의 주체에 포함시킨 것은 곧 배임죄의 본질을 신임위배로부터 권한남용으로 바꾼 것이라고 주장함으로써 본질에 관한 논쟁이 시작되었다.[19] 그러다가 1933년에 이르러 나치정부가 배임죄의 구성요건에 형식적으로(formal) '권한을 남용'하는 경우의 구성요건을 규정한 외에, 당시의 혼란한 경제적 상황에서의 악덕과 타락에 대한 강력한 대책으로서 종래의 형법규정으로는 처벌할 수 없으나 처벌하는 것이 마땅한 모든 사례를 처벌대상에 포함시키고자 부차적으로(subsidiären) 타인의 '재산상 이익을 보호할 의무'에 위배하는 경우의 배신구성요건을 함께 규정함으로써 권한남용설과 배신설을 모두 입법에 채용한 것이[20] 오늘에 이른 것으로, 이 배신구성요

---

19) Karl Binding, Lehrbuch des gemeinen deutschen strafrechts. Besonderer Teil, Band 1, 2 Aufl, Leipzig, 1902, S362f.

20) Hellmuth Mayer, Die Untreue, in: Materialien zur Strafrechtsreform, 1 Band, Gutachten der Strafrechtslehrer, Bonn 1954, S. 336f.

건은 나치법사상의 발로(發露)로서 극구 찬미되었다.

일본형법은 1901년의 초안에서 처음으로 현행 규정에 가까운 배임죄가 마련된 것인데, 그 초안은 "타인을 위하여 그 사무를 처리하는 자가 본인에게 손해를 가하거나 자기 또는 제3자의 이익을 꾀할 목적으로 권한 외의 행위를 하여 본인에게 재산상 손해를 손해를 가했을 때"를 배임죄로 규정한 것이었으므로 권한남용설로 이해되었다. 그런데 1902년에 이르러 "권한 외의 행위를 하여"라는 구성요건을 "그 임무에 위배되는 행위를 하여"로 개정하였고, 그것이 1907년에 입법화되어 오늘에 이르고 있다.[21] 이러한 이유나 구성요건에 권한남용과 같은 제한이 없다는 등의 이유에서 배신설이 통설이 된 것이다.

위와 같이 각 나라의 배임죄의 본질에 관한 논의는 그 나라의 형법규정을 근거로 하는 것이다. 그런데 형법은 '타인의 사무를 처리하는 자의 임무위배'를 배임죄로 규정하고 있을 뿐이므로 배신설을 취하였다고 단정할 근거는 없다. 그럼에도 학계는 형법의 규정을 근거로 배임죄의 본질이 신뢰위배라고 주장한다. 배임죄가 횡령죄와 동일 조문에서 제2항 범죄로 규정되었으며, 배임죄의 구성요건이 권한남용으로 한정되지 않고 포괄적 개념인 '임무위배'로 규정된 것이 그 증거라는 것이다.[22] 대법원도 배신설을 당연한 이론으로 취급한다. 배임죄의 타인의 사무란 "신임관계에 기초를 둔 타인의 재산의 보호 내지 관리의무가 있을 것을 그 본질적 내용으로…"[23]라는 표현이나 "타인의 사무를 처리하는 자란 양자 간의 신

---

21) 江家義男, "背任罪の研究", 江家義男教授刑事法論文集, 早稻田大學出版部, 1959, 231~232면.

22) 박상기, 396면; 배종대, 549면; 손동권, 448면; 이재상, 418면; 임웅, 464면 등.

23) 대법원 1976.5.11, 75도2245; 대법원 1983.2.8, 81도3137; 대법원 1984.12.26, 84도

임관계에 기초를 두고"[24]라는 표현 등은 모두 그러한 취지이다.

그러나 생각하건대, 두 죄를 같은 조문으로 규정했다는 사실을 두 죄의 본질이 배신으로서 동일하다는 근거로 삼는 것은 횡령죄의 본질이 신뢰위배임을 당연한 전제로 하는 것이지만, 그 자체가 의문이라는 점은 앞에서 적은 바와 같다.[25] 횡령죄의 본질이 신뢰위배라고 하더라도, 배임죄를 횡령죄와 동일조문에 배열한 것은 우연한 입법기술의 결과일 뿐이다.[26] 법제사적(法制史的)으로 보더라도 두 죄는 그 배경이 전혀 다르다. 횡령죄는 절도죄와 동류(同類)의 개념으로 발전되어 온 전통적 범죄이나, 배임죄는 독일에서 사기죄와 근접개념으로 발전되어 온 근대적 범죄이다.[27] 횡령죄와는 달리 배임죄는 독일법을 계수한 일부 국가에만 규정되어 있고, 형법체계를 보아도 독일과 일본의 형법은 배임죄를 사기죄와 같은

2127 등.

24) 대법원 2004.6.17, 2003도7645 등.

25) 포괄적 위탁관계는 신뢰관계이므로 이러한 경우의 횡령죄는 신뢰파괴죄임이 분명하다. 그러나 모든 횡령죄를 신뢰파괴죄라고 할 이유는 없는 것이다. 제19강 "불법원인위탁물의 영득은 횡령죄인가 무죄인가" 의 검토부분, 즉 "횡령죄는 신뢰위배죄인가" 참조.

26) 동일한 조문에 배열한 형법규정은 1940년의 일본의 개정형법가안(假案)을 본받은 것이다. 이 가안의 규정에 대하여는 일본에서도 많은 비판이 있다(江家義男, 앞의 논문, 204면; 內田文昭, 刑法各論(上), 青林書院新社 1979, 342면; 木村靜子, '背任罪', 改正刑法準備草案, 有斐閣 1961, 147~149면 등).

27) 횡령죄는 로마법 당시부터 절도죄와 함께 소유권을 침해하는 범죄개념인 'Furtum'에 포함되어 있었다. 배임죄는 중세기에도 불성실한 관리자에 대한 약간의 처벌규정이 있었으나, 1577년 독일제국경찰법에 처음으로 독립적인 규정이 나타났고, 일반적 배임구성요건이 처음 나타난 것은 포이엘바하가 기초한 1813년 바이에른 형법이다. 배임죄는 독일보통법상의 '허위의 죄(Crimen Falsi)'에 편입되어 사기죄와 근접개념으로 발전되어 왔다. 배임죄가 사기죄와 근접개념이 된 것은 불성실한 관리자의 배임행위는 장부의 허위조작과 같은 사기적 행위를 수반했기 때문이라고 한다(江家義男, 앞의 논문, 222면).

장에 규정하면서 횡령죄는 절도죄와 같은 장(章) 또는 별도의 장으로 규정하고 있다는 것이 그 증거이다.

또한 구성요건의 범위가 포괄적이라는 주장은 그 임무위배의 주체인 '타인의 사무를 처리하는 자'를 배신설에 의하여 '타인을 위하여 사무를 처리하는 자'라고 넓게 해석할 때에만 비로소 가능한 주장으로서 일종의 순환논리에 불과하다. 그 타인의 사무를 본래적인 개념에 따라 엄격히 해석하면 타인의 사무를 처리하는 자의 임무위배행위는 그 범위가 한정적이므로 오히려 배신설을 취하지 않았다고 해야 할 근거가 된다. '임무위배(任務違背=背任)'라는 용어 그 자체도 신뢰위배(信賴違背=背信)와는 다른 개념이므로 배신설의 근거가 될 수 없음은 물론이다. 요컨대, 우리의 배임죄는 '타인의 사무'를 처리하는 자의 의무위반죄라고 함으로써 충분하다.[28)]

(2) 우리 배신설은 이론으로서 타당한가

배신설은 자칫 모든 민사상의 채무불이행도 배임죄라고 할 우려가 있다는 것이 결정적 약점이므로 그 내부에는 배임죄의 한계에 관한 논리가 반드시 존재해야 한다. 그렇지 않다면 그것은 이론으로서 타당성을 지닌다고 할 수 없다.

독일형법에서는 배신구성요건에 채용된 '타인의 재산상 이익을 보호할 의무'라는 개념의 내용이 막연하여 법조문상으로는 모든 계약위반을 처벌할 수 있게 된 까닭에 2차대전 이후의 학설·판례는 이를 배신성을 인정할 실질적 요소가 있는 경우로 제한하게 되었다. 즉 배임죄에서의 재산보호의무라고 하려면 단순한 부수적

---

28) 같은 취지; 허일태, "부동산이중매매와 배임죄", 형사법연구 제15호, 2001, 331면 이하.

의무가 아닌 '주된 의무'로서 중요성이 있고, '신뢰관계에서의 전형적 · 본질적 내용'이 되어야 하며, 그 의무의 위반이 되려면 행위자에게 '독립성'과 활동의 자유가 인정되는 '자기책임성' 또는 '재량의 여지'가 있어야 한다는 기준을 설정한 것이다.[29] 따라서 배임죄의 근간(根幹)은 실질적으로는 권한남용구성요건이고, 배신구성요건은 사실상 지엽(枝葉)에 불과하게 되었다.[30][31]

일본에서도 구성요건이 독일의 권한남용구성요건과 같은 특별한 제한을 두고 있지 않다는 등의 이유에서 배신설이 지배적인 견해가 됨으로써 권한남용설은 묻혀버리고 말았으나, 2차대전이 끝나게 되자 법사상도 군국주의나 국가주의의 영향에서 벗어나[32] 배신설도 종래의 '넓은 배신설'을 수정하는 내부적 배신설 또는 한정적 배신설을 취하게 되었다.[33] 기본적으로는 배신설의 입장에 서

29) Hurbert Tröndle/Thomas Fischer, Strafgesetzbuch, Beck`sche Kurz Kommemtare, Band 10, C.H.Beck`sche Verlagsbuchhandlung, München, 1999, S.1505ff; Rudolf Rengier, Strafrecht, Besonderer Teil Ⅰ, Vermögensdelikte, C.H.Beck`sche Verlagsbuchhandlung, München, 1999, S.222.

30) Hans Welzel은 배신구성요건은 '내부관계' 내지 '부작위'의 의무위반을 포함하는 점에서 권한남용구성요건을 보충(ergänzen)하는 것에 지나지 않는다고 한다(Das Deutsche Strafrecht, Walter de Gruyter & Co,. Berlin. 1969, S.386).

31) 上嶋一高에 의하면, 독일판례가 실제로 재산보호의무를 인정하는 경우는 ①포괄적으로 타인의 재산을 관리감독하는 의무가 있거나, 타인의 재산을 처분하고 의무를 부과하는 권한을 갖는 경우, ②타인을 위한 법률행위를 할 권한을 갖는 경우, ③금전출납 등 직접적인 재산관리를 하는 경우, ④타인의 이익을 위하여 용도가 정해진 금전을 위탁받은 경우 등이라고 한다(背任罪理解の再構成, 成文堂, 1997, 106면~110면).

32) 江家義男, 앞의 논문, 149면.

33) 내부적 또는 한정적 배신설은 배임죄의 주체는 본인에 대한 내부관계에서 일정한 주의를 기울여 사무를 처리할 법적 임무가 있어야 한다고 함으로써, 매매계약의 당사자와 같이 대향적(對向的)인 의무를 부담하는 데에 불과한 자는 거래상의 신의성실의무가 있더라도 타인의 사무를 처리하는 자가 아니라고 한다.(團藤 編, 註釋刑法(6), 有斐閣, 1973, 278면; 平川宗信, 刑法各論, 有斐閣,

면서도 권한남용설에 의하여 배임죄를 이해하는 입장에 접근하는 배신적권한남용설이나 신권한남용설도 등장하였고,[34] 나아가 배신설로서는 배임죄의 주체를 한정하는 것이 불가능하다는 이유에서 권한남용설의 입장으로 회귀하는 견해가 등장하게 되었으며,[35] 구성요건의 문언에 따르면 배임죄란 타인의 사무를 처리하는 자가 임무에 위배하여 타인의 재산을 침해하는 '권한남용죄' 내지 '사무처리위반죄'인 것이지, 배신죄가 아니라는 견해도 주장되고 있다.[36]

그런데 우리 배신설에는 주체범위를 제한하는 실질적 논리가 보이지 않는다. 우리 학설도 표현상으로는 독일의 학설 · 판례와 같이 '타인의 재산을 보호하는 것이 신뢰관계의 전형적 · 본질적 내용이

1995, 389면 등).

34) 이 견해는 논자에 따라 뉘앙스의 차이는 있으나, 타인의 재산관리에 관한 권한을 수여받은 자가 본인의 신뢰에 위배하는 권한의 남용으로 본인에게 재산상 손해를 미치는 행위를 처벌하는 것이 배임죄라고 한다(植松 正, 앞의 책, 445~446면 ; 藤木英雄, 刑法講義各論, 弘文堂, 1976, 343면; 大谷 實, 刑法講義各論, 成文堂, 2000, 319~320면; 前田雅英, 앞의 책, 270면 ; 內田文昭, 앞의 책, 345~346면 등).

35) 의사내용결정설은 일정한 권한이나 기능을 갖는 자만을 배임죄의 주체라고 하여 그 범위를 구체화 한다(上嶋一高, 앞의 책, 244~248면).

36) 이 견해는 배신설도 항상 신뢰계가 침해되는 사안에서만 배임죄를 인정하는 것이 아님에 주목한다. 예컨대 배신설은 화물보관자와 화물상환증 소지인과 같은 관계에서도 배임죄를 인정하면서 이를 '객관적 신뢰관계'라고 부르고 있으나, 신뢰관계란 본래 주관적인 것이므로 객관적 신뢰관계란 '형용모순'에 불과하다는 것이다. 특히 "타인을 위하여 그(その) 사무를 처리하는 자"라는 구성요건의 '그'는 '타인을 위한"의 뜻이 아니라 '타인의"라는 뜻임이 분명하므로 배임죄의 주체는 이러한 범위로 한정해야 함에도, 배신설론자들은 이를 '타인을 위하여 타인을 위한 사무를 처리하는 자'라는 의미로 읽음으로써 타인의 사무와 타인을 위한 사무를 구별하지 않고 주체의 범위를 확장하는 것은 참으로 기이한 일이라고 주장한다(平野龍一, '横領と背任 (1)(3)(4)', 判例時報, 判例時報社, 1999. 9~12, 각 3면, 15~16면, 28면).

어야 한다'고 하지만, 그것은 '당사자 관계의 전형적 · 본질적 내용이 상대방의 재산을 보호하는 것이어야 한다'는 의미는 아니다. 우선, 부동산의 매매에 있어서도 그 매도인은 등기협력을 통하여 매수인의 재산을 보호할 의무가 있다고 함으로써 타인의 '재산을 보호한다'고 하는 것은 계약상의 채무를 이행할 의무와 같은 의미로 사용한다. 또 '전형적 · 본질적 내용'이라고 하는 것은 앞에서 적은 바와 같이, "타인의 사무가 전형적 · 본질적 내용을 이루는 한 …타인의 사무"라고 하거나, "타인을 위한 사무가 본질적 내용을 이룰 때에는 타인의 사무"라고 하는 등으로 신뢰관계의 내용 자체의 본질과는 무관한 맥락에서 사용한다. 그러므로 '타인의 재산을 보호하는 것이 전형적 · 본질적인 내용인 신뢰관계'에서만 배임죄를 인정한다는 기준은 '타인의 사무'라는 개념의 범위를 제한하는 기준으로 작용될 수 없게 되고, 오히려 단순한 채무이행을 타인의 사무에 포함시키는 논리를 만들어 내는 데에 사용되는 것이다. 그 결과로 오히려 배임죄의 주체범위는 확장되어 간다.[37)]

(3) 결어

우리 학설 · 판례는 배신설을 금과옥조(金科玉條)로 취급한다. 배신설을 취하더라도 그 적용의 범위만 명쾌하게 한정된다면 특히 부당하다고 해야 할 이유는 없을 것이다. 배임죄가 신뢰를 위배하는 범죄임에는 틀림없기 때문이다. 그러나 중요한 것은 모든 신뢰

---

37) 예컨대, 김/서 488면은 '단순한 채무불이행은 타인의 사무가 아니다. 양도계약 · 임차계약의 일방…등을 단순한 채무위배의 예로 들 수 있다'고 한다. 그런데 김/서 491면은 양도계약의 하나인 동산이중양도는 배임죄라고 한다. 그러므로 과연 채무불이행과 배임의 구별한계가 무엇인지는 전혀 오리무중이 된다.

위배가 배임죄는 아니라는 사실이다. 그런데 우리 학설·판례에는 그 범위를 제한하는 논리가 없다는 것이 문제이다.

형법이론의 사명은 처벌할 필요가 있는 사회적 비리를 빠짐없이 처벌하기 위하여 촘촘한 그물망을 짜는 일이 아니다. 배신설은 독일의 나치시대 또는 일본의 군국주의 시대에 융성했으나, 시대의 변화에 따라 쇠퇴를 보인다는 역사적 사실을 깊이 생각해 보아야 할 것이다.

제25강

경영실패는 배임죄인가

1. 서언

배임죄의 구성요건에 해당하는 행위는 타인의 사무처리자로서의 임무에 위배하는 행위이다. '임무에 위배한다'는 말은 사무를 위임한 취지에 반한다는 의미이다. 무엇이 배임행위인가는 배임죄의 본질론과 관련된다. 권한남용설에 의하면 권한을 벗어나는 행위, 즉 법률적으로 허용된 한계의 일탈만이 배임행위로 된다. 배신설에 의하면 그 범위는 거의 제약이 없게 되므로 그 한계가 특히 문제된다. 막연히 신임관계를 저버리는 일체의 행위를 배임행위라고 하면 그 범위는 단순한 채무불이행조차도 배임행위라고 하는 것이 가능하기 때문이다. 배임죄의 본질을 어떻게 이해하건, 임무위배행위란 특별히 그 행위자에게 지워진 신의성실의 의무에 반하는 행위이다. 임무위배행위인가의 여부는 그 처리해야 할 사무의 성질이나 내용과의 관계에서 판단해야 한다. 사무의 성질이나 내용에 비추어 당해 행위가 통상의 업무집행의 범위를 넘을 때에 배임행위가 된다. 통상적으로 해야 할 행위를 한 이상에는 그로 인하여 손해가 발생하더라도 그것은 그 사무의 성질상 예기(豫期)되어 있는 것이므로 배임행위라고 할 수 없다.

임무위배행위인가를 판단함에 있어서는 그 사무처리의 성질과 내용을 정한 법령, 위임계약, 관습 등의 내용을 규명하지 않으면 안 되지만, 그것은 임무위배행위라고 판단할 하나의 자료이지 그 전부는 아니다. 판단기준은 결국 신의칙이고, 판단은 실질적으로 해야 한다. 관계 법령이 허용하더라도 배임이 될 수 있고, 법률이나 위임의 내용에 반하더라도 단순히 그 사실만으로 배임행위라고 판단하는 것은 부당하다. 이점은 상법 제398조의 자기거래(自己去來)금지 위반의 사례를 예로 들 수 있다. 상법이 자기거래를 금지하는 취지는 이사와 회사의 이익충돌을 피하게 함으로써 회사의 이익을 옹호하려는 취지이다. 그러므로 이해관계의 충돌을 일으킬 수 있는 법률행위를 이사회의 승인을 얻지 않고 행하면 법률상 무효이겠지만, 그렇다고 하여 반드시 배임행위라고 단정할 수는 없다. 배임행위인지의 여부는 이사로서의 임무를 성실히 수행하는가의 관점에서 판단해야 한다. 채무변제의 확실성이 없이 회사로부터 돈을 차용하는 행위는 이사회의 승인을 얻은 경우에도 그 거래가 신의성실의 관념에 반한다면 배임행위라고 해야 한다.

배임행위인가의 여부판단이 가장 어려운 경우는 기업의 경영자가 기업에 손해를 가할 우려가 농후한 행위를 기업을 위한다는 의도로 행하였으나 결과적으로는 경영실패로 인하여 손해를 가하게 된 경우이다. 원래 기업의 경영에는 위험이 내재하여 있는 것이므로 기업의 이익을 위한다는 생각에서 결정을 내리더라도 기업에 손해를 가하는 경우란 얼마든지 있을 수 있다. 이러한 경우의 행위는 배임행위인가의 관점에서도 문제될 수 있으나, 배임죄의 범의가 인정될 수 있는가의 관점에서도 문제될 것이다. 고의와 배임행위의 존재는 서로 표리관계라고 해야 할 것이다.

2. 사안

사안 1

Y그룹이 거느린 9개의 계열회사는 사건 당시 은행으로부터 대출받은 금액의 총합계가 1,620억원에 이르렀고 제공된 담보는 모두 425억원에 불과하여 전 거래은행은 이미 그 차액의 원리금 회수가 불가능한 상태에 이르렀다. Y그룹의 주거래은행 은행장인 갑은 이러한 사실을 잘 알고 있었다.

그런데 갑은 그간 Y그룹과의 거래로 인한 은행수입이 상당했으며, Y그룹의 경영압박은 정부의 긴축금융정책에서 비롯된 일시적인 것이고, 또한 계속 대출하지 않으면 그룹이 도산하고 은행의 공신력도 추락된다는 판단에서 채권자 은행의 공동융자결의를 통하여 그룹회사에 138억원을 대출하고 97억원의 지급보증을 해 주었다.

사안 2

갑은 16개의 산하 계열기업을 거느리는 A그룹회사의 회장으로서 계열회사 전반의 경영과 자금 등에 관한 주요정책을 수립하고 그 집행을 지시하여 왔다. A그룹의 모회사인 주식회사 1은 3년 전부터 외부차입금에 의존한 무리한 사업확장으로 부채와 금융비용이 급증하고, 경상이익 또한 지속적으로 감소하여 사건 당시에는 그 보유자산이 금 8,598억 원 정도인 반면 순부채액이 금 7,111억 원에 이르렀을 뿐만 아니라, 경상이익(금 282억 원)을 훨씬 초과하는 금융비용(금 549억 원) 등 과중한 자금수요로 인하여 채무가 누적되어 가는 형편이어서 이미 정상적인 경영이 불가능하였다. 주식회사 1의 자금사정이 위와 같이 악화되기에 이르자 갑은 계열회사의 이사회 결의를 거치지 않았을 뿐만 아니라 별다른 채권회수조치도 취하지 아니한 채 계열회사의 대표이사 등에게 지시하여 그들로 하여금 계열회사의 자금을 주식회사 1에게 대여 내지 지원하도록 하였다.

3. 학설

위 [사안 1]과 [사안 2]의 피고인 갑은 모두 은행 또는 그룹전체의 이익을 위한다는 경영상의 판단에 따라 은행 또는 계열회사의 자금을 대출하거나 지원한 것이지 손해를 가할 의사로 행한 것이 아니라고 변명하며 배임죄의 범의를 부인할 것이다. [사안 1]의 경우는 특히 채권자 은행의 공동융자결의를 통하여 대출한 것이므로 그 변명은 그대로 받아들여질 가능성이 충분하다. 그러나 그 자금의 대출이나 지원행위는 그로 인하여 은행이나 계열회사에 손해를 발생시킬 위험이 예상되었고 실제로도 손해가 발생하였으므로 고의적인 배임행위라고 판단될 위험도 있다.

그런데 기업의 경영자가 기업에 손해를 가할 우려가 농후한 행위를 기업을 위한다는 의도로 행한 경우에도 결과적으로 손해를 가하게 되었다는 이유만으로 언제나 배임행위라고 판단하는 것은 결국 기업경영을 위축시키는 것이 된다. 그러므로 경영자의 손해배상책임을 제한하는 이론으로서 미국에서 판례를 통하여 형성된 것이 소위 '경영판단의 원칙'이다. 경영판단의 원칙이란 경영자가 선의와 상당한 주의로 자신의 권한 범위 내에서 행한 거래의 경우에는 그로 인해 회사에 손해가 발생하였어도 그에 대한 책임을 경영자에게 귀속시킬 수 없다는 이론을 말한다. 경영판단에 따른 행위는 형사법의 영역에서도 처벌되지 않는다.

우리 학계에서는 경영판단의 원칙에 관한 다수의 논문이 발표되어 있으나, 아직 그 원칙을 우리 형법에 직접적으로 도입하는 것은 시기상조라는 견해가 주류를 이루는 것으로 보인다.

4. 대법원의 판단

대법원은 [사안 1]에 있어서는 배임죄의 성립을 부정하였다. 즉 "부정한 사례금의 수수나 정실관계 등이 개제되지 않았고, 기업의 도산을 막고 정상적인 영업활동을 지원해주려는 것 이외에 별다른 범죄의 동기가 발견되지 아니한 이 사건에 있어서 기업의 자본구조가 취약하고 상환자원이 부족하며 기업경영이 위기에 처한 기업에 대하여 신규여신을 하였다는 점만으로는 피고인에게 업무상배임죄의 범의가 있었다고 단정할 수 없다"고 하여 무죄라고 판단한 것이다.[1] 대법원은 종래 본인(기업)의 이익을 위한 행위라고 변명하는 사례에서 이 판결과 같이 범의가 없다는 이유로 배임죄를 부정한 경우가 없지는 않았으나, 주류적 판례는 그 반대로서, "피고인이 본인의 이익을 위한다는 의사도 가지고 있었다 하더라도 고의와 상당한 관련성이 있는 간접사실에 의하여 본인의 이익을 위

1) 대법원 1987.3.10, 81도2026.

한다는 의사는 부수적일 뿐이고 이득 또는 가해의 의사가 주된 것임이 판명되면 배임죄의 고의가 있었다고 할 것이므로, 금융기관의 직원들이 대출을 함에 있어 대출채권의 회수를 확실하게 하기 위하여 충분한 담보를 제공받는 등 상당하고도 합리적인 조치를 강구함이 없이 만연히 대출을 해 주었다면 업무위배행위로 제3자로 하여금 재산상 이득을 취득하게 하고 금융기관에 손해를 가한다는 인식이 없었다고 볼 수 없다"는 것이었다.[2]

위 [사안 2]에서도 피고인 갑은 '경영상의 판단'이라고 변명하였음에도 그 이유만으로는 배임죄의 책임을 벗어날 수 없다고 판단하였다. "회사의 이사 등이 타인에게 회사자금을 대여함에 있어 그 타인이 이미 채무변제능력을 상실하여 그에게 자금을 대여할 경우 회사에 손해가 발생하리라는 정을 충분히 알면서 이에 나아갔거나, 충분한 담보를 제공받는 등 상당하고도 합리적인 채권회수조치를 취하지 아니한 채 만연히 대여해 주었다면, 그와 같은 자금대여는 타인에게 이익을 얻게 하고 회사에 손해를 가하는 행위로서 회사에 대하여 배임행위가 되고, 회사의 이사는 단순히 그것이 경영상의 판단이라는 이유만으로 배임죄의 죄책을 면할 수는 없으며, 이러한 이치는 그 타인이 자금지원 회사의 계열회사라 하여 달라지지 않는다. 위 자금대여 내지 지원은 주식회사 1에게 이익을 얻게 하고 계열회사에 손해를 가하는 행위로서 계열회사에 대하여 배임행위가 되고 피고인과 계열회사의 대표이사 등은 공범으로서 특정경제범죄 가중처벌 등에 관한 법률 위반(배임)죄의 죄책을 면할 수 없다"[3]고 판단한 것이다.

---

2) 대법원 2000.12.8. 선고 99도3338; 대법원 2002.6.28, 2000도3716; 대법원 2003.2.11, 2002도5679 등.

5. 검토

(1) 경제범죄화의 경향

대법원이 배임죄의 고의를 인정하는 방식이 타당한가에 대하여는 많은 의문이 있다. 생각하건대, 주류적 판례가 말하는 바와 같이, 피고인이 본인(회사)의 이익을 위하는 의사로 행하였다고 주장하여 배임죄의 범의를 부인하더라도 그러한 의사는 부수적일 뿐이고 이득 또는 가해의 의사가 주된 것임이 '판명되면' 배임죄의 고의가 있다고 하는 것이 타당함은 두말할 필요가 없다. 그러나 문제는 고의와 관련성이 있는 간접사실에 의하여 그렇게 판명(판단)된다는 사실이다. 고의를 인정할만한 간접사실이란 공소사실인 대출행위가 형식상 대출받는 제3자에게 이익을 공여하는 행위로서 본인에게 손해를 가하는 것이라는 사실을 가리키며, 피고인도 그러한 사실을 인식하면서 행한 대출로서 결과적으로 본인에게 손해를 가한 것이므로 이러한 사실을 종합하면 배임죄의 고의가 인정된다는 취지인 것이다. 이러한 방식으로 고의를 인정하는 것은 대출을 감행한 근원적 '의도'를 비난하는 것이 아니라, 사실상 '경영실패에 대한 책임'을 묻는 것에 지나지 않는다.

이러한 정황은 "이익을 취득하는 제3자가 같은 계열회사이고, 계열그룹 전체의 회생을 위한다는 목적에서 이루어진 행위로서 그 행위의 결과가 일부 본인을 위한 측면이 있다 하더라도 본인의 이익을 위한다는 의사는 부수적일 뿐이고 이득 또는 가해의 의사가 주된 것임이 판명되면 배임죄의 고의를 부정할 수 없다"[4]고 하는

3) 대법원 2000.3.14, 99도4923. 같은 취지 대법원 2012.7.12, 2009도7435 등.
4) 대법원 2004.6.24, 2004도520 등.

판시에서도 엿볼 수 있다. 계열그룹 전체의 회생을 위한다는 '목적'에서 이루어진 행위임에도 그것이 '주로' 특정 계열회사의 이득과 본인에 대한 가해의 의사로 행한 행위라고 판명될 수 있다고 하는 것은 모순을 내포하는 논리라고 생각한다.

그럼에도 거리낌 없이 대법원이 이러한 논리를 사용하는 것은 바로 범의의 존재여부에 관한 판단이 범의 그 자체에 관한 법적판단은 아니라는 사실을 반증하는 셈이다. 또한 "행위자가 가사 본인을 위한다는 의사를 가지고 행위를 하였다고 하더라도 그 목적과 취지가 법령이나 사회상규에 위반된 위법한 행위로서 용인할 수 없는 경우에는 그 행위의 결과가 일부 본인을 위하는 측면이 있다고 하더라도 이는 본인과의 신임관계를 저버리는 행위로서 배임죄의 성립을 인정함에 영향이 없다"[5]는 판시에서는 그것이 극명하게 나타난다. '본인을 위한다는 의사'를 가진 행위도 그 목적과 취지가 법령이나 사회상규에 위반되면 배임행위라고 하는 것은 배임죄의 고의를 구성요건과의 관련에서 법적으로 판단하는 것이 아니라, 행위나 결과의 반사회성이라는 관점에서 판단하는 것을 의미한다. 이처럼 배임죄의 범의 유무를 판단하는 것은 배임죄를 재산범죄가 아니라 경영의 실패 또는 불합리에 대한 책임을 묻는 경제범죄라고 하는 것이 된다. 이러한 운용은 시정되어야 한다.

(2) 경영판단원칙의 활용

앞에서 보듯이, 대법원은 경영상 판단의 원칙을 수용하는 것은 아니다. 그러나 그것을 고의의 존재여부에 관한 판단기준으로서

5) 대법원 2002.7.22, 2002도1696.

활용하고 있는 것은 사실이다. 예컨대, "경영상의 판단과 관련하여 기업의 경영자에게 배임의 고의가 있었는지 여부를 판단함에 있어서도 일반적인 업무상배임죄에 있어서 고의의 입증 방법과 마찬가지의 법리가 적용되어야 함은 물론이다. 그러나 기업의 경영에는 원천적으로 위험이 내재하여 있어서 경영자가 아무런 개인적인 이익을 취할 의도 없이 선의에 기하여 가능한 범위 내에서 수집된 정보를 바탕으로 기업의 이익에 합치된다는 믿음을 가지고 신중하게 결정을 내렸다 하더라도 그 예측이 빗나가 기업에 손해가 발생하는 경우가 있을 수 있다. 이러한 경우에까지 고의에 관한 해석기준을 완화하여 업무상배임죄의 형사책임을 묻고자 한다면 이는 죄형법정주의의 원칙에 위배되는 것임은 물론이고 정책적인 차원에서 볼 때에도 영업이익의 원천인 기업가 정신을 위축시키는 결과를 낳게 되어 당해 기업뿐만 아니라 사회적으로도 큰 손실이 될 것이므로 문제된 경영상의 판단에 이르게 된 경위와 동기, 판단대상인 사업의 내용, 기업이 처한 경제적 상황, 손실발생의 개연성과 이익획득의 개연성 등 제반 사정에 비추어 자기 또는 제3자가 재산상 이익을 취득한다는 인식과 본인에게 손해를 가하거나 가할지도 모른다는 인식을 가진 의도적 행위임이 인정되는 경우에 한하여 배임죄의 고의를 인정하는 엄격한 해석기준은 유지되어야 할 것이다. 그러한 인식이 없는데 단순히 본인에게 손해가 발생하였다는 결과만으로 책임을 묻거나 주의의무를 소홀히 한 과실이 있다는 이유로 책임을 물을 수는 없다"[6]고 한 것은 바로 그러한 의미이다.

---

6) 대법원 2004.7.22, 2002도4229. 같은 취지, 대법원 2009.6.11, 2008도4910; 대법원 2012.1.12, 2010도15129 등.

제26강
배임죄에서의 재산상 손해란 무엇인가

1. 서언

타인의 사무를 처리하는 자가 그 임무에 위배하더라도 그 타인에게 재산상 손해를 가하지 않으면 배임죄의 기수범은 성립되지 않는다. 그러므로 재산상 손해의 발생을 인정할 수 있는가 없는가의 문제는 배임죄의 주체를 어느 범위에서 인정할 수 있는가의 문제와 함께 배임죄의 성립범위에 결정적인 영향을 미친다. 그런데 일부학설과 종래의 판례는 배임죄의 본질에 관하여 배신설을 취함과 아울러, 현실적인 손해가 발생하지 않더라도 재산상 권리의 실행이 불가능하게 될 염려가 있거나 손해 발생의 위험이 있는 경우에는 재산상 손해의 발생을 인정할 수 있다고 하여 재산상 손해와 손해발생의 위험을 사실상 동일시함으로써 배임죄의 성립범위를 확장하였다.

그러나 배임죄의 구성요건이 재산상 손해를 가할 것을 요구하고 있음에도 재산상 손해 발생의 위험만 있으면 기수범이 성립된다고 해석하는 것은 배임죄는 고의적인 임무위배행위가 있으면 기수범이라고 하는 결과가 되는 것이어서 죄형법정주의에 반한다고 하지 않을 수 없다. 그러므로 그 손해발생의 위험이라는 개념을 사용하는 것은 죄형법정주의와의 관련에서 신중히 검토하지 않으면 안 된다.

또한 판례는 특정 목적으로 조성된 자금을 절차에 위배하거나 사용목적 외로 대출하는 경우 등에는 회수가 보장된 사례에서도 그 자금의 적정한 운용에 지장을 초래한다는 등의 이유로 재산상 손해를 인정해 왔다. 그러나 회수가 보장되어 있음에도 경영의 불합리를 근거로 재산상 손해를 인정하는 것은 이론상 타당한가도 의문일 뿐 아니라, 개인의 재산을 보호하는 범죄인 배임죄를 경제범죄로 둔갑시키는 것이 된다. 그러므로 이러한 경우에 재산상 손해의 발생을 인정하는 배임죄의 운용이 타당한가는 재검토할 필요가 절실하다.

2. 사안

사안 1

갑은 OO군 축산협동조합 전무로서 윤OO에 대한 조합채권을 회수함에 있어, 동인 소유인 임야와 대지를 대금 9,513,750원에 매수하는 계약을 체결하고 그 대금에서 조합채권 금 6,561,838원을 상계한 나머지 금액을 동인에게 지급하였다. 그런데 그 임야에는 같은 군 농업협동조합 앞으로 채권최고액 금1,000,000원의 1번 근저당권과 15년 기간의 건물소유를 목적으로 한 지상권이 설정되어 있었고, 대지에 대하여는 위 같은 농업협동조합 앞으로 채권최고액 금

3,000,000원의 1번 근저당권이 설정되어 있었다.

그런데 매매대금은 적정한 시가에 따라 결정된 것이었고, 농업협동조합이 지상권 설정등기를 경료한 것은 제3자에 의한 건물축조를 미리 막아 근저당권의 효력을 확보하려는 취지였다.

사안 2

구 새마을금고법(2007.5.25. 법률 제8485호로 개정되기 전의 것) 제26조의2는 금고의 동일인에 대한 대출은 출자금총액과 적립금 합계액의 100분의 20 또는 총자산의 100분의 1 중 큰 금액을 초과하지 못하고, 다만 주무부장관이 정하는 기준에 따라 연합회장의 승인을 얻은 경우에는 그러하지 아니하다고 규정하고 있다. 새마을금고의 이사장과 이사인 피고인 갑 등은 위 규정에 의하여 새마을금고연합회장의 동일인 대출한도 및 승인지침에 의하여 포괄승인을 받은 대출한도를 초과하여 총 90회에 걸쳐 25명에게 합계 9,160,878,000원을 대출하였다.

그런데 대출 당시의 대출채무자의 재무상태, 다른 금융기관으로부터의 차입금, 기타 채무를 포함한 전반적인 금융거래상황, 사업현황 및 전망과 대출금의 용도, 소요기간 등에 비추어 볼 때 채무상환능력이 부족하거나 제공된 담보의 경제적 가치가 부실해서 대출채권의 회수에 문제가 있는 것으로 판단되지는 아니하였다.

3. 학설

학설은 배임죄의 기수가 성립하려면 재산상 손해의 발생이 필요하다는 침해범설과[1] 재산상 손해 발생의 위험만으로 충분하다는 위험범설이[2] 대립하고 있다. 다만 위험범설이라고 하여도 추상적 위험만으로는 부족하고 구체적 위험의 발생은 필요하다는 입장이다.

그런데 배임죄는 재산상 손해의 발생이 그 구성요건인 것이 분명하고 미수범도 규정되어 있으므로 위험범설이 재산상 손해의 발생이 필요하지 않고 그 발생의 구체적 위험만으로도 기수범이 성립된다고 주장하는 것은 부당하다고 하지 않을 수 없다. 그러나 침해범설도 법률적 의미의 재산상 손해가 발생해야만 배임죄가 성립된다고 하는 이론은 아니다. 재산과 손해의 개념에 관하여 경제적 재산개념설을 취하면 법률적으로는 손해가 아니라 손해발생의 위험에 불과하더라도 경제적인 관점에서 손해로 평가되는 경우가 있다. 이러한 경제적 관점에서의 재산상 손해가 있는 경우에도 배임죄의 기수가 된다는 취지이다. 그러므로 만일 위험범설도 재산상 손해의 위험이라는 개념을 경제적 관점에서는 재산상 손해 그 자체로 평가되는 법률적 손해의 위험을 가리키는 의미로 사용한다면, 위험범설과 침해범설은 사실상 재산상 손해와 손해의 위험의 개념을 사용하는 방법상의 차이에 불과한 것이 될 것이다.

위 [사안 1]에서는 농업협동조합 앞으로 근저당권과 지상권이 설정되어 있다는 법률적 사실로 인하여 임야와 대지의 경제적 가치가 감소되었다고 평가할 수 있는가의 여부에 의하여 배임죄의 성립여부가 판단될 것이다.

[사안 2]에서는 새마을금고법의 규정과 절차에 위배하여 동일인

---

1) 김/서, 493면; 김종원, 399면; 임웅, 474면; 정/박, 471면.

2) 강구진, 378면; 박상기, 404면; 배종대, 565면; 유기천, 332면; 이재상, 428면.

대출한도를 초과하여 대출하였다는 사실이 금고에 재산상 손해를 가한 것으로 평가할 수 있는가의 여부에 의하여 배임죄의 성립여부가 판단될 것이다.

4. 대법원의 판단

위 [사안 1]에 관한 제1심 및 제2심판결은 농업협동조합이 지상권설정등기를 경료한 것은 현실적으로 그 조합이 이건 부동산위에 건물을 축조하려는 것이 아니고, 단순히 제3자에 의한 건물축조를 미리 막아 근저당권의 효력을 확보하려는 취지였으므로 결국 윤OO의 부동산은 근저당권의 제약만을 받음에 지나지 않는 것으로서 가치가 없는 부동산이라고는 할 수 없고, 매매대금은 적정한 시가에 의한 것임을 인정할 수 있으므로 이 매매로서 피고인 소속조합에 매매대금 상당의 손해가 발생하였다고 볼 수 없다고 하여 배임죄가 성립되지 않는다고 판단하였다.

그러나 대법원은 원심을 파기하였다. "업무상배임죄에서 본인에게 손해를 가한 때라 함은 재산적가치의 감소를 뜻하는 것으로서 이는 재산적 실해를 가한 경우뿐만 아니라 실해발생의 위험을 초래케 한 경우도 포함하는 것이라고 할 것이므로, 피고인이 이건 부동산을 매수함에 있어 이미 농업협동조합 앞으로 근저당권과 지상권이 설정되어 있었음에도 불구하고, 이러한 권리를 소멸시킬 수 있는 아무런 조치도 강구함이 없이 이를 그대로 시가에 따라 매수하여 채권액 상당액과 상계하고 나머지 매매대금을 전부 윤OO에게 지급한 것이라면, 이는 다른 특별한 사정이 없는 한 축산협동조합으로 하여금 위 농업협동조합의 위와 같은 담보권의 실행으로 인한 이건 토지의 가치감소 내지는 권리상실 등의 위험을 입게 하는 재산상의 손해를 가한 것"이라고 판단한 것이다.[3)]

동일인 대출한도를 초과한 대출한 행위에 관한 기존 판례들은 그 대출금에 대한 회수의 가능 여부나 담보의 적정 여부에 관계없이 다른 회원들에게 정당하게 대출할 자금을 부당하게 감소시킨 결과를 초래한 것이므로 새마을금고에 재산적 손해를 입게 한 것으로 보아야 한다는 취지였다. 위 [사안 2]에서도 제1, 2심은 모두 기존 판례의 취지에 따라 피고인들에게 유죄를 인정하였다. 이에 대하여 변호인은 '다른 회원들에게 정당하게 대출할 자금을 부당하게 감소시킨 결과'는 새마을금고의 사업활동을 통하여 그 회원의 이익을 도모하려는 정책적 목표에 어긋나는 행위일 수는 있어도 새마을금고 자체에 어떤 재산상 손해를 입히는 행위라고 할 수 없다는 취지로 상고하였다.

그 결과 대법원은 종래의 의견을 변경하였다. 즉 "새마을금고의 동일인 대출한도 제한규정은 새마을금고 자체의 적정한 운영을 위하여 마련된 것이지 대출채무자의 신용도를 평가해서 대출채권의 회수가능성을 직접적으로 고려하여 만들어진 것은 아니므로 동일인 대출한도를 초과하였다는 사실만으로 곧바로 대출채권을 회수하지 못하게 될 위험이 생겼다고 볼 수 없다. 구 새마을금고법상 비회원에 대한 대출도 가능하고(법 제27조), 새마을금고연합회장의 승인을 얻은 경우에는 동일인에 대하여 대출한도를 초과하여 대출하는 것도 가능한 점(법 제26조의2)에 비추어 보면 동일인 대출한도를 초과하였다는 사정만으로는 다른 회원들에 대한 대출을 곤란하

3) 대법원 1973.11.13, 72도1366.

게 하여 새마을금고의 적정한 자산운용에 장애를 초래한다는 등 어떠한 위험이 발생하였다고 단정할 수도 없다 … 채무상환능력이 부족하거나 제공된 담보의 경제적 가치가 부실해서 대출채권의 회수에 문제가 있는 것으로 판단되는 경우에 재산상 손해가 발생하였다고 보아 업무상배임죄가 성립한다고 해야 한다"고 판단한 것이다.[4)]

5. 검토

(1) 배임죄는 위태범인가

1) 손해와 손해의 위험

학계에 배임죄를 위험범이라고 하는 견해가 있는 것처럼, 그간 대법원도 "배임죄는 위태범이므로 배임행위가 있으면 현실적인 손해가 발생하지 않더라도 재산상 권리의 실행이 불가능하게 될 염려가 있거나 손해 발생의 위험이 있는 경우에는 배임죄가 성립된다"는 논리를 일관해 왔다.[5)] 즉 손해와 손해의 위험을 동일시한 것이다.

그러나 손해와 단순한 손해의 위험은 개념상 구별되는 것이고, 또 구별하여야 한다. 위험은 경제거래상 항시 수반되는 것이므로 손해와 손해발생의 위험을 동일시해서는 안 된다. 손해의 개념에 손해발생의 위험을 포함시키려는 사고는 법률적 재산개념설의 결

---

4) 대법원 2008.6.19, 2006도4876 전원합의체 판결.

5) 대법원 1975.12.23, 74도2215; 대법원 1989.4.11, 88도1247; 대법원 1999.4.27, 99도883; 대법원 2000.4.11, 99도334 등.

함을 시정하기 위한 것이다. 즉 사실상 그 실행이 불능 또는 곤란하여 무가치하게 될 권리일지라도 법률적 관점에서 판단하면 아직은 손해의 위험이 있을 뿐 손해가 현실적으로 발생하지 아니한 것이 되나, 이러한 경우의 위험을 손해로 평가할 필요가 있으므로 손해와 위험을 동일시하는 사고가 생긴 것이다. 그러나 위와 같은 권리는 경제적 관점에서 평가하면 전혀 무가치하거나 감소되므로 단순한 손해의 위험이 아니라 현재의 손해이다. 즉 경제적 재산개념설을 전제로 하면 재산의 가치의 감소라고 평가할 수 있는 손해의 위험은 곧 현재의 재산상 손해이므로 '손해'라는 개념에 굳이 손해의 '위험'이라는 개념을 포함시킬 필요가 없다. 배임죄의 재산상 손해가 손해의 위험으로도 충분하다고 하려면 그 위험은 현재의 손해라고 평가할 위험에 한정시켜야 한다. '현재의 손해라고 평가할 수 없는 손해의 위험'은 손해의 개념과 구별해야 하는 것이다. 배임죄를 '손해의 위험이 있으면 성립되는 위태범'이라고 하는 것은 자칫 배임죄를 추상적 위험범화 하는 경향을 초래하고, 배임죄 기수와 미수의 구별에 혼란을 가져올 위험만 있다. 그러므로 아예 '위험'이라는 용어의 사용을 배제해야 한다.

[사안 2]에 대한 대법원 전원합의체 판결이 "임무위배행위가 있다고 하여 본인에게 재산상 손해가 당연히 발생하지는 아니하므로 임무위배행위와는 별도로 재산상 손해의 발생 여부를 판단하여야 한다. 이 재산상의 손해에는 현실적인 손해가 발생한 경우뿐만 아니라 재산상 실해 발생의 위험을 초래한 경우도 포함되고, 재산상 손해의 유무에 대한 판단은 법률적 판단에 의하지 아니하고 경제적 관점에서 파악하여야 한다. 따라서 … 현실적인 손해가 발생하였거나 재산상 실해 발생의 위험, 즉 경제적 관점에서 재산상 손해

가 발생한 것과 사실상 같다고 평가될 정도의 위험이 발생하였다고 판단되어야 한다"고 한 것은 배임죄의 성격을 명확히 하고, 재산상 손해의 위험에 관한 견해를 변경하였다는 점에서 큰 의미가 있다.[6)]

2) 배임행위의 유형과 재산상 손해

① 무효인 채무부담

배임행위가 관련 법령에 위배되어 법률상 효력이 없거나 대표권 남용행위로서 무효여서 채무를 발생시키지 아니하면 일반적으로는 본인의 재산에 손해를 가하는 결과가 되지 않을 것이다.[7)] 그러나 배임행위가 무효이더라도 경제적 손해가 있는 경우도 있다. 치안본부의 차량용 유류구입업무를 취급하는 직원이 납품업자로 하여금 치안본부에 납품하는 것처럼 가장하여 다른 주유소에 빼돌리게 한 경우에는 그 납품행위는 치안본부에 대하여 유효한 것은 아니나, 치안본부는 국가배상법에 의하여 유류대금 상당액을 배상할 채무가 있고,[8)] 학교법인의 이사장이 이사회의 결의나 관할관청의 허가도 없이 학교명의의 약속어음을 발행한 행위도 법률상 무효이나, 학교법인은 민법 제35조 제1항의 책임을 부담할 수 있으므로 손해가 인정된다.[9)]

---

6) 일본이나 독일에서도 '재산상의 위험은 그 위험에 의하여 재산이 현재 그 가치가 감소되었다고 할 경우에 한하여 손해로 보는 것'으로 해석한다(江家義男, 앞의 논문 181~183면; 藤木英雄, 總合判例硏究叢書(刑法 11), 有斐閣, 1958, 126면. 류전철, "배임죄에 있어서 재산상 손해 발생의 위험", 법학논총 제30집 제1호, 전남대학교 법학연구소, 2010.4, 119면)

7) 대법원 1997.5.30, 95도351; 대법원 1987.11.10, 87도993; 대법원 2010.9.30, 2010도6490; 대법원 2011.11.24, 2010도11394; 대법원 2012.2.23, 2011도15857; 대법원 2004.4.9, 2004도771 등.

8) 대법원 1987.4.28, 83도1568.

그런데 법률상 무효인 배임행위로 인하여 무효인 소유권이전등기가 행해졌더라도 적어도 등기가 넘어간 이상 손해의 발생을 인정할 수 있다거나,[10] 조합의 대표직에서 해임된 자가 소장을 송달받고도 응소하지 않아 의제자백에 기한 패소판결을 받게 했으나 피고인은 대표권이 없으므로 조합은 재심청구 할 수 있더라도 그것과는 상관없이 재산상 손해를 가한 것이라고 하는 것[11] 등은 그 타당성이 의문이다. 등기가 있으면 비록 그것이 무효일지라도 거래에 있어 사실상 장애요인이 될 수도 있고, 등기명의인이 말소에 동의하지 않으면 등기말소소송을 제기해야 하므로 소송비용의 지출이라는 손해가 생길 수도 있다. 또 재심청구를 통하여 승소판결을 받을 수 있다고 하더라도 재심청구를 해야 한다면 그러한 절차적 부담이 생기는 것도 사실이다. 그러나 처리하는 사무 그 자체에 관한 손해가 아니라 그에 부수되는 사실상의 부담이나, 사소한 소송비용의 부담을 배임죄의 재산상 손해라고 하는 것은 타당하다고 생각되지 않는다.

② 담보의 훼손·상실

채권의 담보를 훼손하거나 상실시키는 것도 법률상 채권은 존재하고 있으나 경제적으로 평가하면 재산상 손해이다. 다만 손해로 인정하기 위해서는 채권의 담보력에 장애가 되는 경우로 한정해야 할 것이다. 대법원도 새마을금고 이사장이 대출금의 일부만 변제받은 후 나머지 원리금의 채권보장에 지장이 없는 범위에서 담보 일부를 해지한 경우에 바로 배임행위라고 할 수 없으며,[12] 건물소

---

9) 대법원 1995.12.22, 94도3013.
10) 대법원 1992.5.26, 91도2693.
11) 대법원 1999.6.22, 99도1095.

유자가 전세권자에게 전세권설정등기를 해 주겠다고 한 약속을 어기고 타인에게 선순위 저당권을 설정해 주었다고 하더라도 건물의 담보가치가 충분하면 재산상 손해를 발생시킨 것이 아니라고 한다.[13] 타인에 대하여 근저당권설정의무를 부담하는 자가 제3자에게 근저당권을 설정하여 주는 배임행위로 인하여 취득하는 재산상 이익 내지 그 타인의 손해는 그 타인에게 설정하여 주기로 한 근저당권의 담보가치 중 제3자와의 거래에 대한 담보로 이용함으로써 상실된 담보가치 상당으로서, 이를 산정하는 때에 제3자에 대한 근저당권 설정 이후에도 당해 부동산의 담보가치가 남아 있는 경우에는 그 부분을 재산상 이익 내지 손해에 포함시킬 수 없다.[14]

③ 부실대출

일반적으로는 회수가 불확실한 부실대출은 그 대출 자체가 재산상의 손해이다. 그런 의미에서 대법원이 채무연대보증서가 위조되어 대출된 사안이나[15] 불성실한 당좌대월행위[16] 또는 신용금고의 대표이사가 변제자력이 불충분한 자에게 담보를 취득함이 없이, 또는 불충분한 담보물을 취득하고 대출한 사안에 있어서[17] 재산상의 손해를 인정하는 것은 타당하다.

그런데 대법원은 종래 담보를 취득한 경우에도 담보물의 가치를 초과하여 대출한 금액이나 실제로 회수가 불가능하게 된 금액만을 손해액으로 볼 것은 아니고, 재산상 권리의 실행이 불가능하게 될

12) 대법원 1994.11.8, 94도2123.
13) 대법원 1990.4.24, 89도2281.
14) 대법원 2011.1.13, 2009도10541.
15) 대법원 1983.2.8, 81도3190.
16) 대법원 1983.3.8, 82도2873.
17) 대법원 1987.7.21, 87도546.

염려가 있거나 손해발생의 위험이 있는 대출금 전액을 손해액이라고 해 왔다.[18)] 이러한 태도는 담보훼손·상실의 경우에 채권보장에 지장이 생긴 범위에서만 배임죄를 인정하는 것과 다르다. 그러나 담보물의 가치를 초과하여 대출한 금액만이 아니라 대출금 전액을 손해액으로 볼 근거가 있는지는 의문이다. 하나의 임무위배행위로서 부실대출이 이뤄진다고 하여 그 대출금 전액을 회수가능한 대출금과 회수불능한 대출금으로 분리할 수 없는 일체로서 취급해야 할 이유는 없기 때문이다.[19)]

생각하건대, 담보권을 설정하지 아니한 경우에도 그 사실만을 이유로 채권의 회수가 가능한지 아닌지를 묻지 않고 배임죄의 성립을 인정하는 것은 부당하다고 해야 할 것이다. 적절하고 충분한 담보가 없더라도 임의변제가 확실한 경우에는 그 채권의 취득 자체는 경제적으로 손해에 해당하지 않는다고 해야 할 것이므로 담보의 존재여부보다는 회수불능인지 아닌지에 중점을 두어야 한다. 더구나 담보를 취득한 대출에 있어서는 그 담보가치 범위내의 대출금은 회수가 보장되는 것임에도 대출금전액을 손해로 인정하는 것은 부당하다. 채권회수의 보장은 손해의 발생을 저지하는 사실이다. 손해의 발생을 저지한다고 하는 것이 배임죄의 성립 후에 손

---

18) 대법원 1989.4.11, 88도1247; 대법원 1996.7.12, 95도1043; 대법원 2000.3.24, 2000도28; 대법원 2000.4.11, 99도334; 대법원 2006.4.27, 2004도1130 등.

19) 대출금전액을 재산상 손해로 보는 사고는 사기죄에서 정당한 대가가 지급된 경우에도 처분한 재산에 대한 사기죄를 인정하는 사고와 맥락을 같이 하고 있는지도 모른다. 그러나 이는 부당하다. 사기죄에서는 기망에 의한 재산처분 그 자체가 본질적인 문제이다. 배임죄에서 불량대출행위는 하나의 임무위배행위이나, 그로 인한 재산상 손해는 담보부족으로 인한 회수불능이라는 관점에서 인정되는 것이다. 그러므로 재산상 손해의 유무와 범위는 담보가치를 기준으로 산정되어야 한다. 그 산정이 가능함은 두 말할 필요가 없다.

해가 보전된다고 하는 것과 동일한 의미로 오해될 수 있으나, 그것은 수사적(修辭的) 표현의 문제일 뿐이다.

(3) 배임죄는 경제범죄인가

종래 대법원은 새마을금고의 경우만이 아니라, 특정한 정책목표에 반하는 재산처분을 재산상 손해를 가하는 행위로 보는 태도를 일관해 왔다. 신용협동조합의 이사장이 동일인 대출한도를 초과하여 대출하거나 비조합원에게 대출한 경우에는 '조합원에게 대출할 자금을 감소시킨 것이므로' 그 대출금의 회수 가능 여부와 관계없이 업무상배임죄가 성립하고,[20] 농업협동조합의 직원이 배급받기를 포기한 조합원 몫의 배급용 비료를 다른 동리조합에 추가할당하거나 상부 농협의 지시에 따라 처리하지 아니하고 스스로 배급받은 것처럼 처리한 경우에도 '다른 조합원에게 손해를 가한 것이므로' 업무상배임죄가 성립하며,[21] 정부양곡의 수매·가공·보관·방출 등의 업무를 보조하던 군청직원이 곡가조절용 정부양곡을 소정의 목적 외의 용도에 자의로 방출한 경우에는 '그 목적을 위한 사용이 저해되므로' 그 대금 전액이 국고에 납입된 여부에 불구하고 업무상배임죄가 성립하고,[22] 정부가 관리하는 양돈용 사료의 적정한 배급을 위하여 그 관할구역 내의 양돈수를 군수에게 조사·보고하는 임무를 맡은 공무원이 허위보고를 하여 양돈농가 이외의 자에게 사료가 배정되게 한 경우에는 '사료의 부당한 감소가 있으므로' 그 대금의 납입 여부에 불구하고 업무상배임죄가 성립

20) 대법원 1984.9.25, 84도1436.
21) 대법원 1965.10.15, 65도742.
22) 대법원 1975.11.25, 73도1881.

하며,[23] 적격 중소기업 등에 저리로 융자되도록 용도가 법정되어 있는 중소기업진흥기금이 부적격업체에게 부당하게 지출되도록 한 경우에는 '그 기금이 그 특정목적을 위하여 사용됨을 저해하는 것이므로' 그 대출금의 회수가 사실상 보장된다고 하더라도 업무상배임죄가 성립한다[24]고 한 것이다.

바로 이러한 사정을 근거로 [사안 2]에 관한 전원합의체 판결에서도 반대의견은 동일인에 대한 대출한도를 초과하여 대출하는 행위는 그 상대방에게는 한도를 초과한 대출을 받을 수 있도록 금융편의 내지 금융이익을 제공하는 것이고, 새마을금고에게는 다른 회원들에게 균등하게 대출하는 등의 사업목적에 사용할 자금을 그 한도초과대출금에 해당하는 만큼 부당하게 감소시킴으로써 그 자금이 그 목적을 위하여 사용됨을 저해하는 것이므로, 이러한 의미에서 새마을금고는 그만큼의 재산상의 손해를 입은 것이어서 업무상배임죄가 성립한다고 주장하였다.

그러나 대출금의 회수가 보장되거나 정당한 대가가 지불된 사안에서도 재산상 손해를 인정하는 것은 배임죄의 성립에 재산상 손해가 필요하지 않다는 것이 되어 죄형법정주의에 위배될 우려가 있다. 또한 특정한 목적을 위한 자금운용에 지장을 초래한다는 이유로 배임죄를 인정하는 것은 재산상 이익의 보호를 위한 배임죄를 경영의 합리성을 보장하는 경제범죄로 변질시키는 것이다. 배임죄가 경제범죄가 아니라는 점에서도 위 [사안 2]에 관한 전원합의체 판결은 바람직한 방향을 제시하였다고 할 것이다.

---

23) 대법원 1978.8.22, 78도958; 대법원 1982.9.14, 81도2024.

24) 대법원 1997.10.24, 97도2042.

제27강
위조범죄의 대상물의 행사의 의미는 무엇인가

1. 서언

형법은 공공의 신용을 보호하기 위해서 제207조부터 제240조에 걸쳐서 통화에 관한 죄, 유가증권·우표와 인지에 관한 죄, 문서에 관한 죄 그리고 인장에 관한 죄 등 일련의 위조범죄를 규정해 놓고 있다. 이러한 위조범죄는 사회생활상 법적거래에서 중요한 기능을 하는 대상물들, 예를 들어 통화, 유가증권·우표·인지, 문서 그리고 인장 등의 거래상의 신용 및 안전을 보호법익으로 한다는 점과 그 보호의 정도가 추상적 위험범의 형식으로 구성되어 있다는 점에서 공통점을 갖는다.

그러나 판례는 개별 위조범죄의 객체와 행위태양에 관해서는 그 해석과 적용범위가 상이한 경우가 있다. 어떤 경우에는 신용 대상물의 특성에 따라서 타당한 해석인 경우도 있지만, 어떤 경우는 혼란을 초래하기도 한다. 개별 위조범죄의 '행사'와 관련해서 통화위조 등의 죄, 유가증권위조 등의 죄, 문서죄의 경우에 각각 '행사'의 의미를 다르게 해석하는 전자의 경우이고, 유가증권위조의 대상에는 사본은 해당하지 않지만 문서위조의 대상에는 사본도 포함하는 해석이 후자의 경우이다. 문서위조죄에서 복사본의 의미에 관한 대법원의 입장이 사회변화에 따라 바뀌었고, 형법개정을 통해서 복사문서도 문서위조의 객체로 보고 있지만 유가증권위조죄는 원본만을 객체로 한다는 해석론이나, 문서의 개념에 비추어 컴퓨터 모니터 화면상의 이미지나 이미지 파일의 문서성을 부인하면서도 그것이 위조문서행사죄의 '행사'에는 해당한다는 해석론에 대해서는 그 근거나 타당성이 의문이다.

위조범죄가 그 보호법익을 공공의 신용에 두고 있는 한, 그러한 공공의 신용은 사회에서 형성되고 널리 이용되는 공공의 신용의 대상물을 포함하기 위한 보호법익으로 이해해야 한다. 특히 다른 범죄와 달리 위조범죄의 경우에는 현실을 고려하지 않고서 순수한 규범적 관점에서 공공의 신용을 보호한다고 이해해서는 안 된다. 그러므로 문제된 사안과 관련된 개별적인 사회현실을 파악하는 것이 중요하고 그리고 이러한 현실을 법관의 규범적 판단에 맡기는 정도에서 해결하는 것이 바람직하다고 생각된다.[1)]

2. 사안

사안 1

갑은 피씨방에서 인터넷 쇼핑사이트인 'G-마켓'에 들어가 휴대전화기 구입신청을 하면서, 인터넷상에 게시된 통신회사의 신규 가

---

1) 류전철, "보호법익으로서 공공의 신용의 형법해석론상 의미", 형사법연구 제18호, 2002, 325면.

입신청서 양식에 컴퓨터를 이용하여 A의 인적사항 및 그의 계좌번호, 청구지 주소 등을 각 입력하고 이를 출력한 다음, 그 신청서 용지 하단 고객명란과 서명란에 A라고 하여 행사할 목적으로 권한 없이 권리의무에 관한 사문서인 A명의로 된 휴대전화 신규 가입신청서 1장을 위조하고, 위와 같이 위조한 휴대전화 가입신청서를 사본, 이미지화한 다음, 이메일로 그 위조사실을 모르는 B에게 마치 진정하게 성립된 것처럼 그 신청서를 전송하였다.

사안 2

갑은 A로부터 그 전에 미리 서명날인만 받아놓은 백지 약속어음에 발행일, 금액, 수취인을 함부로 기재한 후(甲은 A로부터 그 전에 미리 서명날인만을 받아놓은 백지 약속어음에 발행일 '93.4.15.', 금액 '일십팔억원정, 1,800,000,000', 수취인 'B, C' 라고 함부로 기재하여 위조하였다), A를 상대로 제기한 약속어음금청구사건에서 그 청구를 대여금 청구로 변경하면서 그 소변경신청서에 위 약속어음을 복사한 사본을 첨부하여 제출하였다.

3. 학설

(1) 위조범죄에서 '행사'의 해석[2)]

위조 · 변조통화 행사 등의 죄에서 '행사'한다는 것은 위조 · 변조된 통화를 진정한 통화처럼 거래하거나 유통시키는 것을 말한다.

---

2) 형법 교과서에서는 '행사죄'와 관련해서 거의 대동소이한 내용으로 기술하고 있으며, 판례에 특별한 평가없이 소개하는 정도에 그치고 있다.

유통은 사회에서 진화처럼 사용되도록 하는 것이다. 따라서 단순히 전시하거나 신용력을 보이기 위하여 제시한 경우, 위조통화를 상품으로서 매매하는 경우는 유통이라고 할 수 없어 행사에 해당하지 않는다.[3] 그러나 진화로서 화폐수집상에게 판매한 경우는 행사에 해당한다.[4] 또한 진화로서 유통시킨 이상 증여도 행사에 해당하며, 도박자금이나 사기수단으로 지급한 경우처럼 위조통화의 사용방법이 위법한 경우에도 행사에 해당한다. 특히 통화위조 공범간의 위조통화의 수수는 행사에 해당하지 않지만, 위조통화임을 알고 있는 자에게 교부한 경우에도 그 자가 이를 유통시키리라는 예상 또는 인식을 한 경우에는 행사에 해당한다.

위조 등 유가증권 행사란 위조·변조·작성 또는 허위기재한 유가증권을 진정하게 작성된 진실한 내용의 유가증권으로 사용하는 것을 말한다. 위조·변조통화 행사 등의 죄에서는 행사의 행위태양에 유통에 놓을 것을 요구하지만, 위조 등 유가증권행사죄는 반드시 유통에 놓을 것을 요하지 않는다. 따라서 신용을 얻기 위해 타인에게 제시하는 것도 행사에 해당한다. 그리고 위조된 정을 아는 자에게 교부하는 경우에도 행사에 해당한다.[5]

위조 등 문서행사죄에서 행사란 위조·변조 또는 허위작성된 문서 등을 진정문서 또는 내용이 진실한 문서인 것처럼 사용하는 것을 말한다. 문서의 내용을 상대방이 인식할 수 있는 상태에 두는 것이면 그 방법에는 제한이 없다. 그러므로 제시나 교부 또는 송부

---

3) 배종대, 672면; 이재상, 549면.

4) 김성돈, 554면 ; 김/서, 686면; 배종대, 672면; 손동권, 600면; 임웅, 620면; 정/박, 689면.

5) 김성돈, 571면; 김/서, 710면; 배종대, 684면; 손동권, 617면; 이재상, 564면; 정/박, 710면.

뿐만 아니라, 비치하거나 열람상태에 두는 것도 행사에 해당한다. 행사의 상대방에도 특별한 제한이 없다. 다만 위조통화행사나 위조유가증권행사와는 달리 위조·변조 또는 허위작성된 문서의 행사에 있어서 상대방은 위조 내지 변조 등의 문서라는 정을 알지 못하는 자임을 요한다.

(2) 위조범죄의 객체로서 사본

오늘날 복사기술의 발달로 말미암아 원본과 똑같이 복사한 문서의 사본이 사회에서 중요한 기능을 하고 있는 실정에 비추어 이에 대한 사회적 신용도 형법에 의하여 보호할 필요가 있다. 판례도 당초 사본 또는 등본은 그것이 기계적 방법에 의하여 복사된 것이라도 사본 또는 등본이라는 인증이 없는 한 문서에 해당하지 않는다는 태도를 취하다가 전원합의체판결[6]로 기계적인 방법에 의하여 원본을 복사한 문서는 문서위조 및 동 행사죄의 객체인 문서에 해당한다고 판시하였다. 이 후 1995년 개정형법은 제237조의 2를 신설하여 "이 장의 죄에 있어서 전자복사기, 모사전송기 기타 이와 유사한 기구를 사용하여 복사한 문서 또는 도화의 사본도 문서 또는 도화로 본다"고 규정하여 문서나 도화의 사본도 문서 또는 도화로 본다는 규정을 신설하게 되었다. 마찬가지로 학설은 지폐가 갖고 있는 높은 통용성과 신용성 때문에 전자복사한 지폐도 위조지폐라고 하고,[7] 판례도 복사한 통화도 위조통화임을 인정하는 판결을 하고 있다.[8]

복사한 유가증권이 위조유가증권인가에 대해서 직접 언급하는

6) 대법원 1989.9.12, 87도506 전원합의체판결.

7) 김성돈, 550면; 김/서, 680면 ; 배종대, 669면; 이재상, 545면; 정/박, 684면.

8) 대법원 1986.3.25, 86도255.

교과서는 없지만 복사한 문서도 위조문서이고, 복사한 통화도 위조통화임을 인정하면서 복사한 유가증권은 위조유가증권이 아니라고 하는 대법원의 태도가 논리일관적인가 하는 의문을 제기하는 견해가 있다.[9] 권한없이 타인명의의 유가증권을 작성하고 이를 복사한 경우 복사된 유가증권이 진정한 유가증권으로서의 오인될 형식과 외관을 갖추고 있다면 그 복사행위는 권한없이 타인명의의 유가증권을 작성하는 것으로서 또 하나의 위조행위이고, 이에 의해 복사된 유가증권을 행사한 경우 위조 유가증권행사로 해석할 수 있는 여지가 충분히 존재한다고 한다.[10]

4. 대법원의 판단

판례는 위조통화임을 알고 있는 자에게 그 위조통화를 교부한 경우에 피교부자가 이를 유통시키리라는 것을 예상 내지 인식하면서 교부하였다면, 그 교부행위 자체가 통화에 대한 공공의 신용 또는 거래의 안전을 해할 위험이 있으므로 위조통화행사죄가 성립한다고 한다.[11] 마찬가지로 위조유가증권임을 알고 있는 자에게 교부한 경우에 위조유가증권행사죄의 처벌목적은 유가증권의 유통질서를 보호하고자 함에 있는 만큼 단순히 문서의 신용성을 보호하고자 하는 위조문서행사죄의 경우와는 달리 교부자가 진정 또는 진실한 유가증권인 것처럼, 위조유가증권을 행사하였을 때 뿐만 아니라 위조유가증권임을 알고 있는 자에게 교부하였더라도 피교

9) 오영근, “유가증권위조죄 해석상의 문제점”, 형사판례연구(7), 1999, 399면.
10) 오영근, 전게논문, 401면.
11) 대법원 2003.1.10, 2002도3340.

부자가 이를 유통시킬 것임을 인식하고 교부하였다면 그 교부행위 그 자체가 유가증권의 유통질서를 해할 우려가 있어 위조유가증권 행사죄가 성립한다고 한다.[12] 다만 위조유가증권의 교부자와 피교부자가 서로 유가증권위조를 공모하였거나 위조유가증권을 타에 행사하여 그 이익을 나누어 가질 것을 공모한 공범의 관계에 있는 경우, 공범자 사이의 위조유가증권 교부행위는 공범관계 이외의 자에게 행사함으로써 범죄를 실현하기 위한 전 단계의 행위에 불과한 것으로서 위조유가증권은 아직 범인들의 수중에 있다고 보기 때문에 행사되었다고 볼 수는 없다고 한다.[13] 그러나 위조, 변조, 허위작성된 문서의 행사죄는 이와 같은 문서를 진정한 것 또는 그 내용이 진실한 것으로 각 사용하는 것을 말하는 것이므로, 그 문서가 위조, 변조, 허위작성되었다는 정을 아는 공범자등에게 제시, 교부하는 경우 등에 있어서는 행사죄가 성립할 여지가 없다고 한다.[14]

사본의 위조범죄 객체와 관련하여 판례는 유독 위조유가증권행사죄에 있어서의 유가증권이라 함은 위조된 유가증권의 원본을 말하는 것이지 전자복사기 등을 사용하여 기계적으로 복사한 사본은 이에 해당하지 않는다고 하여 [사안 2]의 경우에 유가증권 복사본은 유가증권이 아니라는 입장이다.[15] 이 판결과 관련하여 [사안 2]의 경우에는 법원에 제출한 것이 유가증권의 원본으로서 유가증권의 용도로 행사된 것이 아니라 그 사본임을 전제로 사본표시를 하여 증거자료로 제출된 것이므로 위조유가증권행사죄가 성립되지

12) 대법원 1983.6.14, 81도2492.

13) 대법원 2007.1.11, 2006도7120; 대법원 2011.1.4, 2010도12553.

14) 대법원 1986.2.25, 85도2798.

15) 대법원 1998.2.13, 97도2922.

않는다는 것이고 요즈음 칼라복사기술의 발달에 의하여 행사할 목적으로 진정한 자기앞수표를 칼라복사하여 여러 장의 동일한 자기앞수표를 만들 경우 이는 부정수표단속법 제5조의 수표위조죄에 해당될 것이고 위 사건에서도 칼라복사한 약속어음 사본을 마치 원본인 것처럼 사용한다면 이는 형법 제217조 소정의 위조유가증권행사죄에 해당될 것이라는 견해가 있었다.[16] 그러나 이 판결 이후에도 대법원은 일관해서 유가증권의 사본은 위조유가증권행사죄에서 말하는 유가증권에 해당하지 않는다고 하고 있다.[17]

[사안 1]에 대하여 대법원은 컴퓨터 모니터 화면상의 이미지 및 이미지 파일의 문서성을 부인하면서도 컴퓨터에 연결된 스캐너(scanner)로 읽어 들여 이미지화한 다음 이를 전송하여 컴퓨터 화면상에서 보게 하는 경우에는 행사에 해당하여 위조문서행사죄가 성립한다고 한다.[18] 복사된 유가증권은 문서나 통화와 달리 위조유가증권행사죄의 객체가 되지 않고, 문서성이 없는 경우에도 위조문서가 되어 이를 행사한 경우에 해당한다는 판례의 태도는 납득하기 어렵다.

5. 검토

위조범죄와 관련된 유가증권, 문서 등은 전형적인 규범적 구성

16) 김선태, "유가증권의 위조와 변조에 관한 형사판례정리", 실무연구자료 제4권, 대전지방법원, 2000, 226면.

17) 대법원 2007.2.8, 2006도8480; 대법원 2010.5.13, 2008도10678.

18) 대법원 2008.10.23, 2008도5200. 이 대법원 판결은 대법원 2007.11.29, 2007도7480 판결과 모순되는 결론을 내리고 있다. 이미지파일의 문서성을 부인하는 것은 동일하지만, 전자의 판결에서는 '전송하여 컴퓨터 화면상으로 보게 한 행위'를 '행사'에 포섭하고 있다.

요건요소로서 평가적 개념에 해당한다. 따라서 유가증권이나 문서의 개념 자체는 구성요건과 관련하여 평가적으로 해석되어야 한다.[19] 복사본이 문서에 해당하는가에 대해서 많은 시간동안 각각의 관점에서 평가과정을 거쳐 결국 위조범죄의 객체에 편입되었다. 위조범죄는 사회의 신용을 받는 대상물인 통화, 유가증권, 문서들을 위조 등의 행위를 통하여 공공의 신용을 위험하게 하는 범죄이다. 그러므로 전형적인 통화, 유가증권, 문서와 외관상 유사물을 창출하거나 사용하는 것은 위조범죄의 본질에 해당하는 것이고 복사를 통해서 유사물 창출하거나 행사하는 것은 대표적인 경우에 해당한다. 판례가 복사된 유가증권을 행사한 경우를 위조유가증권행사죄에 해당하지 않는다고 한 것은 타당하지 않다.

판례는 컴퓨터 모니터 화면에 나타나는 이미지는 이미지 파일을 보기 위한 프로그램을 실행할 경우에 그때마다 전자적 반응을 일으켜 화면에 나타나는 것에 지나지 않아서 계속적으로 화면에 고정된 것으로는 볼 수 없으므로, 형법상 문서에 관한 죄에 있어서의 '문서'에는 해당되지 않는다고 판결한 이후[20], 일관해서 '컴퓨터모니터에 나타난 이미지'는 문서가 아니라고 하고 있다.[21] 그러나 논리적으로 위조문서행사죄에 있어서 행사는 위조된 문서를 진정한 문서인 것처럼 그 문서의 효용방법에 따라 이를 사용하는 것을 말하고, 위조된 문서를 제시 또는 교부하거나 비치하여 열람할 수 있게 두거나 우편물로 발송하여 도달하게 하는 등 위조된 문서를 진정한 문서인 것처럼 사용하는 한 그 행사의 방법에 제한이 없다고

19) 류전철, "규범적 구성요건요소에 관한 소고", 형사법연구 제10호, 1998, 35면.
20) 대법원 2007.11.29, 2007도7480.
21) 대법원 2010.7.15, 2010도6068; 대법원 2011.11.10, 2011도10468.

하더라도, 문서의 본질적인 기능형태인 계속성이 없어 문서성을 부인하면서도 이를 위조문서행사죄로 포섭하는 것은 타당하지 않다. 판례의 논리는 복사문서의 문서성에 대한 대법원의 전원합의체 판결의 별개의견의 논리를 그대로 따르는 인상을 준다. 별개의견은 "위조문서의 원본을 복사하는 행위 자체는 이미 위조가 완성되어 작성명의의 진정이 침해된 문서의 표시내용을 사본으로 재현하는 것에 불과하고 복사로서 새롭게 그 문서의 작성명의의 진정을 침해하는 것은 아니므로 이러한 사본의 작성행위를 문서의 위조라고 볼 여지가 없으나, 위조문서를 전자복사나 사진복사 등의 기계적 방법에 의하여 복사한 사본은 문서원본의 외관과 의식내용을 원본 그대로 재현한 것으로서 복사과정에서 의도적인 조작을 가하지 않는 한 원본의 외관과 의식내용을 그대로 타인에게 전달하는 기능을 가지고 있으므로, 이러한 사본을 제시하는 행위는 기계적 복사라는 중개수단을 통하여 문서원본의 외관과 의식내용을 상대방이 인식할 수 있게끔 간접적인 방법으로 문서원본을 제시하는 것이 되므로 위조문서행사죄를 구성한다"고 하였다. 이러한 논증방식은 우리 형법 제234조가 "제231조 내지 제233조의 죄에 의하여 만들어진 문서, 도화 또는 전자기록 등 특수매체기록을 행사한 자는 그 각죄에 정한 형에 처한다"는 규정에 정면으로 배치된다. 이 규정은 위조로 만들어진 문서를 행사한 경우에 위조문서행사죄가 되는 것을 말하는 것이며, 이를 반대로 읽으면 위조로 만들어지지 않은 것은 행사할 대상이 될 수 없다는 의미이다. 컴퓨터 모니터의 이미지를 문서로 인정하지 않는 한 그 이미지는 위조문서행사의 대상이 될 수 없으므로 대법원은 이미지를 문서로 인정하던지 아니면 이미지를 행사죄로 처벌하지 않아야 할 것이다.

제28강 문서의 용도는 사회변화에 따라 달라지는가

1. 서언

형법 제230조와 제236조는 공문서부정행사죄와 사문서 부정행사죄를 규정하고 있다. 부정행사란 사용할 권한이 없는 자가 그 문서명의자로 가장 행세하여 이를 사용하거나 또는 사용할 권한이 있더라도 그 문서를 본래의 작성목적 이외의 다른 사실을 직접 증명하는 용도에 이를 사용하는 것을 말한다.

사문서부정행사죄는 '권리·의무 또는 사실증명에 관한 타인의 진정문서 또는 도화'를 부정행사하는 것이고 공문서부정행사죄는 '공무원 또는 공무소의 문서 또는 도화'를 부정행사하는 것이다. 이때에 부정행사의 객체는 사용권한자와 용도가 특정된 사문서여야 한다. 공문서부정행사죄에서 부정행사가 구체적으로 무엇인가에 대해서는 사문서부정행사죄와 달리 견해가 일치하지 않는다. 학설과 판례에 의하면 사용권한 있는 자의 용도 외 사용이 공문서부정행사에 해당하는지 여부, 사용권한이 없는 자의 용도 내 사용과 관련하여 공문서의 용도가 가변성을 결정하는 사안에서는 많은 이견이 제시되고 있다.

위조범죄의 보호법익으로서 공공의 신용은 하나의 집합개념으로 이해할 수 있다. 따라서 하나의 집합개념으로서 공공의 신용이라는 보호법익의 내용은 큰 의미를 갖지 못한다. 오히려 형법해석을 위해서 중요한 것은 공공의 신용이 사회적으로 형성되는 것인지, 아니면 규범적으로 설정되는 것인지의 문제를 해결하는 것이다. 즉 공공의 신용은 형법규범에 의해서 생겨나는 순수한 규범적인 보호객체이지, 사회 일반의 사실상의 신용은 고려의 대상에서 제외하여야 할 것인지 아니면 해석을 통한 법익결정은 규범뿐만 아니라, 규범과 관련된 현실, 정확하게는 이러한 현실에 대한 해석자의 이해를 통해서 행해져야 하는지에 따라 사안의 결론이 달라진다.[1] 이러한 의미에서 문서부정행사죄의 문서의 용도에 대한 해석과정은 우리에게 공공의 신용을 보호하는 위조범죄의 본질을 살펴 볼 수 있는 기회를 제공해 준다.

2. 사안

갑은 폭력행위등처벌에관한법률위반죄의 현행범으로 체포되어 경찰에서 조사를 받던 중 신분확인을 위하여 신분증명서의 제시를 요구받고 자신의 인적 사항을 속이기 위하여 전에 길에서 주어 가지고 있던 타인의 운전면허증을 마치 자신의 운전면허증인 것처럼 제시하였다.

---

1) 류전철, "보호법익으로서 공공의 신용의 형법해석론상 의미", 형사법연구 제18호, 2002, 324면.

3. 학설

문서부정사용죄에서 사용할 권한이 있는 자가 '본래의 용도외의 다른 목적으로' 사용하는 경우도 부정행사에 해당하는가에 대해서 판례와 다르게 다수의 견해는 '행사'란 문서의 용도에 따른 사용으로서 문서의 기능적 이용이란 점은 '일반'행사이건, '부정'행사이건 동일하지만, '부정'행사는 특히 사용할 권한이 없는 자의 이용을 의미하는 것으로 본다. 따라서 '사용권한 있는 자'의 이용은 '부정'개념에 포함될 수 없고, '용도 외의 사용'은 기능적 이용을 의미하는 '행사'개념에 포함될 수 없기 때문에 '사용권한 있는 자의 용도 외 사용'은 부정행사가 되지 않는다고 한다.

공문서부정행사죄에서 부정사용의 의미는 사문서부정행사죄에서 부정사용과 같다. 그런데 사용권한 있는 자의 용도 내 사용은 문제될 것이 없지만, 공문서 본래의 용도와 다른 목적으로 사용권한 있는 자가 사용한 경우에 부정행사가 되는지에 대해서는 견해 대립이 있다. 사문서와 달리 공문서는 그 사용용도가 사회일반인에게 주지되어 있기 때문에 공문서의 '용법'에 대한 공공의 신용을 보호할 필요가 있으므로 이 경우에도 부정행사가 된다는 견해[2]와 공문서의 용도가 불명확하고, 개별적·구체적인 용도에 따라 본죄의 성립을 판단할 경우에는 판단자의 자의가 개입될 우려가 있으므로 부정행사로 볼 수 없다는 견해[3]가 있다.

---

2) 배종대, 723면; 임웅, 700면; 정/박, 678면.

3) 김성돈, 626면; 김/서, 786면; 669; 박상기, 551면; 손동권 654면; 오영근, 775면; 이재상, 607면.

4. 대법원의 판단

문서부정사용죄에서 사용할 권한이 있는 자가 '본래의 용도외의 다른 목적으로' 사용하는 경우도 부정행사에 해당하는가에 대해서 판례는 원칙적으로 사용할 권원이 있다 하더라도 문서를 본래의 작성 목적 이외의 다른 사실을 직접 증명하는 용도에 이를 사용하는 경우에는 부정사용이 될 수 있다고 하고 있다. 형법 제236조 소정의 사문서부정행사죄는 사용권한자와 용도가 특정되어 작성된 권리의무 또는 사실증명에 관한 타인의 사문서 또는 사도화를 사용권한 없는 자가 사용권한이 있는 것처럼 가장하여 부정한 목적으로 행사하거나 또는 권한 있는 자라도 정당한 용법에 반하여 부정하게 행사하는 경우에 성립한다고 하면서, 구체적 사안에서는 실질적인 채권채무관계 없이 당사자 간의 합의로 작성한 '차용증 및 이행각서'는 그 작성명의인들이 자유의사로 작성한 문서로 그 사용권한자가 특정되어 있다고 할 수 없고 또 그 용도도 다양하므로, 설령 피고인이 그 작성명의인들의 의사에 의하지 아니하고 위 '차용증 및 이행각서'상의 채권이 실제로 존재하는 것처럼 그 지급을 구하는 민사소송을 제기하면서 소지하고 있던 위 '차용증 및 이행각서'를 법원에 제출하였다고 하더라도 그것이 사문서부정행사죄에 해당하지 않는다고 판시하였다.[4] 공문서부정사용죄의 경우에도 공문서부정행사죄는 사용권한자와 용도가 특정되어 작성된 공

4) 대법원 2007.3.30, 2007도629; 대법원 1985.5.28, 84도2999: 그러나 이 판결의 사안에 대해서 대법원은 현금보관증이 자기 수중에 있다는 사실 자체를 증명키 위하여 증거로서 법원에 제출하는 행위는 사문서의 부정행사에 해당되지 않는다고 하였다.

문서 또는 공도화를 사용권한 없는 자가 사용권한이 있는 것처럼 가장하여 부정한 목적으로 행사하거나 또는 권한 있는 자라도 정당한 용법에 반하여 부정하게 행사하는 경우에 성립된다고 한다.

사용권한 없는 자의 용도 내 사용은 당연히 공문서부정행사죄에 해당한다. 다만 '용도 내의 사용'인지 여부에 대해서 사안마다 논란이 될 여지가 있다. 위 사안과 관련하여 대법원은 전원합의체판결을 통해서 우리 사회에서 운전면허증을 발급받을 수 있는 연령의 사람들 중 절반 이상이 운전면허증을 가지고 있고, 특히 경제활동에 종사하는 사람들의 경우에는 그 비율이 훨씬 더 이를 앞지르고 있으며, 금융기관과의 거래에 있어서도 운전면허증에 의한 실명확인이 인정되고 있는 등 현실적으로 운전면허증은 주민등록증과 대등한 신분증명서로 널리 사용되고 있다고 하면서 신분확인을 위한 신분증명서(주민등록증)의 제시를 요구받고 자신의 인적 사항을 속이기 위하여 다른 사람의 운전면허증을 제시한 행위는 그 사용목적에 따른 행사로서 공문서부정사용죄가 성립한다고 해석하였다.[5] 그러나 이러한 전원합의체 판결 이전에 대법원은 "절취한 한우를 매도함에 있어 우시장 중개인으로부터 인적사항을 확인하기 위하여 신분증의 제시를 요구받고 소지하고 있던 타인의 운전면허증을 제시한 행위에 대하여 도로교통법 제68조, 제77조의 각 규정에 의하면 운전면허증은 운전면허시험에 합격하여 자동차의 운전이 허락된 자임을 증명하는 공문서로서 본래의 사용목적은 자동차를 운전할 때에 이를 지니고 있어야 하고 운전 중에 경찰공무원으로부터 증명서의 제시요구를 받을 때에 이를 제시하도록 그 사용목적이 특정되어 있을 뿐 소지자의 신분의 동일성을 증명하는 데 있는

5) 대법원 2001.4.19, 2000도1985 전원합의체판결.

것이 아니므로 신분확인을 위하여 이를 제시한 것이라면, 이와 같은 운전면허증의 제시행위는 그 사용목적에 따른 제시행위라고 할 수 없어 형법 제230조가 규정한 공문서부정행사죄에 해당하지 아니한다"고 판시하였었다.[6)]

전원합의체판결에서 반대의견은 공문서부정행사죄는 사용목적이 특정된 공문서의 경우에 그 사용명의자 아닌 자가 사용명의자인 것으로 가장하여 그 사용목적에 따른 행사를 하여야 성립하는 것인바, 운전면허증의 본래의 사용목적은 자동차를 운전할 때에 이를 지니고 있어야 하고 운전 중에 경찰공무원으로부터 제시를 요구받은 때에 이를 제시하는 데 있는 것일 뿐, 그 소지자의 신분의 동일성을 증명하는 데 있는 것은 아니므로, 제3자로부터 신분확인을 위하여 신분증명서의 제시를 요구받고 다른 사람의 운전면허증을 제시한 행위는 운전면허증의 사용목적에 따른 행사라고 할 수는 없으므로 공문서부정사용죄가 부정되어야 한다고 한다. 만일 그 사용권한자와 용도를 특정할 수 없는 공문서의 경우에는 그 부정행사의 개념조차 특정하기 어려워 과연 그러한 경우에도 부정행사죄가 성립될 수 있는지조차 의문시되고, 만일 이를 긍정할 경우 처벌범위가 지나치게 확대될 위험이 있게 되며, 범죄의 구성요건이 추상적이거나, 모호한 개념으로 이루어지거나 또는 그 적용 범위가 너무 광범위하고 포괄적이어서 불명확하게 되어 통상의 판단능력을 가진 국민이 그에 의하여 금지된 행위가 무엇인가를 알 수 없는 경우에는 죄형법정주의의 원칙에 위배된다고 한다. 특히 현실 거래와 일부 법령이 정한 분야에서 운전면허증이 그 소지자의 인적사항을 확인하는 데 사용되고는 있지만, 이는 어디까지나 운

6) 대법원 1989.3.28, 88도1593.

전면허증의 사실적 내지 부수적 용도에 불과하고 본래의 용도라고 할 수 없으며, 그러한 용도로서 널리 사용된다는 사정만으로 사실적 용도 내지 부수적 용도가 본래의 용도로 승화된다고 할 수는 없다고 하였다.[7)]

5. 검토

복사문서의 문서성에 관한 대법원 판결에 대해서는 대다수의 견해들은 반대입장을 표명했지만, 신원확인을 위해 운전면허증을 제시한 것이 사용권한 없는 자의 용도 내 사용에 해당하여 공문서부정행사죄가 성립한다는 이 판결에 대해서 긍정하는 견해들이 상당수 표명되었다. 그리고 그러한 견해들은 오늘날 운전면허증이 주민등록증의 대용으로 신분확인을 위해 이용되는 현실을 고려한 해석론을 전개하고 있다.[8)] 특히 우리 사회에서 운전면허증은 일반거래에서 뿐만 아니라 관공서에서도 신분확인용으로 주민등록증과 동일하게 사용되는 현실을 바탕으로 하여 신분확인에 대한 운전면허증의 제시는 문서의 기능적 사용에 해당하는 것으로 보는 것은 공문서부정행사죄의 목적론적 의미와 일치되는 해석이라는 견해는 주목할 만하다.[9)]

공문서부정행사죄의 해석에 관해서는 논의가 다양하게 진행되고 있으므로 여기서는 이 판결의 쟁점과 관련해서 '사용권한 없는 자의 용도 내 사용'이 부정행사인지의 문제만 검토하기로 한다. 우

7) 대법원 2001.4.19, 2000도1985 전원합의체판결.

8) 김/서, 785면; 박상기, "공문서부정행사죄", 형사판례연구(8), 2000, 291면.

9) 이정원, 616면.

리 사회는 특정한 목적과 관계된 개인의 동일성 증명을 위한 다양한 문서를 사용하고 있다. 그 중 주민등록증은 신분증명을 위한 공문서이다. 주민등록증을 특히 신분증명을 위한 공문서라고 일반적으로 이해하는 것은 17세 이상의 자가 모두 소지하고 있기 때문이다. 그러나 17세 미만의 자가 신분증명을 위해 자신의 여권을 제시하거나, 주민등록을 분실한 자가 신분증명을 위해서 자신의 운전면허증을 제시하는 경우에 우리 사회의 일반인들은 이를 통해 제시자의 신분을 확인하고 있다. 공문서부정행사죄의 보호법익을 공문서의 부정행사로 인한 공공의 신용이라고 한다면, 이러한 공공의 신용이라는 보호법익의 침해가 현실적으로 사회현실에서 신분증명의 기능을 하는 여러 공문서에 의해서 발생할 수 있으며, 실제로 발생하고 있다는 점을 고려한 형법해석이 위조범죄의 하나인 공문서부정행사죄에서도 타당한 해석일 것이다.

전원합의체판결의 논거에 대하여 "이러한 해석은 개별법규가 보호하고자 하는 법익이 무엇인가라는 규범의 목적을 고려하는 기능적·목적론적 해석이 아니라 단순히 많은 사람이 소지하고 있는 실생활에서 신분확인용으로 널리 사용되고 있다는 현실을 반영하여 처벌해야 한다는 정책적 의미 밖에 없는 것으로서 법해석이라고 볼 수 없다"는 비판이 있지만,[10] '현실을 반영하여 처벌하는 것'이 아니라, "공공의 신용"이라는 보호법익의 근거가 사회현실에 있고, 그러한 현실을 고려한다는 것은 본죄의 목적론적 해석의 출발이라고 보아야 한다.[11]

---

10) 천진호, "공문서부정행사죄에 있어서 부정행사", 형사법연구 제17호, 2002, 177면.

11) 류전철, 전게논문, 329면.

제29강

증언거부권고지와 위증죄의 상관관계는 무엇인가

1. 서언

위증죄는 국가의 사법기능을 보호법익으로 증인 등이 허위진술을 제공함으로써 법원 등에 기대되는 공정한 판단기능을 위태롭게 하는 점에 그 불법성이 인정되는 범죄로 이해된다. 증인이라는 증거방법을 통한 사실인정과정에 있어서 증인이 제공하는 증거자료로서의 진술에 내재한 허위성이 야기할 수 있는 사법적 판단오류의 위험을 위증죄로 포착한 것이다. 따라서 위증죄는 증인신문절차라는 일정한 소송절차의 개재를 수반하여, 위증죄의 성립요건에는 일정한 소송법적(소송절차적) 관련성을 내포하는 것으로 이해될 수 있다. 이러한 위증죄의 소송법적 관련성으로 인해 문제되는 것이 선서의 유효성과 함께 증인에 대한 위증죄의 경고 및 증언거부권에 관한 고지 등을 포함한 증인신문 절차의 하자가 발생한 경우의 위증죄 성립여부이다.[1)]

1) 권창국, “형사절차에 있어서 증인의 권리 · 의무와 위증죄의 성립요건”, 형사재판의 제문제 제6권, 2009, 151면.

증언거부권 제도는 증인에게 증언의무의 이행을 거절할 수 있는 권리를 부여한 것이다. 형사소송법에 따른 증언거부권 고지 제도는 증인에게 그러한 권리의 존재를 확인시켜 침묵할 것인지 아니면 진술할 것인지에 관하여 심사숙고할 기회를 충분히 부여함으로써 침묵할 수 있는 권리를 보장하기 위한 것이다. 여기에서 증언거부권자인 증인에게 증언거부권을 고지하지 않고 진술하게 한 경우 위증죄가 성립하는지 여부가 문제이다. 적법하지 않은 신문절차에서 증인이 허위의 증언을 한 경우에 위증죄의 성립여부에 대한 결론은 이러한 문제를 적정절차의 관점에서 볼 것인지, 아니면 구체적 타당성의 관점에서 볼 것인지 여부에 따라 달리지게 된다.

2. 사안

사안 1

피고인 갑과 을은 상호 폭행의 혐의로 입건, 기소되어 제1심 재판을 받게 되었다. 재판과정에서 피고인 갑과 을은 상대방으로부터 폭행을 당했을 뿐 상대방을 폭행한 적이 없다고 일관되게 부인하였다. 제2회 공판기일에 변론을 분리하여 을의 피고사건에서 갑이 피해자의 자격으로 선서하고 증언을 하게 되었다. 위 증언과정에서 검사가 을의 피고사건을 신문하던 중에 갑자기 갑의 피고사건에 관한 내용으로서 갑이 을을 폭행한 적이 있는지 여부를 신문하기 시작하였다. 이에 대하여 갑은 변론을 분리하기 전부터 일관되게 진술하였던 대로 자신이 을을 폭행한 사실이 없다고 진술하였다. 위 증언은 당초 갑에게 증언거부권의 해당사유가 존재하지 않는다는 이유로 증언거부권의 고지없이 이루어졌는데, 위와 같이 그 신문 도중에 증언거부사유가 발생하였음에도 별도의 증언거부권의 고지없이 신문이 계속되었다. 법원은 갑과 을 모두에게 유죄를 선고하여 확정되었고 그 후 검사가 갑을 위증죄로 공소를 제기하였다.

사안 2

갑은 전 남편인 A의 도로교통법위반(음주운전) 사건 공판과정에 증인으로 출석해 증언 중(사전에 증언거부권에 대한 고지가 없었다), A의 음주운전사실에 관한 판사의 질문에 당시 운전자는 A가 아니고 자신이었고, 조수석에 있다가 A와 자리를 교체하여 운전석으로 이동한 사실도 없으며 자신이 줄곧 운전했다고 허위로 진술하였다.

3. 학설

[사안 1]과 [사안 2]는 증언거부권이 있는 증인에게 이를 고지하지 않고 확보된 허위진술과 관련해 위증죄 성립이 문제된 사안이다. 증인의 허위진술을 위증죄로 처벌할 수 있는지 여부에 대해서 형법문헌에서 일반적으로 언급하고 있지는 않지만, 일부 문헌에서는 위증죄가 성립한다는 적극설의 견해를 제시하고 있다. 예를 들어 진술의 자유를 침해한 경우 또는 법치국가원칙을 위반한 경우란 어떠한 경우를 말하는지, 그것을 어떻게 확인할 것인지 분명하지 않지만, 소송법규정 위반이 증인의 진술의 자유를 침해하거나

본질적인 법치국가 원칙에 반하는 경우가 아닌 한 소송법규정 위반은 위증죄의 성립에 영향을 주지 못한다는 견해[2]가 있다. 이에 대해서 소극설은 위증죄의 보호법익을 국가의 사법적 기능으로 보고, 증언거부권이 불고지된 상태에서 확보된 진술의 증거능력을 부정하는 입장에서 보면 진술의 증거능력이 부정된 이상, 보호법익을 침해할 가능성이 없기 때문에 위증죄의 성립을 부정하여야 한다고 한다.[3]

4. 대법원의 판단

[사안 1]과 관련해서 원심법원은 법률상 증언거부권이 있는 자의 허위 증언에 대해 적법행위의 기대 가능성이 없지 않다는 이유로 위증죄로 처벌하기 위해서는 신문에 앞서 법률상 증언거부권이 보장되어 있음을 그 증인에게 고지해서 증인으로 하여금 관련 범죄 혹은 위증죄의 형사처벌의 위험을 감수하고서라도 선서 후 증언을 하거나 그렇지 아니하면 증언거부권을 행사해서 그와 같은 형사처벌의 위험을 모면할 수 있도록 선택할 수 있는 기회를 제공해야만 할 것이고, 이러한 증언거부권의 고지가 이루어지지 않은 경우로서 그 신문의 경위, 내용, 신문에 대한 진실한 증언에 따라 증인이 입게 될 형사처벌의 우려의 정도 및 내용, 당해 재판의 경과 등에 비추어 이러한 절차위반의 신문으로 말미암아 증언거부권을 고지받지 못한 증인에게 자기부죄의 우려 때문에 허위진술을

2) 이재상, 792면.
3) 하태훈, “위증죄의 주체”, 고시연구 제276호, 1997.2, 65-66면.

하지 아니할 것을 기대하기 어렵다고 인정되는 경우에는 그 처벌의 근거가 되는 적법행위에의 기대가능성이 없어 위증죄로 처벌할 수 없다고 보아야 할 것이고, 이는 증언거부권이 있는 증인에 대해 증언거부권의 고지없이 이루어진 증언의 효력이 법률상 유효하여 적법한 증거능력이 인정된다 해서 달리 볼 것은 아니라고 판결하였다.[4)]

그러나 대법원은 위증죄의 의의 및 보호법익, 형사소송법에 규정된 증인신문절차의 내용, 증언거부권의 취지 등을 종합적으로 살펴보면, 증인신문절차에서 법률에 규정된 증인 보호를 위한 규정이 지켜진 것으로 인정되지 않은 경우에는 증인이 허위의 진술을 하였다고 하더라도 위증죄의 구성요건인 "법률에 의하여 선서한 증인"에 해당하지 아니한다고 보아 이를 위증죄로 처벌할 수 없는 것이 원칙이다. 다만, 법률에 규정된 증인 보호 절차라 하더라도 개별 보호절차 규정들의 내용과 취지가 같지 아니하고, 당해 신문 과정에서 지키지 못한 절차 규정과 그 경위 및 위반의 정도 등 제반 사정이 개별 사건마다 각기 상이하므로, 이러한 사정을 전체적·종합적으로 고려하여 볼 때, 당해 사건에서 증인 보호에 사실상 장애가 초래되었다고 볼 수 없는 경우에까지 예외 없이 위증죄의 성립을 부정할 것은 아니라고 할 것이다. 또한 증언거부권 제도는 증인에게 증언의무의 이행을 거절할 수 있는 권리를 부여한 것이고, 형사소송법상 증언거부권의 고지 제도는 증인에게 그러한 권리의 존재를 확인시켜 침묵할 것인지 아니면 진술할 것인지에 관하여 심사숙고할 기회를 충분히 부여함으로써 침묵할 수 있는 권리를 보장하기 위한 것임을 감안할 때, 재판장이 신문 전에 증인

4) 부산지법 제3형사부 2008.1.16, 2007노3669.

에게 증언거부권을 고지하지 않은 경우에도 당해 사건에서 증언 당시 증인이 처한 구체적인 상황, 증언거부사유의 내용, 증인이 증언거부사유 또는 증언거부권의 존재를 이미 알고 있었는지 여부, 증언거부권을 고지 받았더라도 허위진술을 하였을 것이라고 볼 만한 정황이 있는지 등을 전체적·종합적으로 고려하여 증인이 침묵하지 아니하고 진술한 것이 자신의 진정한 의사에 의한 것인지 여부를 기준으로 위증죄의 성립 여부를 판단하여야 한다. 그러므로 헌법 제12조 제2항에 정한 불이익 진술의 강요금지 원칙을 구체화한 자기부죄거부특권에 관한 것이거나 기타 증언거부사유가 있음에도 증인이 증언거부권을 고지받지 못함으로 인하여 그 증언거부권을 행사하는 데 사실상 장애가 초래되었다고 볼 수 있는 경우에는 위증죄의 성립을 부정된다고 하면서 [사안 1]의 경우에는 재판장으로부터 증언거부권을 고지받지 못한 상태에서 자신의 종전 주장을 그대로 되풀이함에 따라 결국 거짓 진술에 이르게 된 사정 등을 이유로 피고인에게 위증죄의 죄책을 물을 수 없다고 판결하였다.[5)]

[사안 2]와 관련해서 원심법원은 위증죄의 주체는 법률에 의해서 선서한 증인이고, 여기서 법률에 의한 선서란 선서가 법률에 규정된 절차에 따라 유효하게 행해질 것을 요하는 바, 증언거부권의 고지는 증언거부권에 대한 절차적 보장을 의미하므로 이를 고지하지 않은채 선서를 하게 하고 증인신문을 한 경우에 위 선서는 적정절차에 위배되므로 법률에 의한 유효한 선서가 있다고 볼 수 없다고 하였다. 따라서 증언거부권자에게 증언거부권을 고지하지 않은 경우에 증인이 선서하고 증언한 이상 그 증언의 효력에 관해서는 영

5) 대법원 2010.1.21, 2008도942 전원합의체 판결.

향이 없고 유효하다는 취지는 그 증언을 증거로 하는 당해 사건에서 그 증언에 증거능력이 있는지 여부에 관해 판단한 것일 뿐 이로써 위와 같이 증언거부권을 고지하지 않은 채 이루어진 선서가 유효하다고 판단한 것이라고 볼 수는 없고 선서는 무효이므로 위증죄의 주체가 될 수 없다고 하였다.[6]

이에 대해서 대법원은 재판장이 신문 전에 증인에게 증언거부권을 고지하지 않은 경우에도 당해 사건에서 증언 당시 증인이 처한 구체적인 상황, 증언거부사유의 내용, 증인이 증언거부사유 또는 증언거부권의 존재를 이미 알고 있었는지 여부, 증언거부권을 고지 받았더라도 허위 진술을 하였을 것이라고 볼 만한 정황이 있는지 등을 전체적·종합적으로 고려하여 증인이 침묵하지 아니하고 진술한 것이 자신의 진정한 의사에 의한 것인지 여부를 기준으로 위증죄의 성립 여부를 판단하여야 한다고 하면서, 증인으로 출석하여 증언한 경위와 그 증언 내용, 증언거부권을 고지받았더라도 그와 같이 증언을 하였을 것이라는 취지의 진술 내용 등을 전체적·종합적으로 고려할 때 선서 전에 재판장으로부터 증언거부권을 고지받지 아니하였다 하더라도 이로 인하여 증언거부권이 사실상 침해당한 것으로 평가할 수는 없다는 이유로 갑에게 위증죄의 성립을 긍정하였다.[7]

5. 검토

증언거부권을 고지하지 아니한 재판장의 의무불이행 그 자체가

6) 서울북부지법 제1형사부 2007.7.5, 2007노416.

7) 대법원 2010.2.25, 2007도6273.

아니라 그로 말미암아 증인이 증언거부권을 행사하는 데에 사실상 장애가 초래되었는지 여부에 따라 위증죄의 성립여부를 판단하는 것은 국가기관의 잘못을 국민개인에게 뒤집어 씌우는 꼴이 될 수 있다. 앞서 살핀 바와 같이 쌍방상해사건의 경우 사실상 장애를 인정한 반면, 음주운전사건의 경우 사실상 장애를 부정하였는데,[8)] 비록 구체적 타당성을 강조할 수는 있겠지만,[9)] 그때그때 달라지는 것은 타당하다고 할 수 없다.

대법원은 [사안 1]과 관련된 판결에서 증인 보호에 사실상 장애가 초래되었다고 볼 수 없는 경우에까지 예외 없이 위증죄의 성립을 부정할 것은 아니라고 하였다. 나아가 사실상 장애 초래 여부에 대한 구체적인 기준으로서 "재판장이 신문 전에 증인에게 증언거부권을 고지하지 않은 경우에도 당해 사건에서 증언 당시 증인이 처한 구체적인 상황, 증언거부사유의 내용, 증인이 증언거부사유 또는 증언거부권의 존재를 이미 알고 있었는지 여부, 증언거부권을 고지 받았더라도 허위진술을 하였을 것이라고 볼 만한 정황이 있는지 등을 전체적·종합적으로 고려하여 증인이 침묵하지 아니

8) '사실상 장애 초래여부'라는 판단기준이 불명확하다는 등의 문제점이 있다고 하면서 증언거부권 고지를 하지 않은 적정절차 위반의 경우에는 사실상 장애 초래여부와 관계없이 증인에게 증언거부권을 행사하여 위증을 하지 않을 것을 기대할 수 없기 때문에 위증죄가 성립하지 않는다는 견해는 이희경, "증언절차의 소송법 규정위반과 위증죄의 성립여부", 형사판례연구(19), 2011, 495-501면. 그러나 기대가능성 판단기준도 모호하다는 점에서 증언거부권 고지 누락이란 중대한 절차적 위법을 이유로 위증 성립을 부정하는 방식이 보다 타당하다는 견해는 권창국, "증인에 대한 증언거부권의 불고지와 위증죄의 성립", 법률신문, 2008.4.17.

9) 허위진술을 하여 얻을 이익과 허위진술을 하지 않을 때의 손해 등을 종합적으로 고려하여 허위진술을 하지 아니할 기대가능성 유무를 따지는 것이 바람직하다는 견해는 오영근, "증언거부권의 불고지와 위증죄의 성립여부", 고시계, 2010.5, 165면.

하고 진술한 것이 자신의 진정한 의사에 의한 것인지 여부를 기준으로 위증죄의 성립 여부를 판단해야 한다."고 판시했다.

대법원이 제시한 네 가지의 기준 중에 '증언거부사유의 내용'은 형사소송법 제148조에 규정되어 있으므로 동 조항의 해석에 의해 결정될 것이고 특별히 문제될 것이 없으므로 나머지 세 가지 기준에 대해 순서대로 살펴보기로 한다.[10)]

먼저 대법원이 제시한 '당해 사건에서 증언 당시 증인이 처한 구체적인 상황'이라는 요건은 진실대로 말하면 자신의 범죄를 시인하는 것이 되고, 거짓을 말하면 위증죄를 저지르게 되는 상황으로서 이것이 문제되는 상황은 [사안 1]에서 갑처럼 일종의 딜레마에 빠져 위증을 저지르게 되는 증인이라면 누구에게나 동일할 것이다. 다만 위증에 이르게 된 구체적인 정황만이 다를 것인데 그러한 정황은 위증죄의 성립에 영향을 미치는 것은 아니고 단순히 양형판단의 자료로서 기능하게 될 것이라는 점에서 위증죄의 성립에 대한 기준으로서는 부적절한 기준이라고 할 것이다.

다음으로 '증인이 증언거부사유 또는 증언거부권의 존재를 이미 알고 있었는지 여부'를 그 기준으로 제시한 것에 대해 검토한다. 위 기준대로라면 증언거부사유 또는 증언거부권의 존재를 알고 있는 증인의 경우에는 재판장의 증언거부권의 고지 등의 증인 보호규정의 적용범위 밖에 있다고 보아야 할 것이다. 다시 말해 증인으로 선서한 후에 증인신문과정에서 자신에게 증언거부사유가 발생했고 그에 따라 자신에게 증언거부권이 있음을 알 수 있는 법률전문가 또는 이전의 경험(예를 들어 이전에 비슷한 이유로 피고인이 된

10) 이하의 내용에 관해서는 필자가 지도 감수한 박태식, "위증죄에 대한 대법원의 견해변경의 타당성 여부", CNU Law Review 제2호, 2010, 145면 참조.

경우)을 통해 알고 있는 자들에게는 증언거부권을 고지하지 않더라도 증인 보호가 사실상 장애에 이르지 않았다고 보아야 하고, 반대로 그것을 전혀 모르는 법문외한의 경우에는 증인 보호에 사실상 장애에 이르렀다고 보아야 하는 상황이 올 수도 있으므로 자신에게 증언거부권이 발생했음을 알 수 있는 자가 오히려 위의 증인 보호규정의 보호범위에 포함되지 않을 수 있다는 것이다. 따라서 이러한 주관적인 사정을 기초로 위증죄의 성립 여부를 좌우하는 것은 타당하다고 볼 수 없다.

마지막으로 '증언거부권을 고지 받았더라도 허위진술을 하였을 것이라고 볼 만한 정황이 있는지'의 기준을 살펴본다. 위 [사안 2]에 대해서 대법원은 기존 판례에서 제시된 기준을 그대로 인용한 뒤 갑의 증언거부권이 사실상 침해당한 것으로 평가할 수는 없다는 이유로 위증죄의 성립을 긍정했다. 대법원은 [사안 2]에서 갑이 제8회 공판기일에서 재판장이 증언을 하지 않을 수 있다는 사실을 알았다면 증언을 거부했을 것이냐는 신문에 대하여 그렇다 하더라도 증언을 하였을 것이라는 취지로 답변을 하였던 사실을 들고 있는바, 이러한 기준을 통해서 이 사건에서는 증언거부권을 고지하지 않았더라도 증인 보호에 사실상 장애 상태가 초래되지 않았음을 이유로 위증죄의 성립을 긍정한 것이다. 위 [사안 2]에서 대법원은 [사안 1]의 대법원판결에서 제시한 '증언거부권을 고지 받았더라도 허위진술을 하였을 것이라고 볼 만한 정황이 있는지'의 기준을 적용하였지만 정반대의 결론을 내린 것이다. 이러한 기준은 재판장이 직접 신문을 통해 알 수 있는 것이고(물론 이러한 질문에 대해서도 증인은 증언거부권을 행사할 수 있는 가능성은 있다), 증인 신문과정과 증인의 답변 태도 등을 종합적으로 고려한다면 어렵지 않게 그 여부를 판단할 수 있을 것이라는 점에서 적절한 기준이라고 생각된다.

그렇다면 대법원이 제시한 위의 세 가지 기준 중 '증언거부권을 고지 받았더라도 허위진술을 하였을 것이라고 볼 만한 정황이 있는지'의 기준만 적절하다고 할 것이고 나머지 기준들은 위증죄의 성립을 좌우하는 기준으로서는 타당하지 않다고 생각된다. 기존의 판결을 변경하면서까지 위증죄의 성립 여부를 다른 기준으로 판단하고자 한 대법원의 견해는 증인뿐만 아니라 일반 국민들도 납득할 수 있는 구체적인 기준을 제시해야 지지받을 수 있을 것인데 대법원이 제시한 기준은 위와 같은 문제점을 내포하고 있으므로 이러한 견해 변경이 타당한지 여부는 여전히 의문으로 남는다.

제30강
처벌되지 않은 정범의 교사행위가 방어권의 남용인가

1. 서언

국가적 법익에 속하는 범죄들 중에서 범인은닉(도피)죄, 위증죄와 증거인멸죄의 처벌범위에 대해서 다수설과 판례가 범인은닉(도피)죄의 주체는 '범인 이외의 자'를 말하므로 범인 자신은 범인은닉죄의 구성요건해당성이 없어 처벌되지 않으며, 위증죄의 경우에도 원칙적으로 형사피고인은 증인적격이 없으므로 '선서한 증인'만이 주체가 될 수 있다. 그리고 증거인멸죄는 '타인의 형사사건 또는 징계사건'을 대상으로 하기 때문에 자기사건의 증거인멸행위는 구성요건해당성이 없다고 한다. 즉 세 유형의 범죄 모두 범인 자신이나 피고인 그리고 자기사건에 해당하는 경우에는 비록 스스로 은닉행위를 하거나 허위진술하거나 증거를 인멸해도 처벌되지 않는다.

그러나 범인은닉(도피)죄, 위증죄와 증거인멸죄에서 범인이나 피고인이 타인을 교사·방조하여 범죄를 범하게 한 경우에 교사범 또는 방조범이 성립할 수 있는지 여부와 관련해서는 학설과 판례가 대립하고 있으며, 학설 내에서도 견해가 나뉘고 있다. 일견 어렵게 보이지 않는 문제이지만 견해대립의 이면에는 해당 범죄의 본질과 국가적 법익에 대한 선이해의 차이가 자리하고 있다. 정범으로서 처벌되지 않는 자가 공범으로 처벌될 수 있는지의 공범이론 문제로 접근하는 관점과 국가의 형사사법이라는 보호법익을 위해서 허용되는 자기 방어권과 비호권의 한계의 문제로 접근하는 관점이 대립구도를 형성하고 있다. 이하에서는 문제된 사안을 중심으로 학설과 판례를 검토하고 그 타당성을 살펴보기로 한다.

2. 사안

사안 1

갑은 운전면허정지기간 중 혈중알콜농도 0.08%의 주취상태에서 승용차를 운전하여 가다가 도로를 횡단하던 피해자 A를 들이받아 상해를 입게 하고도 구호조치 없이 그대로 가버렸다. 이후 갑은 도주차량으로 수배되어 있으니 경찰서로 출두하라는 전화연락을 받자 부하직원인 을을 경찰서 교통계에 출두하게 하여 을로 하여금 사고차량을 운전하였다고 허위진술을 하게 하였다.

사안 2

갑은 자신의 사기피의사건의 증인인 을에게 허위진술을 교사하였다. 이에 을은 법정에서 선서하고 갑이 부탁한대로 자신의 기억에 반하는 진술을 하였다.

사안 3

장교인 갑은 실화로 인한 자기 형사사건 또는 징계사건의 증거가 될 석유난로를 은닉케 할 의사로 전후사정을 알고 있는 사병 을에게 지시하여 이를 숲속에 버리게 하였다.

3. 학설

[사안 1] 은 범인 자신이 타인으로 하여금 허위의 자백을 하게 하는 경우 그 타인이 범인도피죄로 처벌받는 것은 당연하겠지만, 나아가 범인 자신에게 범인도피교사죄의 죄책을 지울 수 있는지 여부가 쟁점이 된 사례이다. 범인이 제3자를 교사하여 자기의 범인은닉행위를 하게 한 경우에 범인은닉죄의 교사범이 될 수 있는지 여부에 대해서 긍정설과 부정설이 있다. 긍정설[1)]은 타인을 교사하여 범인은닉죄를 범하게 하는 것은 범인 자신이 이를 행하는 경우와는 정상(情狀)을 달리하는 것이므로 자기비호권(自己庇護權)의 한계를 일탈한 것으로서 기대가능성이 인정되며 타인을 범죄자로 만들면서 자기는 타인의 범죄로부터 자유로울 권리가 없기 때문에 교사범의 성립이 인정된다고 한다. 이에 대해서 부정설[2)]은 타인을 교사하여 자기를 은닉하게 하는 것은 자기비호의 연장에 불과하기 때문에 교사범도 성립할 수 없다고 한다. 같은 논지에서 범인이 범인은닉죄의 친족간 특례가 적용되는 친족을 교사하여 친족으로 하

1) 백형구, 613면; 안동준, 422면; 유기천, 353면; 정영일, 865면.
2) 김/서, 911면; 박상기, 682면; 오영근, 993면; 이재상, 777면; 이정원, 767면; 임웅, 920면; 정/박, 896면.

여금 범인은닉죄를 범한 경우나, 친족간 특례가 적용되는 친족이 제3자를 교사하여 제3자로 하여금 범인은닉죄를 범하게 한 경우에도 긍정설과 부정설이 대립하고 있다.

[사안 2]에서 을이 위증죄로 처벌되는 것은 문제가 없지만, 피고인 갑이 증인 을에게 허위진술을 교사한 행위로 인해 위증죄의 교사범으로 처벌될 수 있는지가 문제가 된다. 형사피고인도 위증죄의 교사범이 될 수 있다는 적극설의 논거들은 첫째, 형사피고인에 대하여 위증죄가 성립하지 않은 것은 기대가능성이 없기 때문인데 타인에게 위증을 교사하는 경우까지 책임이 조각된다고 할 수 없고[3], 둘째, 정범에게 위증죄가 성립하는 이상 교사범의 성립도 인정하여야 하고[4], 셋째, 교사는 새로운 범죄창조라는 점에서 특수한 사회적 반가치가 있으며 피고인에게 허용된 허위진술을 초과하는 형사사법의 침해가 있는 것으로 평가되어야 하고[5], 넷째 피고인이 위증을 교사함으로써 재판의 적정을 해한다[6]는 점 등을 들고 있다. 이에 대해서 소극설은 정범으로 처벌되지 않는 피고인에게 교사범으로서의 형사책임을 부담하게 하는 것은 부당하며, 피고인이 타인을 교사하여 위증하게 하는 것은 피고인 자신이 허위의 진술을 하는 것과 차이가 없으므로 형사피고인은 위증죄의 정범은 물론 교사범도 될 수 없다고 한다.[7]

[사안 3]에서 을은 증거인멸죄로 처벌된다. 갑의 경우에는 자기

---

3) 김성돈, 787면.
4) 유기천, 358면.
5) 손동권, 837면.
6) 안동준, 428면, 유기천 358면; 손동권, 837면.
7) 김/서, 934면; 박상기, 696면; 배종대, 888면; 오영근, 1011면; 이재상, 794면; 이정원, 781면; 임웅, 937면; 정/박, 916면.

사건에 해당하므로 자신이 증거를 인멸한 경우에는 증거인멸죄에 해당하지 않아 처벌되지 않는다. 그러나 자기의 형사사건에 대한 증거를 인멸하기 위해서 갑이 타인인 을에게 자기사건의 증거를 인멸하게 한 경우에 범인은닉죄와 위증죄의 경우와 마찬가지로 적극설[8]과 소극설[9]로 학설이 나뉜다.

4. 대법원의 판단

[사안 1]의 경우에 피고인 갑은 범인도피교사죄에 있어서 '범인'은 피고인을 가리키는 것이므로, 피고인이 을을 시켜 허위진술을 하게 하였다 하더라도 피고인 갑이 범인인 이상 범인도피교사죄로 처벌할 수 없음에도 유죄선고한 점을 상고이유로 하여 상고하였다. 대법원은 범인이 자신을 위하여 타인으로 하여금 허위의 자백을 하게 하여 범인도피죄를 범하게 하는 행위는 방어권의 남용으로 범인도피교사죄에 해당한다고 판결하였다.[10]

범인이 형법 제151조 제2항의 범인은닉죄의 친족간 특례가 적용되는 친족을 교사하여 친족으로 하여금 범인은닉죄를 범한 경우에 대법원은 범인이 자신을 위하여 타인으로 하여금 허위의 자백을 하게 하여 범인도피죄를 범하게 하는 행위는 방어권의 남용으로 범인도피교사죄에 해당하고, 그 타인이 형법 제151조 제2항에 의하여 처벌을 받지 않는 친족에 해당한 경우에도 범인은닉죄의 교사

8) 백형구, 625면; 유기천, 362면; 정영일, 893면.

9) 김/서, 920면; 박상기, 700면; 배종대, 896; 오영근, 1016; 이재상, 797면; 이정원, 784면; 임웅, 908면; 정/박, 922면.

10) 대법원 2000.3.24. 2000도20.

범이 성립한다고 한다.[11)]

[사안 2]의 경우에 대법원은 피고인이 자기의 형사사건에 관하여 허위의 진술을 하는 행위는 피고인의 형사소송에 있어서의 방어권을 인정하는 취지에서 처벌의 대상이 되지 않으나, 법률에 의하여 선서한 증인이 타인의 형사사건에 관하여 위증을 하면 형법 제152조 제1항의 위증죄가 성립되므로 자기의 형사사건에 관하여 타인을 교사하여 위증죄를 범하게 하는 것은 이러한 방어권을 남용하는 것이라고 할 것이어서 교사범의 죄책을 부담케 함이 상당할 것이라고 판결하였다.[12)]

대법원은 "제155조 제1항의 증거인멸죄는 국가형벌권의 행사를 저해하는 일체의 행위를 처벌의 대상으로 하고 있으나 범인 자신이 한 증거인멸의 행위는 피고인의 형사소송에 있어서의 방어권을 인정하는 취지와 상충하므로 처벌의 대상이 되지 아니한다. 그러나 타인이 타인의 형사사건에 관한 증거를 그 이익을 위하여 인멸하는 행위를 하면 증거인멸죄가 성립되므로 자기의 형사사건에 관한 증거를 인멸하기 위하여 타인을 교사하여 죄를 범하게 한 자에 대하여도 교사범의 죄책을 부담케 함이 상당할 것이다"라고 판결[13)]한 이후 일관해서 자기의 형사사건에 관한 증거를 인멸하기 위하여 타인을 교사하여 죄를 범하게 한 경우에 교사범의 죄책을 인정하고 있다. [사안 3]의 경우에 대법원은 기존의 입장에 따라 갑에게 증거인멸교사죄를 인정하였다.[14)]

---

11) 대법원 2006.12.7. 2005도3707.

12) 대법원 2004.1.27, 2003도5114.

13) 대법원 1965.12.10, 65도826.

14) 대법원 1982.4.27, 82도274.

5. 검토

범인은닉(도피)죄, 위증죄, 증거인멸죄는 국가의 형사사법기능을 방해하는 범죄에 해당한다. 국가의 형사사법은 사회질서와 정의실현을 목적으로 한다. 통설은 범인은닉죄를 형사사법기능자체를 보호하기 위한 범죄로 파악하여 국가의 수사권·재판권 또는 형의 집행권의 행사를 방해하는 범죄라고 한다.[15] 이에 대해서 범인은닉죄는 형사소송에 의한 판결 그 자체를 보호하기 위한 범죄가 아니라 정당한 형벌청구권을 방해하는 것을 본질로 하는 범죄라는 견해가 있다.[16] 위증죄와 증거인멸죄는 사법작용에 대한 국가의 기능을 보호법익으로 하는 점에서 본질적으로 같다.

다수설은 범인이나 피고인(혹은 피의자)이 타인을 교사하여 범죄를 범한 경우에는 교사범이 성립할 수 없다는 주장의 근거를 자기비호권의 측면에서 찾는다. 그리고 자기비호권을 행사하는 경우에 정범으로서 처벌되지 않는 자가 교사한 행위는 자기비호권의 연장이라거나, 정범으로서 처벌받지 않는 자에게 공범으로서 처벌하는 것은 그 본질에 비추어 타당하지 않다는 논거로 공범의 성립을 부정한다. 그러나 판례와 소수설은 정범이 구성요건해당성이 없거나 기대가능성이 없어서 처벌되지 않는다고 하더라도 타인을 교사하여 범죄를 범하게 하는 경우에는 자기비호권이 적용될 수 없으므로 공범이 성립한다고 한다.

정범으로 처벌되지 않는 자가 제3자를 교사·방조한 경우에 공

---

15) 김/서, 898면; 박상기, 677면; 배종대, 869면; 백형구, 609면; 손동권, 811면; 정/박, 883면.

16) 이재상, 767면.

범의 성립여부에 대한 각각의 입장은 법해석자의 선이해가 지배하는 전형적인 경우라고 생각된다. 정범을 처벌하지 않는 것을 국가의 형사사법제도의 보호를 위한 최소한의 양보로 생각하는 입장에서는 타인을 해당 범죄에 끌여들이는 행위는 당연히 처벌되어야 할 행위로 보게 되는 것이며, 국가의 형사사법제도의 보호의 관점보다는 행위자의 행위불법을 우선하여 생각하는 측면에서는 정범으로서 불법하지 않은 행위가 공범으로서는 불법하게 평가될 수는 없다고 보는 것이다.

생각건대 이 문제는 개별 구성요건을 분리하여 다루는 것이 타당하다. 즉 범인은닉(도피)죄와 위증죄 및 증거인멸죄는 국가의 형사사법제도와 관련되어 있지만, 범죄의 속성은 다른 측면이 있다. 범인은닉(도피)죄에서는 범죄를 범한 자는 주체가 될 수 없다. 이는 범죄를 범 한 자는 자신을 은닉 또는 도피 등을 통해 자신을 보호하려는 자기비호권적 특성을 고려한 것이라고 할 수 있다. 그리고 위증죄 및 증거인멸죄는 허위진술이나 증거인멸을 통해 사법기능을 왜곡시키는 범죄이다. 피고인이 자기사건을 위해서 스스로 허위로 진술하거나 자기사건의 증거를 인멸하는 것은 자기비호권으로서 허용된다.

그러나 범인은닉(도피)죄에서 범인이 제3자를 교사한 경우에는 범인의 교사행위는 자신을 직접적으로 보호하기 위해 타인을 교사하는 것으로 볼 수 있으므로 자기비호권의 연장으로 볼 수 있으나, 위증죄의 경우에는 자기비호권은 자기사건에서 피고인으로서 허위진술하는 경우와 달리 타인으로 하여금 사법기능을 왜곡시키는 행위까지 자기비호권의 연장이 된다고 보기 어렵다. 왜냐하면 이미 선서한 증인은 법정에서 진실을 말해야만 하는 의무를 부담하는 자이기 때문에 여기에 피고인이 개입하는 것(해당 사건의 이해관계인이 다수 있는 경우에는 더군다나)은 자기비호권으로 설명될 수 없는 것이다. 증거인멸죄의 경우도 위증죄와 마찬가지로 사실인정에 사용될 증거를 인멸 등의 행위를 함으로써 진실을 왜곡시키는 결과를 가져오기 때문에 역시 자기비호권의 연장이라고 할 수 없다. 이런 관점에서 [사안 1]의 경우에는 교사범의 성립을 인정할 수 없지만 [사안 2]와 [사안 3]의 경우에는 위증교사죄와 증거인멸 교사죄가 성립한다고 보아야 한다.

참 고 문 헌

형법총론

김일수/서보학, 새로쓴 형법총론(제11판), 박영사, 2008.
배종대, 형법총론(제10판), 홍문사, 2011.
이재상, 형법총론(제7판), 박영사, 2012.
임 웅, 형법총론(제4정판), 법문사, 2012.
신동운, 형법총론(제6판), 법문사, 2011.
박상기, 형법총론(제9판), 박영사, 2012.

형법각론

강구진 형법강의 각론Ⅰ, 박영사, 1983.
김성돈 형법각론(제2판), 성균관대출판부, 2010.
김성천/김형준, 형법각론(제2판), 동현출판사, 2006.
김일수/서보학, 새로쓴(제7판)형법각론, 박영사, 2007.
김종원 형법각론(상), 법문사, 1971.
문형섭, 재산범죄론의 이해, 전남대학교출판부, 2006.
박상기, 형법각론(8판), 박영사, 2011.
배종대, 형법각론(제7전정판), 홍문사, 2010.
손동권, 형법각론(제3개정판), 율곡출판사, 2010.
안동준, 형법각론의 재구성, 전남대학교출판부, 2007.
안동준, 형법각론, 전남대학교출판부, 2011.
오영근, 형법각론(제2판), 대명출판사, 2009.
유기천, 형법학(각론강의, 상, 전정신판), 일조각, 1986.
이재상, 형법각론(제8판), 박영사, 2012.
이정원, 형법각론, 신론사, 2012.
임 웅, 형법각론(제4정판), 법문사, 2012.
정성근/박광민, 형법각론(제4판), 삼영사, 2011.
정영일, 형법각론(제3판), 박영사, 2011.

찾 아 보 기

ㄱ

ㄴ

ㄷ

ㅁ

ㅂ

ㅅ

ㅇ

ㅈ

ㅊ

ㅋ

ㅌ

ㅍ

ㅎ

저자약력

문형섭

서울대학교 법과대학 졸업
검사 역임 / 현 변호사
법학박사
전 전남대학교 법학전문대학원 교수

저서
배임죄에 관한 연구
재산범죄론의 이해
자비로 완화된 정의

류전철

전남대학교 법과대학 및 동 대학원 법학석사 과정 수료 (법학석사)
독일 Freiburg 대학교 법과대학 박사과정 수료 (법학박사)
대한민국 국회입법지원 형사법분야 자문위원
현 전남대학교 법학전문대학원 교수

저서
Die Urkundendelikte im deutschen und koreanischen Strafrecht
형법입문 - 총론편 / 각론편
위조 범죄의 이론과 실제

형사판례의 쟁점과 이론

인 쇄 2013년 8월 20일
발 행 2013년 8월 30일

저 자 문형섭 · 류전철
발행인 지병문
발행처 전남대학교출판부

등 록 1981년 5월 21일 제53호
주 소 500-757 광주광역시 북구 용봉로 77
전 화 062-530-0571~2
마케팅 062-530-0573
팩 스 062-530-0579
홈페이지 http://www.cnup.co.kr

값 20,000 원

ISBN 978-89-6849-042-2 (93360)

이 도서의 국립중앙도서관 출판시도서목록(CIP)은 서지정보유통지원시스템 홈페이지(http://seoji.nl.go.kr)와 국가자료공동목록시스템(http://www.nl.go.kr/kolisnet)에서 이용하실 수 있습니다. (CIP제어번호: CIP2013015177)